中青年经济与管理学者文库

本书感谢国家自然科学基金项目“中小股东投异议票行为研究：决策动机与经济后果”（72062004）、广西自然科学基金项目“机构投资者共同审计师网络关系治理动因与效果：模型及实证研究”（2018GXNSFBA281055）以及广西高校统计与管理交叉科学重点实验室的资助。

开放式基金大股东、共享审计师与公司治理效应

贾莹丹　著

中国财经出版传媒集团
中国财政经济出版社

图书在版编目（CIP）数据

开放式基金大股东、共享审计师与公司治理效应／贾莹丹著. -- 北京：中国财政经济出版社，2023.2
（中青年经济与管理学者文库）
ISBN 978－7－5223－1885－1

Ⅰ.①开… Ⅱ.①贾… Ⅲ.①机构投资者－影响－上市公司－企业管理－研究－中国 Ⅳ.①F279.246

中国国家版本馆 CIP 数据核字（2023）第 014853 号

责任编辑：武志庆　　责任印制：党　辉
封面设计：智点创意　　责任校对：徐艳丽

开放式基金大股东、共享审计师与公司治理效应
KAIFANGSHI JIJIN DAGUDONG GONGXIANG SHENJISHI YU GONGSI ZHILI XIAOYING

中国财政经济出版社 出版
URL：http：//www.cfeph.cn
E－mail：cfeph@cfeph.cn

社址：北京市海淀区阜成路甲 28 号　邮政编码：100142
营销中心电话：010－88191522
天猫网店：中国财政经济出版社旗舰店
网址：https：//zgczjjcbs.tmall.com
北京财经印刷厂印刷　各地新华书店经销
成品尺寸：148mm×210mm　32 开　9.875 印张　249 000 字
2023 年 2 月第 1 版　2023 年 2 月北京第 1 次印刷
定价：45.00 元
ISBN 978－7－5223－1885－1
（图书出现印装问题，本社负责调换，电话：010－88190548）
本社质量投诉电话：010－88190744
打击盗版举报热线：010－88191661　QQ：2242791300

策划人语

题记：一个人的精神成长史，取决于他的阅读史。只有阅读能最有效地培养精神生活习惯，而好的习惯又培养性格，性格决定人生。

——我们自豪，因为我们就是创造这精神产品的人。

选择了飞翔，总能看到蓝天；选择了远航，总能感受大海。人生不仅要作出选择，也要坚持住自己的选择。学会计、当编辑是我的意外选择。人说编辑是为人作嫁，可是这一选择我坚持了30年，苦在其中，乐在其中，也算是有声有色。每当我把一本本好书呈献给人们的时候，我觉得我是“富贵”的人：富，不是你身上的钱财，而是你心里的满足；贵，不是你地位的显赫，而是你被人需要的程度。

书海探寻，情怀永恒

我要说，做编辑我幸运，因为我不仅是第一个读者，可以对作品“品头论足”，也可以对作品“生杀予夺”；更重要的是，这是一个有很高层次的平台，在多年与名家的交往和名著的“对话”中，深深地为他们的人格和才学所感动，被作品的精彩所吸引，这不仅使我“下笔如有神”，更使我的思想和灵魂也受到一次次洗礼和震撼，得到一次次升华。对于我的作者我的书，如数家珍，作者中不乏才学和为人同样过人的多位泰斗和“颜值高责任大”的众多才子佳人；策划的作品不仅立足专业还兼顾人文，也是情怀所在，专业加人文路才会更宽更远。

多年的体会是，作为一名编辑，起码要“三心二意”，即“责任心、细心、耐心”和“服务意识、创新意识”。要多策划一些拳头产品，用一个选题推动一个系统工程，用一个系统工程培养一个出版社品牌。给新入职编辑讲座时我做过一个比喻：编辑两项基本功，审稿——甚至要比博导审批学生论文还要全面、细致；选题策划——要像电影导演一样做“星探”，善于发现优秀作者和挖掘好的原创作品。记不清30年来我策划和编辑了多少书，组织和策划了大批教材、业务培训用书、通俗读物、理论专著等，有的获得过国家、省部级各类奖项，有的以其填补空白、社会热点、风格新颖、开拓尝试等特点受到读者的欢迎。正是：

一入书门情似海，
探寻经典职责在。
苦辣酸甜何其乐，
编辑人生也精彩。

想是问题，做是答案

众所周知，目前的图书出版业在行业竞争和纸质图书受到严重冲击的情况下，出版人无不感到莫大的危机。在这种背景下，我们还要积极应对，完善纸质图书的固有特质，拓宽纸媒的功能，挖掘出版内容和形式都精彩的原创作品，适应新形势下读者的更高需求。2017年至今，在新的时代环境下不断出新，我又策划了多套系列丛书和单本图书，不乏名家著作、教材、学术专著和实务丛书等，继续为扶持学术研究和总结实践最新成果，在高端研究与专业知识普及和应用之间搭建一座座有益的桥梁。

每一个时代的经济环境不同，理论研究和实务探索所需要解决的问题也有所差别。当前我国处于新的历史时期，市场环境和组织模式不断演变发展、推陈出新，经济、管理、财税等领域的新理论、新思想、新方法、新工具也层出不穷。乱花渐欲迷人眼，击水三千浪几何？这些领域的研究人员被时代赋予了更艰巨的责任，也面临着更高、更多元的要求，我们不仅要具备更广阔的学术视野，而且要有更严谨的学术思维。

输在犹豫，赢在行动

《中青年经济与管理学者文库》的作者，都是我国经济与管理领域的中坚力量，也是未来的大家。他们中有些人潜心从事理论研究，有些人则深耕在实务一线，但无论现实身份如何，视野全都没有被拘泥在“象牙塔”内。他们从不同视角对市场经济的不同要素进行细致审视，然后汇聚于“财经版”这面旗帜之下，相互碰撞，彼此激荡，力求在市场经济转型升级的关键时期留下最新鲜的“中国印记”。

这些经济与管理领域的中青年学者，就是我国市场经济发展的潜力与优势，他们的研究成果，不仅将引领市场经济的各个组成环节向更科学、更先进的方向发展，而且将成为我国政府和企业在未来经济世界扮演更重要角色的支点与动力。祝愿这些中青年学者能攀上更高的学术之山，走向更远的研究之路，也期待宏观、中观、微观各个层面的市场参与者都能从这套文库中得到切实的启发与指引，在全面深化改革、增强发展活力的关键时期，发挥正能量和积极作用，为经济社会发展增添新的动力！——这也是我策划此套丛书的初衷。

作始也简，毕也必巨

2021年，是一个非凡之年，纵观世界风云，抗击疫情“风景这边独好”，“十四五”规划开局，我们喜迎建党百年。“其作始也简，其将毕也必巨。”从“开天辟地”“改天换地”到“翻天覆地”“惊天动地”，我们党经历了四个历史时期——救国大业、兴国大业、富国大业、强国大业，四件大事铸就了中国共产党百年辉煌。我们不禁感叹——风雨百年创辉煌，“天地”之间“有杆秤”。

2021年，还是一个纪念之年，出版社成立65周年和我从事编辑工作30周年。65年来，财经出版社始终坚持正确的舆论导向和鲜明的出版特色，努力为经济建设和财政工作服务，致力于为读者奉献经典作品，在中国财经出版传媒集团旗下发挥着更大的作用，取得更大的成就。作为一个有着20多年党龄的党员，我是生在新中国长在红旗下的幸运的一代，怀着对党无限的热爱和感恩，浓情做事、淡泊做人，用30年的情怀和坚守见证了出版业的转型，践行了编辑的天职，向党递交一份努力的答卷。

2017年策划出版《中青年经济与管理学者文库》至今已五年，得到了众多中青年学者的热烈响应与大力支持，文库诞生至今已囊括专著60余种，为中青年学者们提供了展示学术研究成果的平台，作者队伍不断壮大，作品陆续出版。如果您认可，如果您有意愿，欢迎您和您的朋友加盟我们的作者队伍！在中国财经出版传媒集团的“旗舰”下，中国财政经济出版社这“老字号”，一定励精图治，谱写新的篇章。敬请关注“龙媒玉制新书坊”微信公众号，我们用“龙的精神，玉的品质”来助力您实现梦想！

策划人：樊清玉

邮箱：qingyuf@ sina. com

2021年12月31日

前言

所有权与经营权分离引发了现代公司的两类代理问题，一方面，股东与管理层之间的目标不一致和信息不对称，导致管理层出现偷懒、在职消费、盈余管理、过度投资和操控薪酬等自利行为，即第一类代理冲突。另一方面，大股东通过股权金字塔结构和交叉持股实现控制权与现金流权的分离，使大股东以终极控制人权力进行资金占用、关联交易、股权稀释和操纵股价等侵害中小股东利益的掠夺性“掏空”行为，即第二类代理冲突。如何缓解两类代理问题是影响上市公司良好运行和资本市场高质量发展的关键所在。机构投资者自20世纪80年代在西方乃至全球迅速发展以来一直受到广泛的重视，从理论上来看，作为介于公司内部管理者和大股东与外部分散小股东之间的第三方力量，其所具备的资金、信息和专业方面的优势使其有能力参与公司治理，在与公司大股东和管理层的制衡博弈中比外部分散小股东占据更大的优势，被认为是缓解两类代理问题和强化公司治理的重要外部监督机制。

然而与理论推测不一致，关于机构投资者治理作用的经验证据存在着一定的争议，总体上来看，主要存在有效监督、负面监督与无效监督三种假说。有效监督假说认为，机构投资者的专业优势使其对信息的获取、解读能力更强，成本也更低，这些能够促进其监督有效性的提升。负面监督假说认为，机构投资者和公司内部人之间可能存在的其他利益关系会降低机构投资者的独立性，进而限制其对公司管理者和大股东的监督有效性；或者机构投资者通过与公司内部人合作或共谋相对于履行监督行为能够取得更高的收益，可能会选择与公司管理者和大股东合谋。无效监督假说认为，机构投资者并不总是积极的，消极的机构投资者对公司内部人监督无效。现有文献分别从代理理论和信息不对称理论、管理层权力理论、股权结构理论、信息优势理论等方面围绕着机构投资者直接参与公司治理的行为对此进行了解释，然而较少有文献关注机构投资者通过与上市公司聘用共同的审计师所形成的共享审计师执业网络这一间接参与治理行为及其如何对公司治理发挥作用。

以往研究发现，共享审计师能够借助网络关系从更多途径获取更多增量信息，并且这些信息可以在网络内实现共享，这可以帮助审计师提高专长知识和缓解信息不对称，促进其在执业过程中更加准确地理解专业审计问题以及做出更精准的职业判断，提高审计质量，进而降低财务重述、操纵性应计利润和分析师预测偏差，以及提高关系专用性投资和影响供应商的成本黏性；并且有利于降低并购过程中的不确定性，进而降低并购业绩承诺的运用和并购交易费用，促进并购公告收益和资产回报率的提升等。但是也有学者发现，在集团统一审计中，会计师事务所存在为了维护现有收益和集团公司业务资源而选择为控股股东操纵会计信息提供便利的可能，导致审计质量受到严重损害，同时也加重了信息不对称，进而提高资本成本。

开放式基金是我国机构投资者的重要构成部分，同时也频繁活跃于我国上市公司的前十大流通股股东中，其近年来的跨越式增长态势对我国上市公司的经营管理和资本市场的健康稳定发展发挥着愈加重要的作用。根据中国证监会的要求，开放式基金需要接受外部审计机构对的审计并定期披露相关信息。由于决策动机差异以及我国审计市场供需不均衡的影响，在资本市场上容易出现作为上市公司大股东的开放式基金出现与被投资上市公司聘用共同审计机构的情况，此时二者之间就形成了由共同审计师执业所产生的共享审计师网络关系。在这种情况下，共享审计师可以为开放式基金大股东和审计师获取关于上市公司经营情况的更多信息提供给一条非正式渠道，这有助于降低公司的信息不对称；此外共享审计师网络关系也会导致开放式基金大股东与审计师之间的业务关系更加紧密，即使二者的利益纠葛更为复杂。这些能够对开放式基金大股东的监督动机和监督能力产生影响，影响其本身监督行为以及与审计师联合监督行为模式的选择，进而可能给公司治理带来不同的影响。

具体来看，从开放式基金大股东方面来看，作为介于公司内部管理者和大股东与外部分散小股东之间且持股规模较大的股东，为了保证自身的投资利益不被侵占，其有监督公司内部人的动机，共享审计师网络所带来的信息获取优势和信息流动，能够为其监督行为提供便利，促使其对公司内部人积极进行监督，如直接施压公司管理者或者督促共享审计师执行更为严格的审计程序。相应地，从审计师方面来看，在开放式基金大股东与被投资上市公司共享审计师的情况下，审计师借助共享审计师网络可以通过开放式基金大股东了解更多关于上市公司经营活动的增量信息，从而能够更加有效地发现财务会计信息中可能隐藏的舞弊和错报，提高审计质量。另外，当同时审计开放式基金大股东和被投资上市公司时，共享审计师也会面临来自审计师联结双方更大的潜在诉讼风险，同时市场上的利益相关者也会给予更广泛的关注和监督，迫使审计师提高独立性和审计质量。从这个角度来说，开放式基金大股东与被投资上市公司共享审计师带来的信息优势和信息流动，能够促进开放式基金大股东与共享审计师各自的监督效力以及合作监督行为，从而对上市公司发挥积极的公司治理效应。

然而还存在一种相反的可能，由于机构投资者也可能存在着与公司内部管理者和其他大股东联合侵害外部小股东利益的动机。同时，审计师出具的非标准审计意见一般会给上市公司股价带来巨幅的波动，一旦上市公司被出具非标准审计意见，开放式基金大股东将会承受巨大损失，这进一步强化了其谋私的动机。因此当与被投资上市公司共享审计师时，共享审计师网络反而可以为开放式基金大股东的谋私行为提供一条便利的渠道，为了避免不利审计意见以及保证其私人利益不受损害，开放式基金大股东可能会借助共享审计师网络关系对审计师独立审计行为进行干涉，从而达到寻求支持性审计意见的目的。而此时从审计师方面来看，在当前我国审计市场竞争较为激烈的背景下，由于基金业务审计成本相对较低，其往往是审计师争夺的重要目标市场，共享审计师网络关系强化了审计师与开放式基金大股东之间的业务关系，审计师为了保证业务收益和市场份额一般不会主动的失去其审计客户，因此当面临开放式基金大股东的适当施压时，共享审计师可能会选择“顺从”，甚至会在开放式基金大股东的鼓动下选择共同为公司内部人的机会主义行为提供便利，从而导致对公司管理者和大股东的监督无效甚至代理冲突加剧，对上市公司产生不利的公司治理效应。此外，共享审计师网络所导致的开放式基金大股东与审计师之间联合行动模式也可能在其他上市公司中持续，即产生治理溢出效应。

鉴于此，本书基于社会网络理论的视角，以2010—2019年我国开放式基金大股东与被投资上市公司选聘财务报告审计共同审计师所形成的间接网络关系为研究对象，深入探讨这一网络关系对开放式基金大股东的治理行为，进而对被投资上市公司的治理效应，以及其他不具有共享审计师网络关系、但被相同的开放式基金大股东持股并且相同的审计师审计的上市公司（开放式基金大股东且审计师联结上市公司）的治理溢出效应。主要包括四个研究内容。

（1）开放式基金大股东与被投资上市公司共享审计师能够使

审计师获得更多信息并促进信息在审计师联结单位流动，从而影响信息不对称以及开放式基金大股东和审计师的监督行为选择，因此探讨开放式基金大股东与被投资上市公司共享审计师对公司代理成本的影响及作用机理。研究结果表明，开放式基金大股东与被投资上市公司共享审计师能够显著降低公司管理者代理成本和大股东代理成本。另外，作用机制的检验结果发现，开放式基金大股东与被投资上市公司共享审计师对信息不对称有显著的抑制作用，并且能够提高审计质量，说明机构投资者共享审计师网络可以通过这两个方面来缓解被投资上市公司管理者和大股东代理问题。进一步研究发现，在不同产权性质的公司中，开放式基金大股东共享审计师网络对的代理冲突的影响存在显著差异，其中对国有企业的第一类代理成本有更为显著的降低作用，而对非国有企业的第二类代理成本的抑制效果更为明显。此外，开放式基金大股东共享审计师网络对公司代理成本的抑制作用主要存在于股权集中度较低和市场化程度较高的公司。

(2) 考察开放式基金大股东与被投资上市公司共享审计师对公司会计信息质量的影响及作用机理。研究结果发现，开放式基金大股东与被投资上市公司共享审计师能够显著提高被投资上市公司的会计信息质量。作用机制的检验结果表明，共享审计师明显降低了信息不对称水平，提高了审计师努力程度，并且对管理者过度自信有显著的抑制作用。研究结论说明了开放式基金大股东共享审计师强大的信息获取能力及所产生的信息流动，降低了开放式基金大股东所面临的信息不对称，同时为开放式基金大股东及审计师的监督行为提供了便利，从而强化了他们对公司内部人会计信息产出行为的监督，进而会计信息质量得以提高。进一步地，考虑到审计师对于管理者不同方向盈余管理所面临的损失后果的不对称性，区分盈余管理方向的检验结果发现，共享审计师与会计信息质量之间的正相关关系在正向盈余管理样本组中更加显著。此外根据性质和内容对财务重述进行分类后发现，对于经济后果更为严重的欺诈性财务重述和核心财务重述行为，共享审计师能够表现出显著更强的抑制作用。

(3) 研究开放式基金大股东与被投资上市公司共享审计师对公司创新的影响及作用机理。研究结果发现，开放式基金大股东与被投资上市公司共享审计师能够显著促进公司的创新行为。作用机制检验结果显示，共享审计师显著缓解了公司所面临的外部融资约束，并且降低了公司内部盈余管理程度。研究结果说明了开放式基金大股东共享审计师网络强大的信息获取能力以及所带来的信息共享，降低了被投资上市公司的信息不对称，同时促进了开放式基金大股东及审计师的监督效力，使上市公司所面临的融资约束和不确定性下降，进而推动了上市公司的创新行为。进一步研究发现，在国有企业、高新技术企业以及市场化进程较高的样本组中，共享审计师对公司创新的促进作用更为显著。

(4) 开放式基金大股东与被投资上市公司共享审计师对二者之间合作或合谋行为模式的影响，可能会产生溢出效应，因此选取其他与开放式基金大股东不具有共享审计师网络关系，但被相同的开放式基金大股东持股并且相同的审计师审计的上市公司即开放式基金大股东且审计师联结上市公司为实验样本以及相关的控制样本为研究对象，考察开放式基金大股东与被投资上市公司共享审计师的公司治理溢出效应。研究结果发现，开放式基金大股东与被投资上市公司共享审计师不但能提高共享审计师网络联结的上市公司的审计效率，同时还能提高其他不具有共享审计师网络关系、但被相同的开放式基金大股东持股并且相同的审计师审计的上市公司即开放式基金大股东且审计师联结上市公司的审计效率。作用机制的检验结果显示，共享审计师显著降低了上市公司的信息不对称程度和审计师对诉讼风险感知，并且提高了信息透明度。研究结果说明了共享审计师强大的信息获取能力及所产生的信息流动，改善了共享审计师所面临的信息不对称和信息环境，促进了审计资源投入的降低，并且这些影响在开放式基金大股东且审计师联结上市公司中得以持续。进一步的研究发现，共享审计师有效抑制了共享审计师网络联结上市公司以及与开放式基金大股东且审计师联结上市公司的盈余管理行为，并且提高了其会计信息质量，结果说明，开放式基金大股东共享审计师在提高的审计效率的同时依然保证了较高的审计质量，从而验证了共享审计师积极的治理效应和溢出效应。

综上所述，本书的研究结论表明，开放式基金大股东与被投资上市公司共享审计师有助于开放式基金大股东和审计师通过网络获取更多增量信息，并且这些信息可以在网络内实现共享，有助于改善信息不对称，同时能够促进开放式基金大股东和审计师各自的监督效力以及二者对公司内部管理者和大股东的监督合力，从而对公司管理者和大股东的自利行为形成约束，进而对公司两类代理成本、会计信息质量以及审计效率和审计质量产生了有利的公司治理效应。此外，开放式基金大股东共享审计师网络这种信息效应和促进监督效应，对审计师在其他不具有共享审计师网络关系、但被相同的开放式基金大股东持股和相同的审计师审计的上市公司即开放式基金大股东且审计师联结上市公司中的审计执业中得以持续，表现出积极的治理溢出效应。

本书的研究可能会对理论和实务产生以下贡献。

1. 理论意义

第一，基于社会网络理论，将开放式基金大股东选聘与被投资上市公司财务报告审计共同的审计师作为其间接参与公司治理的一种方式，考察开放式基金大股东这一通过共享审计师网络关系间接参与公司治理的行为对公司代理成本、会计信息治理、公司创新的影响及其治理溢出效应，为理解除机构投资者通过持股、调研等直接参与公司治理以外的间接参与公司行为的治理效应，以及机构投资者这一正式制度与社会网络非正式制度结合对公司治理的影响提供了另一种经验证据，拓展了机构投资者治理效应以及正式制度与非正式制度联合治理效应方面研究。

第二，基于开放式基金大股东与被投资上市公司之间共享审计师的视角，对持股关系情境下开放式基金大股东共享审计师网络的经济效应和作用机制进行深入探究，尤其是对开放式基金大股东共享审计师网络如何对其他不具有共享审计师网络关系、但被相同的开放式基金大股东持股和相同的审计师审计的上市公司即开放式基金大股东且审计师联结上市公司产生治理溢出效应，提供了不同于以往主要基于供应链和并购链共享审计师研究的另一种研究情境和经验证据，丰富了共享审计师方面的研究。

第三，基于开放式基金大股东与被投资上市公司通过选聘共同的独立第三方即审计师所形成的间接网络关系视角，深入分析这一间接网络关系对被投资上市公司以及开放式基金大股东且审计师联结上市公司所产生的公司治理效应及治理溢出效应，提供了不同于以往基于机构投资者基于社会属性（如校友、地域）、业务联系（如与投行关系、买卖方关系）和共同投资标的（如股票、债券）所形成的直接网络关系的视角考察机构投资者的资产配置、投票反对高管薪酬提案、持有股票以及行为传染等研究的另一种分析视角，补充了机构投资者网络关系方面的研究。

2. 实务与政策意义

第一，有助于公司管理者正确认识开放式基金大股东通过共享审计师网络关系这一途径间接参与公司治理行为如何影响公司的内部治理环境，以及开放式基金大股东与审计师这两种外部治理主体通过网络关系合作的方式会给公司带来的治理协同影响，还有开放式基金大股东且审计师联结公司的治理溢出效应相应地会给公司内外部环境带来的变化，促进其更加准确地评估开放式基金大股东的行为以及审计师行为可能对公司治理所产生的影响，从而为其更合理的经营决策行为提供参考依据。

第二，有助于开放式基金大股东正确认识其通过与被投资上市公司之间的共享审计师网络关系间接参与公司治理的行为会给被投资上市公司的治理进而对其本身利益所产生的作用，从而为其更有效的公司治理参与决策和资产配置决策提供参考价值；同时有助于其他外部投资者从开放式基金大股东与上市公司之间的共同审计师网络关系这一信号去评估投资机会，进行对其如何更准确的投资决策具有启示作用。

第三，有助于独立审计师准确了解在同时审计开放式基金大股东与被投资上市公司的情况下，可能会面临的来自开放式基金大股东、上市公司以及市场上其他利益相关主体更广泛和更严格的监督风险，进而为其考虑如何更有效地改进审计程序和审计方法，最大限度地降低开放式基金大股东共享审计师网络关系中的审计风险，以及如何提高审计判断和决策的有效性提供参考价值。

第四，有助于政策制定者和监管者全面认识开放式基金和审计师这两种重要的外部市场监督力量除了独立监督以外，还可能会通过共享审计师网络建立起联合参与公司治理的机制，并且这种联合治理能够给上市公司的有效运行以及资本市场的健康发展带来的重要的经济影响，从而为其思考如何优化和完善关于开放式基金和审计师的政策与监管措施，以促进开放式基金和审计师各自的监督以及联合治理作用的发挥和资本市场的高质量发展提供启示意义。

目录

第1章 导 论

1.1 研究背景与意义

1.1.1 研究背景

机构投资者治理机制是否能够提高公司治理效率一直是财会领域比较具有争议性的话题。虽然根据代理理论，机构投资者具备资金、信息和专业等方面的优势，使其能够在与公司大股东和管理层的制衡博弈中比外部小股东占据更大的优势，可以成为缓解两类代理问题和强化公司治理的重要机制（Schmidt and Fahlenbrach, 2017）。但是在经验证据上，关于机构投资者治理作用的研究结果呈现出有效监督、负面监督和无效监督三种观点，结论并不一致（Chen et al., 2010；Schmidt and Fahlenbrach, 2017；Jiang and Yuan, 2018；李维安、李滨，2008；龙振海，2010；潘越等，2011；谭劲松、林雨晨，2016）。现有文献分别从代理理论和信息不对称理论（Aggarwal et al., 2011）、管理层权力理论（Janakiraman et al., 2010）、股权结构理论（Borochin and Yang, 2017；孙光国等，2015）、信息优势理论（Huang and Kang, 2017）等对此进行了解释，而从社会网络理论视角分析机构投资者治理作用的研究却并不多见。

现有关于机构投资者网络关系的研究，主要集中在机构投资者基于社会属性（如校友、地域）、业务联系（如与投行关系、买卖方关系）和共同投资标的（如股票、债券）形成的直接网络关系对其资产配置、反对高管薪酬提案、持有股票收益和行为传染等方面的影响（Cohen et al.，2008；Butler and Gurun，2012；Pool et al.，2015；Reuter，2006；Firth et al.，2013；Pareek，2012），鲜有文献关注机构投资者与被投资上市公司聘用共同的审计机构所形成的间接网络关系对机构投资者治理作用的影响。作为重要的机构投资者，我国开放式基金规模体量近年来呈跨越式增长，在全球开放式基金中已经位居新兴经济体发展的前列，有着举足轻重的地位。与此同时，开放式基金还频繁活跃于我国上市公司的前十大流通股股东中，根据权威数据统计，截至2021年6月底，我国开放式基金持股市值达到6.1万亿元，较2019年初增长了314.7%，并且持有A股流通股市值达5.5万亿元，占A股流通总市值的7.8%[①]，对上市公司的经营决策和资本市场的健康发展发挥着越发重要的作用。

以往文献发现，供应商与客户之间共享审计师能够提高审计师的“供应链专长”，使审计师在执业过程中能够更专业地理解供应链审计问题，做出更精准的职业判断，有助于降低财务重述的可能性和操纵性应计利润（Chen et al.，2009；Huang et al.，2014；Johnstone et al.，2014；杨清香等，2015），体现出知识溢出效应。另外，共享审计师还可以缓解审计师联结单位的信息不对称，提高审计质量，从而降低分析师预测偏差，提高关系专用性投资以及影响供应商的成本黏性等（Cai et al.，2019；Dhaliwal et al.，2016；蔡利等，2018）。并购公司与目标公司之间共享审计师能够降低并购业绩承诺运用的可能性，增加业绩承诺的可靠性，并且降低并购过程中的不确定性，促使管理者更有效地配置资源，从而产生更高

① 根据中国证券投资基金业协会的数据并手工统计得到。

的并购公告收益以及更低的交易费用和更大的资产回报率（Cai et al. ,2016；Chircop et al. , 2016；Dhaliwal et al. , 2016；武恒光等，2020）。然而，现有文献对共享审计师的研究主要集中在供应链和并购链共享审计师的视角，对其他资本市场参与主体之间（如机构投资者与被投资上市公司）共享审计师的行为缺乏探讨。

根据中国证监会的要求，开放式基金需要接受外部审计机构对其年报进行审计并定期披露相关信息。考虑到决策动机的差异以及我国审计市场供需分布的不均衡，容易出现的一种情况是作为上市公司大股东的开放式基金与被投资上市公司聘用共同审计机构的现象（即共享审计师），现有文献鲜少关注这一现象会如何影响开放式基金大股东的治理行为以及被投资上市公司的相关决策。审计师在对上市公司执行审计业务的过程中，通过正式的审计程序以及与管理层的交流等非正式审计方法可以获取大量的关于上市公司真实经营情况的信息（Cai et al. , 2016）。显然，当开放式基金大股东与被投资上市公司共享审计师时，共享审计师有潜力成为开放式基金大股东获取被投资上市公司经营状况信息的有效途径。同时，共享审计师网络关系也使审计师与开放式基金大股东之间的业务联系更加紧密。信息获取的便利以及与审计师业务关系的加强能够影响开放式基金大股东的监督动机和监督能力，对其治理行为至关重要（Bushee and Goodman, 2007；Jiang, 2010；Zhang, 2004）。因此，共享审计师会如何影响开放式基金大股东对被投资上市公司的治理效应值得深入探究。

具体来看，一方面，对于开放式基金大股东来说，作为介于公司内部管理者与外部小股东之间且持股规模较大的股东，为了保证自身所享有的投资收益，其有监督公司内部管理者的动机（Borochin and Yang, 2017），共享审计师所带来的信息优势可以为其监督行为提供便利，从而能够促使其更加积极地对上市公司进行监督，如直接施压公司管理者或者鼓励共享审计师执行更严格的审计程序。

对于审计师来说，其对上市公司财务报告的审计行为本质上是为相关经济活动和经济事项的认定进行审核和评估，以及发现和报告其中存在的错报和违法行为（Watts and Zimmerman，1981）。在开放式基金大股东与被投资上市公司共享审计师的情况下，审计师有了更多的信息获取途径，能够掌握更多上市公司相关的真实风险信息，及时发现财务报告中的舞弊和错报，进而更有效地控制审计风险和执行审计程序，提高审计质量。另外，同时审计开放式基金大股东和被投资上市公司，审计师会面临来自双方更大的潜在诉讼风险，并且共享审计师现象也会受到市场上利益相关方的更多关注，引起更加严格的外部监督（Cai et al.，2016），从而导致审计师独立性和审计质量的提升。可见，开放式基金大股东与被投资上市公司共享审计师带来的信息流动，可能会促使开放式基金大股东与共享审计师“合作”，进而加强对被投资上市公司的监督，体现出“合作”效应。

另一方面，以往研究显示机构投资者存在着与公司内部管理者和其他大股东联合侵害外部小股东利益的动机（Ward et al.，2018）。尤其是，审计师出具的非标准审计意见一般会导致上市公司的股票价格产生较大波动（Chen et al.，2016），不利于其市值稳定和健康发展，进而给投资者带来损失。那么，在与被投资上市公司共享审计师的情况下，为了防止非标准审计意见对其私人利益的不利影响，开放式基金大股东有借助共享审计师网络关系影响审计师的审计报告决策的动机。而从审计师的角度来看，共享审计师网络关系使审计师与开放式基金大股东之间的业务关系更加紧密，除非面临的审计风险较高，审计师一般不会主动的失去其审计客户（Mai et al.，2012），因此当面临开放式基金大股东的适当施压时，在审计风险可控的情况下，为了维持审计份额，共享审计师可能会选择“顺从”开放式基金大股东而出具支持性审计意见，体现出与开放式基金大股东的“合谋”效应。综上所述，开放式基金大股东与被投资上市公司共享审计师，可能会导致二者之间出现“合作”或“合谋”的不同行为选择，这会如何影响上市公司的代理成本、会计信息质量以及公司创新？另外，开放式基金大股东与共享审计师之间的这种行为联结，对其他与开放式基金大股东不具有共享审计师网络关系，但是被相同的开放式基金大股东持股且相同的审计师审计（以下简称“开放式基金大股东且审计师联结”）的上市公司是否具有溢出效应？

有必要说明的是，本书关注的开放式基金大股东与被投资上市公司共享审计师这一研究情境，这里的开放式基金大股东主要是指持股排名属于上市公司前十大流通股股东的开放式基金。当任一开放式基金大股东与被投资上市公司选聘的为其年度财务报告提供审计服务的会计师事务所相同时，即被认定为开放式基金大股东与被投资上市公司共享审计师的情况。本书主要关注属于上市公司的前十大流通股股东的开放式基金，是考虑到前十大流通股股东的资金和力量优势会对公司决策产生重要影响（杨德勇、曹永霞，2007），其通过共享审计师网络关系所产生的杠杆效应会更大。将审计师界定为对年度财务报告执行审计的会计师事务所，一是因为数据的易获得性；二是考虑到提供财务报告审计服务的审计师能够通过正式审计程序以及与管理层交流等非正式审计方法，可以获得关于上市公司更全面的信息，并且与开放式基金大股东更有效地完成信息传递。

基于以上分析，本书的研究目的主要是，基于社会网络理论的视角，以2010—2019年我国开放式基金大股东与被投资上市公司选聘财务报告审计共同审计师所形成的间接网络关系为研究对象，考察其对开放式基金大股东的治理行为、被投资上市公司的决策行为以及开放式基金大股东且审计师联结上市公司的治理溢出效应。具体包括：①开放式基金大股东与被投资上市公司共享审计师能够使审计师获得更多上市公司运行情况相关的信息并在审计师联结单位流动，从而影响信息不对称以及开放式基金大股东和审计师的监督行为选择，因此探讨开放式基金大股东与被投资上市公司共享审计师对公司代理成本的影响；②考察开放式基金大股东与被投资上市公司共享审计师对公司会计信息质量的影响；③研究开放式基金大股东与被投资上市公司共享审计师对公司创新的影响；④探究开放式基金大股东与被投资上市公司共享审计师对其他与开放式基金大股东不具有共享审计师网络关系，但是被相同的开放式基金大股东持股并且相同的审计师审计的上市公司的治理溢出效应。

1.1.2 研究意义

1. 理论意义

（1）机构投资者在资金、信息和专业等方面具备较大优势，能够使其比外部小股东更有能力在参与公司治理的过程中与公司大股东和管理层进行博弈和对抗，缓解两类代理问题（Schmidt and Fahlenbrach，2017）。已有文献主要基于代理理论和信息不对称理论、管理层权力理论、股权结构理论、信息优势理论等方面，从机构投资者持股、积极主义、调研等直接参与公司治理的视角对机构投资者的公司治理效应进行研究，并且所得结论不一致（Chen et al.，2010；Jiang and Yuan，2018）。本书基于社会网络理论，将开放式基金大股东选聘与被投资上市公司财务报告审计共同的审计师作为其间接参与公司治理的一种方式，考察开放式基金大股东这一通过共享审计师网络关系间接参与公司治理的行为对公司治理的影响，为全面认识机构投资者的公司治理效应以及机构投资者这一正式制度如何借助社会网络这一非正式制度发挥作用提供了另一种研究视角，拓展了机构投资者与公司治理以及正式制度与非正式制度联合治理效应方面的文献。

（2）以往文献关于共享审计师的研究，主要关注了供应商与客户之间共享审计师对财务重述的可能性、操纵性应计利润、分析师预测偏差、关系专用性投资以及供应商的成本黏性等方面的影响（Chen et al.，2009；Huang et al.，2014；Johnstone et al.，2014；Cai et al.，2019；Dhaliwal et al.，2016；杨清香等，2015；蔡利等，2018）；还有并购公司与目标公司之间共享审计师对并购业绩承诺运用的可能性、业绩承诺的可靠性、并购公告收益、并购交易费用以及资产回报率等方面的影响（Cai et al.，2016；Chircop et al.，2016；Dhaliwal et al.，2016；武恒光等，2020）。即以往研究的视角主要集中在供应链和并购链共享审计师，较少关注其他资本市场参与主体之间（比如机构投资者与被投资上市公司）共享审计师的行为。本书基于开放式基金大股东与被投资上市公司之间共享审计师的视角，对开放式基金大股东的治理行为、被投资上市公司的决策行为以及开放式基金大股东且审计师联结上市公司的治理溢出效应进行考察，呈现有别于以往基于供应链和并购链共享审计师研究的另一种研究情境和经验证据，丰富了共享审计师方面的研究文献。

（3）区别于以往文献主要考察机构投资者基于社会属性（如校友、地域）、业务联系（如与投行关系、买卖方关系）和共同投资标的（如股票、债券）所形成的直接网络关系对机构投资者在其投资组合中的资产配置、投票反对高管薪酬提案、持有股票收益以及机构投资者之间行为传染的影响（Cohen et al.，2008；Butler and Gurun，2012；Pool et al.，2015；Reuter，2006；Firth et al.，2013；Pareek，2012），本书基于开放式基金大股东与被投资上市公司通过选聘共同的独立第三方即审计师所形成的间接网络关系视角，深入分析这一间接网络关系对被投资上市公司以及开放式基金大股东且审计师联结上市公司所产生的公司治理效应，提出了不同于以往机构投资者直接网络关系研究的另一种分析视角，丰富了机构投资者网络关系方面的文献。

2. 实务与政策意义

公司治理问题一直是财会领域研究的重点话题。与外部小股东相比，机构投资者具备资金、信息和专业等方面的优势，可能在与公司大股东和管理层的制衡博弈中发挥重要作用，是缓解两类代理问题和强化公司治理的重要机制，市场各方对其给予了广泛的关注。本书基于社会网络关系视角，深入分析开放式基金大股东与被投资上市公司共享审计师对开放式基金大股东的治理行为、被投资上市公司的决策行为以及开放式基金大股东且审计师联结上市公司的治理溢出效应，对公司管理者、投资者、审计师、政策制定者和监管者具有重要的现实意义。

（1）对于上市公司管理者来说，本书的研究一方面有助于其正确认识开放式基金大股东通过共享审计师网络关系这一途径间接参与公司治理能够产生的治理效应；另一方面有助于其清晰把握开放式基金与审计师这两种外部治理主体通过网络关系合作的方式对公司治理所产生的协同作用，促进上市公司管理者更加准确地评估开放式基金大股东的行为以及审计师行为可能对公司治理所产生的影响，进而做出更合理的决策。

（2）对于开放式基金大股东来说，本书的研究有助于其正确认识借助与被投资上市公司之间的共享审计师网络关系间接参与公司治理的行为能够发挥的公司治理效应，从而改进其治理参与决策以及采取更有效的资产配置决策。对于其他外部投资者来说，本书的研究有助于其从开放式基金大股东与上市公司之间的共同审计师网络关系这一信号更好地识别投资机会以及进行更加准确的投资决策。

（3）对于审计师来说，本书的研究有助于其清晰把握在同时审计开放式基金大股东与被投资上市公司的情况下，可能会面临的来自开放式基金大股东、被投资者上市公司以及市场上其他参与主体的监督压力，更有效地调整审计程序和审计方法，最大限度地降低共享审计师网络关系中的审计风险，做出更精确的审计决策。

（4）对于政策制定者和监管者来说，本书的研究可以使其全面认识开放式基金和审计师这两种重要的市场参与主体除了独立监督以外，还可能会采取网络内联合行为来参与公司治理，并且能够给上市公司以及资本市场带来的一系列治理后果，从而进一步优化和完善关于开放式基金和审计师的政策与监管措施，更加促进开放式基金和审计师治理作用的发挥，以保障资本市场的健康和高质量发展。

1.2 研究思路与方法

1.2.1 研究思路

机构投资者治理机制与公司治理效率一直是财会研究的热点话题。现有文献主要基于代理理论和信息不对称理论、管理层权力理论、股权结构理论、信息优势理论等视角展开了研究，但在经验证据上并未形成一致观点（Aggarwal et al.，2011；Borochin and Yang，2017；Chen et al.，2010；Huang and Kang，2017；Janakiraman et al.，2010；Jiang and Yuan，2018；李维安、李滨，2008；孙光国等，2015；谭劲松、林雨晨，2016），鲜少文献从社会网络理论视角深入分析机构投资者的治理作用。而在机构投资者网络关系的研究方面，现有研究主要关注了机构投资者因社会属性（如校友、地域）、业务联系（如与投行关系、买卖方关系）和共同投资标的（如股票、债券）等所形成的直接网络关系对其资产配置、反对高管薪酬提案、持有股票收益和行为传染等方面的影响（Cohen et al.，2008；Butler and Gurun，2012；Pool et al.，2015；Reuter，2006；Firth et al.，2013；Pareek，2012），对机构投资者与被投资上市公司聘用共同的审计机构产生的间接网络关系如何影响机构投资者的治理作用很少关注。

另外，目前关于共享审计师的研究主要集中在供应链和并购链共享审计师方面，发现供应商与客户共享审计师能够促进审计师的“供应链专长”，有助于审计师更精确地理解专业审计问题并做出更恰当的审计决策，减少财务重述发生的可能性和操纵性应计利润；还可以缓解信息不对称，对分析师预测偏差、关系专用性投资、供应商的成本黏性等产生影响（Chen et al.，2009；Cai et al.，2019；Dhaliwal et al.，2016；Huang et al.，2014；Johnstone et al.，2014；杨清香等，2015；蔡利等，2018）。并购公司与目标公司共享审计师可以促进业绩承诺的运用和业绩承诺可靠性的提高，并且提高并购公告收益以及降低并购交易费用（Cai et al.，2016；Chircop et al.，2016；Dhaliwal et al.，2016；武恒光等，2020）。然而关于其他资本市场参与主体之间（如机构投资者与被投资上市公司）共享审计师的现象却鲜有文献涉及。

我国开放式基金已进入快速增长阶段，作为机构投资者的重要部分以及上市公司前十大流通股股东的主要成员，对资本市场的健康发展具有重要作用。开放式基金大股东与被投资上市公司在选聘年报审计师的过程中，可能出现聘用共同审计机构形成共享审计师网络的情况。审计师在执业过程中，可以通过正式和非正式审计方法获得大量的有关上市公司风险状况的信息（Cai et al.，2016）。作为介于公司内部管理者与外部小股东之间且持股规模较大的股东，开放式基金大股东为了自身的投资收益免受侵害，有监督公司内部人的动机（Borochin and Yang，2017），共享审计师可以带来信息流动并为其施压管理者或审计师等监督行为提供便利。另外，共享审计师能够从更多途径获取信息，有利于更准确地把握财务报告中可能隐藏的舞弊和错报。同时，共享审计师面临着来自审计师联结单位更大的诉讼风险和资本市场上利益相关方更严格的外部监督（Cai et al.，2016），也会使其更加注重审计独立性和审计质量的提升。由此，开放式基金大股东与被投资上市公司共享审计师可能会促使二者加强监督，体现“合作”效应。

然而机构投资者也可能与公司内部人联合侵害外部小股东利益（Ward et al.，2018）。由于非标准审计意见会导致上市公司股票价格发生波动（Chen et al.，2016），当与被投资上市公司共享审计师时，开放式基金大股东为了避免不利审计意见影响其投资收益，可能会通过共享审计师网络关系去干扰审计师的报告决策。相应地，在审计风险可控的情况下，审计师一般不会主动失去其审计客户（Mai et al.，2012），共享审计师网络关系强化了审计师与开放式基金大股东之间的业务联系，因此，在开放式基金大股东为了有利审计意见向其施压时，共享审计师可能选择“顺从”，体现出“合谋”效应。

因此，开放式基金大股东与被投资上市公司共享审计师，可能会导致二者做出“合作”或“合谋”两种不同的行为选择进而产生不同的公司治理效应，进而引出本书主要研究的四个问题：①开放式基金大股东与被投资上市公司共享审计师如何影响公司代理成本？②开放式基金大股东与被投资上市公司共享审计师如何影响公司会计信息质量？③开放式基金大股东与被投资上市公司共享审计师如何影响公司创新？④开放式基金大股东与被投资上市公司共享审计师如何影响其他与开放式基金大股东不具有共享审计师网络关系，但被相同的开放式基金大股东持股并且相同的审计师审计的上市公司的治理效应？沿着这四个问题，本书的研究思路具体如下：

第一，介绍本书的研究背景、主要的研究问题、研究目标、研究意义，以及本书主要采用的研究方法、研究内容、研究框架和主要的创新点，即对本书的核心内容进行概括性和整体性的展示。

第二，围绕本书的主要研究问题对相关理论基础和研究文献进行梳理和综述。理论基础主要包括委托—代理理论、信息不对称理论、信号理论、审计师作用理论以及社会网络理论。相关文献主要包括机构投资者治理作用的研究、共享审计师的研究以及社会网络关系的研究。理论基础分析和相关文献回顾可以详细掌握本书主要问题相关的研究现状和现有研究的不足，同时也是确定本书的研究视角和主要研究问题的重要基础。

第三，在实证研究之前，具体梳理我国机构投资者与开放式基金相关的制度背景，并对我国开放式基金大股东与被投资上市公司共享审计师的现状进行初步的描述和分析，从而对本书的实证检验问题进行直观和全面的了解。

第四，在上述梳理和分析的基础之上，展开本书的实证研究内容。开放式基金大股东与被投资上市公司共享审计师可能会导致审计师获得的更多有关上市公司运行情况的信息在审计师联结单位之间流动，影响信息不对称以及开放式基金大股东和审计师对被投资上市公司的监督，进而对公司代理成本、会计信息质量和公司创新行为产生影响。据此，分别考察开放式基金大股东与被投资上市公司共享审计师对被投资上市公司的代理成本、会计信息质量以及创新决策的影响，这构成了本书第一部分、第二部分和第三部分实证研究的主要内容。

第五，开放式基金大股东与被投资上市公司共享审计师对二者之间“合作”或“合谋”行为模式的影响，可能会产生溢出效应，因此选取其他与开放式基金大股东不具有共享审计师网络关系，但被相同的开放式基金大股东持股并且相同的审计师审计的上市公司为实验样本以及相关的控制样本为研究对象，考察开放式基金大股东与被投资上市公司共享审计师的公司治理溢出效应，这构成了本书第四部分的实证研究内容。

第六，概况和总结本书的规范研究和实证研究结论，在此基础上并结合现实情况提出相应的政策性建议，归纳本书的研究不足，展望未来可以拓展研究的方面。

1.2.2 研究方法

本书综合会计学、计量经济学、信息经济学、行为财务学等多学科的理论知识，主要采用规范研究和实证研究、逻辑演绎与统计分析相结合的方法，在实证检验的过程中，通过一系列计量分析技术对本书的主要研究假设进行分析和检验，具体包括：

1. 规范研究

一方面，采用多学科文献分析法，对国内外已有的关于机构投资者治理作用、共享审计师以及社会网络关系的研究成果进行全方位的梳理和分析，其中涉及会计学、经济学、行为财务学等多学科的理论与分析内容，并且对文献进行综述，发现其中存在的不足以及可以拓展的研究视角，这些为本书研究问题的确定奠定了重要的基础。

另一方面，采用演绎式分析推理法，结合委托—代理理论、信息不对称理论、信号理论、审计师作用理论、社会网络理论等相关理论以及我国特殊的制度背景，同时借鉴实务届人士的观点和建议，演绎推理出一系列值得学术探讨并且具有现实意义的研究问题，在此基础上进行严谨的理论分析和实证设计，研究问题主要包括开放式基金大股东与被投资上市公司共享审计师如何影响公司代理成本、会计信息质量和公司创新决策，以及对开放式基金大股东且审计师联结上市公司的治理溢出效应，深入探究和剖析这些问题背后的本质，并且为后续的实证检验提供坚实的理论依据和严密的逻辑体系。

2. 实证研究

本书沿着“假设提出—研究设计—模型检验—结果分析”的逻辑思路，在规范研究的基础上，设计出科学合理的计量模型，综合运用描述性统计、相关性分析、单变量分析、多元回归分析、Heckman两阶段最小二乘法、倾向得分匹配（PSM）、工具变量法（Ⅳ）等多种计量估计方法以及多种稳健性测试方法，并且使用STATA 16等计量软件，验证了开放式基金大股东与被投资上市公司共享审计师对被投资上市公司的代理成本、会计信息质量和创新决策的影响，对开放式基金大股东且审计师联结上市公司的治理溢出效应，以及其他拓展性检验等一系列经验问题，从而得出开放式基金大股东与被投资上市共享审计师对被投资上市公司，以及开放式基金大股东且审计师联结上市公司的治理影响的一般规律。

1.3 研究内容与框架

1.3.1 研究内容

开放式基金大股东是我国重要的机构投资者，一方面，作为介于公司内部管理者与外部小股东之间且持股规模较大的股东，为了保障自身的投资收益免受侵害，有监督公司内部管理者的动机（Borochin and Yang，2017），与被投资上市公司共享审计师所带来信息优势可以便利其监督行为。共享审计师的信息优势有利于审计师更准确地把握财务报告中可能隐藏的舞弊和错报。同时也会导致其面临更大的诉讼风险和更严格的外部监督（Cai et al.，2016），促进其提高审计独立性和审计质量。即开放式基金大股东与被投资上市公司共享审计师可能会促使二者“合作”来加强对被投资上市公司的监督。另一方面，机构投资者也存在与公司内部管理者联合侵害外部小股东利益的动机（Ward et al.，2018）。为了避免不利审计意见对其投资收益的影响，开放式基金大股东可能会利用共享审计师网络施压审计师做出有利审计意见的报告决策。同时共享审计师网络关系使审计师与开放式基金大股东之间的业务关系更加紧密，在审计风险可控的情况下，共享审计师可能“顺从”开放式基金大股东，即体现“合谋”效应。

鉴于此，本书主要以委托—代理理论、信息不对称理论、信号理论、审计师作用理论、社会网络理论等为理论基础，结合我国上市公司特殊的制度背景，以开放式基金大股东与被投资上市公司选聘年度财务报告审计共同的审计师所形成共享审计师网络关系为切入点，分别研究开放式基金大股东与被投资上市公司共享审计师对被投资上市公司的代理成本、会计信息质量和创新决策的影响，以及对开放式基金大股东且审计师联结的上市公司的治理溢出效应。具体研究内容如下：

第 1 章为导论。本章主要介绍本书的选题背景、研究目的与研究意义，阐述本书的研究思路、研究方法、研究内容和研究框架，并对本书的主要创新点进行归纳。

第 2 章为理论基础与文献回顾。本章主要结合研究问题对本书所依据的理论基础进行介绍和分析，并对主要研究文献进行梳理和综述。理论基础主要包括委托—代理理论、信息不对称理论、信号理论、审计师作用理论以及社会网络理论。相关文献主要包括机构投资者治理作用方面的研究、共享审计师方面的研究以及社会网络关系方面的研究。在此基础上，对研究文献进行评述，并分析现有研究不足以及可以拓展的研究方向。

第 3 章为制度背景与现状描述。本章主要介绍机构投资者以及开放式基金相关的制度背景以及发展演变情况，并对现阶段我国开放式基金大股东与被投资上市公司共享审计师的情况进行一系列的描述性统计与分析。

开放式基金大股东与被投资上市公司共享审计师有利于审计师获得更多上市公司经营情况相关的信息，这会影响信息不对称以及开放式基金大股东和审计师对被投资上市公司的监督选择，进而对被投资上市公司的代理成本、会计信息质量以及创新决策产生影响。由此，第4章至第6章探讨开放式基金大股东与被投资上市公司共享审计师对被投资上市公司所产生的治理影响。

第4章探讨开放式基金大股东与被投资上市公司共享审计师对被投资上市公司代理成本的影响。

第5章考察开放式基金大股东与被投资上市公司共享审计师对被投资上市公司会计信息质量的影响。

第6章研究开放式基金大股东与被投资上市公司共享审计师对被投资上市公司创新决策的影响。

第7章探究开放式基金大股东与被投资上市公司共享审计师的公司治理溢出效应。开放式基金大股东与被投资上市公司共享审计师可能会导致二者之间产生“合作”或“合谋”两种不同的行为模式选择，这种行为模式选择可能会在二者继续有合作的其他上市公司产生治理溢出效应，因此选取其他与开放式基金大股东不具有共享审计师网络关系，但被相同的开放式基金大股东持股并且相同的审计师审计的上市公司为实验样本，并按照约束条件选取相应的控制样本，考察开放式基金大股东与被投资上市公司共享审计师的公司治理溢出效应。

第8章为研究结论与建议。本章对本书的研究结论和研究贡献进行归纳和总结，并在此基础上提出相关的政策性建议，最后对本书的研究局限和未来可以进一步拓展的研究问题进行了阐述。

1.3.2 研究框架

本书的结构安排主要包括导论、理论基础与文献回顾、制度背景与现状描述、主要问题的实证研究以及总结与建议。具体研究框架如图1-1所示。

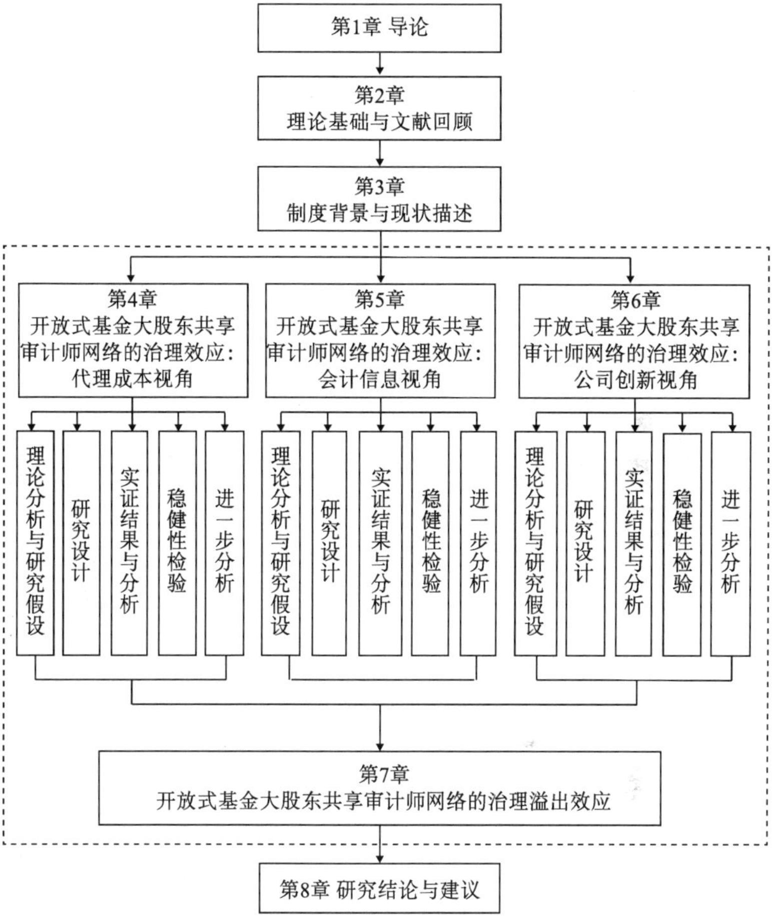

图1-1 本书的研究框架

1.4 本书的主要创新点

开放式基金大股东与被投资上市公司共享审计师所带来的信息优势可能会影响二者之间选择“合作”或“合谋”两种不同的行

为模式，进而对被投资上市公司的代理成本、会计信息质量以及创新决策产生影响，同时二者的行为模式选择也可能对他们继续有合作的其他上市公司产生公司治理溢出效应。本书结合委托—代理理论、信息不对称理论、信号理论、审计师作用理论、社会网络理论等理论基础，在我国上市公司特殊的制度背景下，考察开放式基金大股东与被投资上市公司共享审计师对被投资上市公司的代理成本、会计信息质量以及创新决策的影响，并且分析对其他与开放式基金大股东不具有共享审计师网络关系，但是被相同的开放式基金大股东持股并且相同的审计师审计的上市公司的治理溢出效应。本书可能的创新点主要体现在以下几个方面：

1. 新颖的研究视角：机构投资者通过间接网络关系参与公司治理的效应

由于在资金、信息和专业等方面具有优势，机构投资者通常被认为比外部小股东更有能力与公司大股东和管理层进行博弈和对抗，缓解两类代理问题（Schmidt and Fahlenbrach，2017）。以往关于机构投资者治理作用的文献，主要从委托—代理理论和信息不对称理论、管理层权力理论、股权结构理论、信息优势理论等方面，基于机构投资者持股、积极主义、调研等直接参与公司治理的视角展开了研究，并且没有得到一致结论（Chen et al.，2010；Jiang and Yuan，2018）。此外，以往文献对机构投资者的网络关系也进行了考察，但主要是从机构投资者基于社会属性（如校友、地域）、业务联系（如与投行关系、买卖方关系）和共同投资标的（如股票、债券）等所形成的直接网络关系的视角，探讨了这些直接网络关系对机构投资者的投资组合决策、投票反对高管薪酬提案、持有股票收益以及行为传染等方面的影响（Cohen et al.，2008；Butler and Gurun，2012；Pool et al.，2015；Reuter，2006；Firth et al.，2013；Pareek，2012）。

本书基于社会网络理论，从开放式基金大股东间接参与公司治理和间接网络关系的视角，将开放式基金大股东与被投资上市公司选聘共同的独立第三方（审计师）形成与被投资者上市公司之间的间接网络关系，作为开放式基金大股东间接参与公司治理的一种方式，并深入分析这一借助间接的审计师网络关系参与公司治理的行为对公司治理的影响，从而拓展了机构投资者与公司治理、机构投资者网络关系以及正式制度与非正式制度对公司的联合治理效应方面的研究。

2. 创新的研究情境：开放式基金大股东与被投资上市公司共享审计师

以往关于共享审计师的研究多数集中在供应链和并购链共享审计师的视角，并且主要关注了供应商与客户之间共享审计师如何影响财务重述的可能性和操纵性应计利润（Chen et al.，2009；Huang et al.，2014；杨清香等，2015），还有如何影响分析师预测偏差、关系专用性投资以及供应商的成本黏性等方面（Cai et al.，2019；Dhaliwal et al.，2016；Johnstone et al.，2014；蔡利等，2018）；并购公司与目标公司之间共享审计师如何影响并购过程中业绩承诺运用的可能性和业绩承诺的可靠性，以及并购过程中的不确定性，进而影响并购公告收益、并购交易费用和资产回报率等方面（Cai et al.，2016；Chircop et al.，2016；Dhaliwal et al.，2016；武恒光等，2020）。总之，以往研究较少关注其他资本市场参与主体之间（如机构投资者与被投资上市公司）共享审计师的行为。本书基于开放式基金大股东与被投资上市公司之间共享审计师的视角，考察开放式基金大股东与被投资上市公司共享审计师所带来的公司治理效应，区别于以往基于供应链和并购链共享审计师的研究，为共享审计师研究提供了的另一种较为新颖的研究情境。

3. 独特的研究设计：共享审计师的公司治理溢出效应

综上所述，以往关于共享审计师治理效应的研究，主要考察共享审计师对审计师联结公司的直接治理效应，如供应链共享审计师对供应商或客户的财务重述、分析师预测偏差、关系专用性投资、成本黏性等的影响（Cai et al.，2019；Dhaliwal et al.，2016；Johnstone et al.，2014；杨清香等，2015；蔡利等，2018）；并购链共享审计师对并购公司或目标公司的业绩承诺、并购公告收益、并购交易费用等的影响（Cai et al.，2016；Chircop et al.，2016；武恒光等，2020）。本书基于共享审计师的公司治理溢出效应的视角，分别以开放式基金大股东与被投资上市公司共享审计师基准样本，其他与开放式基金大股东不具有共享审计师网络关系，但被相同的开放式基金大股东持股并且相同的审计师审计的上市公司为实验样本，并按照一定的约束条件选取相应的控制样本，对开放式基金大股东与被投资上市公司共享审计师对开放式基金大股东与审计师行为选择的影响，是否会在相同的开放式基金大股东持股且相同的审计师审计但与开放式基金大股东不存在共享审计师业务联系（开放式基金大股东且审计师联结）的上市公司产生治理溢出效应进行了研究，从间接治理效应的角度提供了有别于以往考察共享审计师直接治理效应的另一种独特的研究设计，丰富了共享审计师的公司治理效应方面的研究。

第 2 章

理论基础与文献回顾

2.1　理论基础

2.1.1　委托—代理理论

20 世纪 30 年代美国经济学家 Berle and Means 在契约理论的基础上提出了委托—代理理论，成为公司治理领域重要的理论基础之一。该理论倡导公司所有权和经营权的分离，委托人即股东主要负责筹集资金，保留对公司的剩余索取权，代理人即管理者掌握公司的经营权。20 世纪 60 年代末至 70 年代初，理论界对信息不对称和激励问题进行了深入的研究（Spence and Zeckhauser，1971；Ross，1976），委托—代理理论在此背景下也得到了蓬勃的发展。作为契约理论以及现代公司治理理论的重要构成部分，委托—代理理论本质上探讨的是不同行为主体之间由契约所建立的一系列委托—代理关系，如组织中的某个或某些行为主体（委托人）雇用其他行为主体（代理人）提供服务并给予一定的自主决策权利和相应报酬的契约关系。

在现代经济实践中，由于客观的资源条件以及资源提供者主观方面的原因，使委托—代理关系广泛存在。一方面，规模经济的客观存在，意味着资源提供者通过建立起一定的契约关系将有限的资源进行有效的整合和利用，并且对契约关系中的各个主体进行合理的分工和约束，可以实现资源收益的最大化。然而资源稀缺和分配不均的客观存在，又决定着经济社会中单一经济体不可能拥有实现规模经济的所有的必要生产要素条件，要想实现规模经济，只能寻求与其他经济体合作。另一方面，资源提供者具有逐利本性，因此为了达到以最少的有限资源去换取最多的利益即实现规模经济，他们有很强的动机主动去寻求与其他经济体建立一系列的契约关系，相应地，在市场中的不同经济体之间，各种各样的委托—代理关系就得以成立。

具体到企业组织中，同样存在着多种委托—代理关系。所有权和控制权的分离使委托人与代理人的利益诉求和目标不一致，因而二者之间会产生利益冲突和委托—代理问题（Berle and Means, 1932）。现代企业中主要存在两种类型的委托—代理问题，一种是在所有权相对分散的情况下，由于股东（委托人）与管理者（代理人）之间的利益目标不一致，管理者又具有信息优势，导致管理者有很强的动机为了追求自身利益最大化而去从事损害股东利益的行为，如管理者偷懒、在职消费、盈余管理、过度投资和操控薪酬等自利行为（Jensen and Meckling, 1976; Armstrong et al., 2015），即产生股东与管理者之间的代理冲突（第一类代理冲突）。另一种是在所有权高度集中的情况下，大股东通过金字塔结构和交叉持股可以实现享有的现金流权收益大于弥补控制权成本所需的正常收益，这使大股东有很强的动机进行资金占用、关联交易、股权稀释和操纵股价等侵害中小股东利益的掠夺性“掏空”行为（Shleifer and Vishny, 1997; La Porta et al., 1999; Claessens et al., 2000; Faccio and Lang, 2002; Jiang and Kim, 2015），即导致大股东与中小股东之间的代理冲突（第二类代理冲突）。

从本质上来说，委托—代理问题产生的根源有三个（Berle and Means, 1932）：一是委托人与代理人的目标利益和效用函数不一致，这决定了委托人或者代理人存在着为了追求自身利益的最大化而牺牲另一方利益的可能性。二是委托人与代理人之间存在着信息不对称，相对于委托人（股东），代理人（管理者）直接负责企业的日常经营活动，具有信息生产和提供的决策自主权利，能够掌握更多有关企业真实情况的信息，使代理人有利用信息不对称获取私人利益的动机。三是委托人与代理人直接的责权利不对等，委托人（股东）具有承担企业盈亏的责任但是没有直接的经营权，而代理人不具有承担企业盈亏的责任但是拥有直接的经营权，这决定了代理人谋私行为所获得的收益大于其付出的成本，间接促进了代理人的机会主义行为。委托—代理问题构成了公司治理问题的核心内容（Smith，1776），由上可知，其解决思路需要思考如何采取有效的手段来促使委托人与代理人之间的目标利益和效用函数的差异最小化，如何减缓委托人与代理人之间的信息不对称，以及如何减轻委托人与代理人的责权利不对等三个方面。

基于上述三个方面的思路，现代公司治理实践中，解决委托—代理问题一般遵循约束机制和激励机制两种途径，前者是通过制度性安排对代理人的机会主义行为进行规范和约束，而后者是借助激励性措施通过给予代理人一定的利益补偿促进其放弃掠夺委托人利益的行为。而在现实经济生活中，约束机制和激励机制作用的发挥受到多方面因素的影响，如企业内外部治理环境、约束方式和激励方式的协同作用、具体治理机制的设计和控制实施等。在具体运用过程中，理论和实务界发展了一系列解决公司治理问题的具体机制，包括保障管理者监督行为的董事选举、董事会安排，以及强化管理者经营压力的经理人市场、控制权市场，促进管理者努力工作的薪酬合约设计，还有其他如所有权结构、债务融资、投资者法律保护等约束和激励机制。

机构投资者主要是用自有资金或从社会公众手中所筹集到的资金专门从事证券投资活动的法人机构，其一般具有投资金额大、获取和分析信息的能力强，投资手段更加专业等特点，与分散的投资者相比，机构投资者的投资决策往往对资本市场产生的影响较大，并且其通常活跃于我国上市公司的前十大流通股股东中，因此能够在公司治理中发挥重要作用（Schmidt and Fahlenbrach，2017）。机构投资者可以通过"用手投票"、退出威胁、影响信息不对称等多种方式参与公司治理，一方面，机构投资者可以通过影响公司内部治理机制来发挥治理作用，如约束董事会和促进董事会独立性的改进（Jensen and Meckling，1976；Cheng et al.，2010），促使业绩表现不佳的CEO强制变更（Aggarwal et al.，2011），约束管理者权力以及促进高管薪酬契约的改进（Hartzell and Starks，2003；Almazan et al.，2005；Dikolli et al.，2009）。另一方面，机构投资者也可以缓解信息不对称，从而对管理者进行更有效的监督，促进管理者的会计信息产出决策、投融资决策以及经营决策的改变，如约束管理者的盈余操纵和提高财务报告的可比性、促进公司创新和更高质量的并购活动（Ajinkya et al.，2005；Chen et al.，2017；Fich et al.，2015；Fang et al.，2015；Brooks et al.，2018；Jiang and Yuan，2018；Schmidt and Fahlenbrach，2017）。作为重要的机构投资者，开放式基金大股东选聘与被投资上市公司共同的审计师，可以看作其间接参与公司治理的一种方式，共享审计师有助于开放式基金大股东获取更多关于公司经营情况的信息，同时开放式基金大股东还可以根据其监督意愿通过共享审计师建立的与审计师的业务联结对审计师的监督行为施加影响，通过这些方面开放式基金大股东可以对管理者的代理行为发挥作用。

2.1.2 信息不对称理论

传统经济理论成立的一个重要的前提是市场中的每一经济体拥有决策所需要的全部信息，并且每一经济体的行为决策都是在其掌握完全信息的情况下所做出的理性决策（Modigliani and Miller，1958）。显然，这一前提假设是一种理想状态，因为信息不完全、信息途径多样以及经济体的有限能力等客观限制，市场中的经济体不可能拥有完全信息。在完全信息市场不成立的情况下，市场中不同的经济体对相同经济事件的了解存在着差异，即不同的经济体之间存在着信息不对称问题。所谓信息不对称，通常是指信息在相互独立的不同经济体之间所呈现的不均衡或不对称分布的现象，换句话说，就是对于某一经济事项，某些经济体所掌握的信息要比另外一些经济体掌握得更多，掌握信息更多的一方对于该经济事项的理解就具有了信息优势。考虑到市场中不同经济体的目标利益和效用函数存在着显著差异，加上信息不对称情况的普遍存在，使在经济事项交易的过程中，拥有信息优势的一方就有动机利用其所掌握的更多信息牟取私利。

信息不对称理论最早可以追溯到 20 世纪 70 年代 George Akerlof 在《“柠檬”市场：质量的不确定性与市场机制》一文中的论述，其中首次以二手车交易市场为例详细地解释了信息不对称现象，并在此基础上进一步阐述了信息不对称可能导致的逆向选择情况。Akerlof（1970）认为，在二手车交易市场中，卖方相对于买方掌握着关于二手车商品质量的更多的真实信息，具有明显的信息优势，卖方的这种相对信息优势可能会促使其借助与买方之间的信息不对称在交易过程中为自身谋取更大的利益，如以次充好，将质量较低的二手车商品冒充高质量商品并且以较高的价格卖出。如果这种情况真实发生，由于买方处于信息劣势地位，他们对交易市场中二手车商品质量的差异并不能做到准确地评估和鉴别，因此在出价时，一般只能根据交易市场中全部二手车商品的平均质量进行衡量并且给出一个自我比较认可的价格。反过来，买方的这种较低出价的意愿会导致卖方更不愿意提供高质量商品。这种持续地相互反复博弈的过程会导致在二手车交易市场上，只有质量较低的二手车商品能够交易成功，而质量较高的二手车商品很难得到交易的机会，长此以往，二手车市场中就会出现次品泛滥，并且驱逐高质量商品使其被迫退出市场，最终导致整个市场的萎靡和衰退。

具体到资本市场中，信息不对称理论则普遍被理解为，市场中任一经济体都不可能掌握关于企业某一经济事项的全部信息，不同的经济体由于信息本身的局限性、信息获取能力和感知能力限制等对相同经济事项在信息获取和解读方面存在着差异。其中，企业的内部人显然会比外部人更加清楚企业的真实情况，其掌握信息也会更为充分，相对处于信息优势地位，而外部人由于掌握的信息更为贫乏则处于信息劣势的地位，在经济交易的过程中，处于信息优势地位的内部人可以利用其所掌握的更多信息获得更高的利益，而处于信息劣势的外部人则需要付出更大的成本或遭受更多的损失，因此掌握信息更少的外部人会有很强的动机利用各种途径获取信息来缓解信息不对称（Spence and Zeckhauser，1971）。信息不对称理论具体阐释了在市场中普遍存在着的各种信息不对称现象，揭示了由于不同经济体对某种经济事项由所拥有信息的差异而导致的市场体系运行的缺陷，同时也间接反映了信息对资本市场的健康和稳定运行具有重要作用。

在现代公司治理实践中，委托—代理关系普遍存在，在委托人与代理人之间同样存在着各种各样的信息不对称问题。这是因为，相对于委托人享有企业的所有权而不掌握经营权，代理人掌握企业经营权，直接负责企业的生产经营活动以及信息产出决策，因此代理人能够获得关于企业真实经营活动更多的信息（Jensen and Meckling，1976）。这种信息不对称可能带来上市公司管理者的道德风险和逆向选择问题进而资源配置无效与市场失灵等严重后果。具体来看，首先是信息不对称导致的道德风险问题。道德风险的解释最早见于保险行业，主要讲的是由于投保人存在谎报风险的可能，从而保险公司无法按投保人的实际风险来确定保费，而是以全部投保人的平均风险水平来确定，这样高风险的投保人可以免于支付更高的保费；并且在保险合约签订之后，由于保险公司“兜底”，投保人可能疏于防范，从而导致风险发生的可能性和保险赔付的可能性更大。可见，道德风险本质上是在合约关系中由于合约双方信息的不对称，导致的合约一方基于自身利益最大化动机而从事使合约另一方利益受损的败德行为。对应到现代公司治理中，在所有权和经营权分离的情况下，委托人主要通过会计信息来衡量代理人的努力程度并以此作为薪酬支付的重要依据，由于委托人与代理人之间的信息不对称，委托人对代理人的真实经营状况并不能做到完全地了解，同时委托人与代理人的利益诉求和目标函数具有差异，那么当二者的利益出现冲突时，作为代理人的管理者显然不会为了维护委托人而牺牲自己的利益，因而可能会出现管理者操纵会计信息来实施利益侵占等败德行为，这会误导市场参与者的决策，最终导致市场失灵（Bertrand et al.，2002）。其次是信息不对称导致的逆向选择问题。逆向选择本质上说的是市场中具有信息优势的一方利用其掌握的更多信息以低质量商品冒充高质量商品销售，处于信息劣势的一方因此不愿意以更高价格而是商品的平均价格进行交易，这样会导致信息优势方更不愿意提供高质量商品，致使劣质商品充斥市场，高质量商品被驱逐出市场的现象。具体到公司治理实践中，掌握公司实际经营权的管理者比投资者掌握更多关于公司经营情况的信息，这可能导致作为资本提供者的投资者只能根据其了解的信息并以上市公司的平均水平来确定其所需要的投资风险报酬率，从而使上市公司的真实价值不能通过股票价格得以准确反映，高质量的公司在资本市场上得不到合理的估值，为了筹集到足够的资金也不得不支付更高的成本，长期下去就会出现资本由质量好的投资项目流向质量不好的投资项目，从而使资本市场上资源配置失效以及资产定价效率不高，最终导致资本市场越来越低迷和萎缩，影响整体经济的稳定和健康发展。

可见信息不对称问题会给资本市场带来严重的不利影响，对这一问题的解决首先需要清楚导致信息不对称问题的原因，除了所有权与经营权相分离这一根本原因之外，从信息的本质和传递视角来看主要还包括三个方面：一是信息本身的不完全性。这主要是由信息在本质、形式和内容上的局限性所导致的。就信息的本质来说，信息通常是对已经发生的客观经济活动的记录、总结和反映，它是客观经济活动的一种表现形式，只能是以定量或定性的形式对实际经济活动运行情况的部分反映，并不能完全还原完整的真实经济活动，因此从客观上来说，任一经济体即使能够获得关于某项经济活动的全部信息也不可能做到完全掌握真实的经济活动状况。就信息的形式来说，信息表达的形式是多种多样且有选择性的，任一经济体都不可能掌握全部表达途径所表现的所有信息。就信息的内容来说，由于信息只是真实经济活动的一种表现形式，信息产生的过程包含信息决策者本身的主观加工，信息所表达的内容可能并不全部是经济活动的客观反映，因此市场中的经济体即便获得了全部信息，也并不意味着能够掌握经济活动的全部真实情况。二是信息获取渠道的差异性。信息表达方式具有多样性，不同经济体在面临某一经济事项时能够选取的信息获取渠道相应也可以有多种，因此获取的信息也不可能完全等同。三是信息获取和解读能力的局限性。不同经济体的信息获取和解读能力受其教育水平、理解能力以及信息环境等多方面因素的影响，因此会导致即使面临相同的经济事项，不同经济体在信息获得和解读上也会存在着显著不同。

综上所述，在所有权与经营权相分离的情况下，解决信息不对称问题可能的一种方式是提高委托人对公司真实经营信息的掌握程度。基于这样的解决思路，以往强制要求负责企业实际经营和会计信息决策的管理者对外提供能够反映企业财务状况、经营成果和现金流量等信息的财务报告，虽然这种措施可以在一定程度上对委托人与代理人之间的信息不对称起到减缓作用，但是管理者同时作为财务报告信息产生的决策者和发布者，对会计信息的质量具有决定作用。此外管理者自身的利益诉求又使其具有通过会计信息的生成和发布来达到私人利益的动机，这就决定了会计信息的强制披露又会产生诸如管理者操纵会计信息等新的问题。随着社会经济的发展，一系列公司治理机制被尝试用于解决资本市场上的信息不对称，然而近年来的层出不穷的财务舞弊案件反映出相关治理机制的弊端，委托—代理问题、信息不对称问题、公司治理问题仍需要深入探讨。

作为一项重要的外部治理机制，机构投资者在资金、信息和专业能力等方面具备相当程度的优势，并且相对于分散的投资者往往也持有更多的股份，这使其具备更大的能力和动机在参与公司治理的过程中与公司大股东和管理层进行博弈。除通过“用手投票”、退出威胁等方式影响公司治理之外（Aggarwal et al.，2011；Cheng et al.，2010；Dikolli et al.，2009），机构投资者还可以在信息获取和解读方面发挥其资金和专业优势，更加充分地掌握公司的真实经营状况，缓解与公司内部人之间的信息不对称，同时有助于促进对管理者更有效的监督，产生公司治理效应，如提高 CEO 强制变更的业绩敏感性以及强化对管理者的监督（Borochin and Yang，2017；Huang and Kang，2017；Pukthuanthong et al.，2017）；促进公司创新和提高并购绩效（Brooks et al.，2018；Fich et al.，2015；Jiang and Yuan，2018）；约束管理者的盈余操纵，提高盈余预测的精确性、及时性和稳健性，以及促进财务报告可比性的提高（Ajinkya et al.，2005；Chen et al.，2017；Fang et al.，2015；Schmidt and Fahlenbrach，2017）。开放式基金大股东是机构投资者的重要构成部分，其在参与公司治理的过程中，在与被投资上市公司共享审计师的情况下，由于审计师在执行审计业务的过程中可以通过正式的审计程序和非正式的审计方法深入地获取关于上市公司的信息，因而开放式基金大股东通过共享审计师可以获取更多的关于公司经营情况的信息，降低信息不对称，这有助于其对管理者行为进行有效的监督。

2.1.3 信号理论

信号理论的产生主要是源于学术界对信息不对称所引起的逆向选择问题以及道德风险问题的思考，它的主要逻辑是阐述如何缓解信息不对称问题。信号理论是信息经济学的重要构成部分，其主要阐述的核心观点是，由于企业所有权与经营权相分离的制度设计，作为企业所有者的委托人与负责企业实际经营的代理人之间存在着信息不对称。代理人相比委托人掌握了更多的信息，这种信息不对称会带来管理者的道德风险、逆向选择进而资源配置无效和市场失灵等严重的经济后果，信号传递能够促使委托人掌握更多关于公司经营情况的信息，因此能够对缓解委托人与代理人之间的信息不对称发挥作用。信号理论在内容上包括信号传递理论和信号甄别理论两部分，前者主要讲的是信息发布者通过一些可观测的信号向信息使用人传递有关商品质量方面的信息，后者阐释的是信息使用人通过对各种途径（如合约设计）来甄别和判断信息的内容。

信号传递理论最早由 Spence（1973）以劳动力市场为例对如何缓解逆向选择的分析中所提出。Spence（1973）认为，在劳动力市场中，用人单位与劳动者之间普遍存在着信息不对称的问题，具体的表现是，劳动者对自身的劳动能力状况非常清楚，但用人单位对劳动者的真实水平却不是特别了解，相对于劳动者，用人单位处于信息劣势，在这种情况下，如果用人单位无法通过一定的方式准确地鉴别劳动者能力的好坏，劳动力市场就会出现逆向选择问题，也就是说用人单位通常会根据应聘者的平均水平来确定薪酬来进行招聘，水平较高的劳动者显然不会愿意接受这种岗位，因此会导致高水平的劳动者流失，用人单位只能招聘到低水平的劳动者。根据 Spence（1973）的信号理论，在信息不对称的情况下，劳动者可以将能够在一定程度上反映其能力的学历、资格证书等信息提供给用人单位，即信息优势一方可以通过信息劣势一方传递代表其真实情况的信号，帮助信息劣势一方更好地鉴别和决策，从而达到缓解逆向选择的作用。

信息甄别理论的提出主要源自 Rothschild and Stiglitz（1976）对保险市场上如何减缓投保人与保险公司之间的信息不对称的思考。根据信息不对称理论，在保险市场上，投保人与保险公司之间存在着信息不对称，投保人非常了解自身的风险情况，而保险公司对投保人实际风险信息则并不十分清楚，因此相对于投保人来说，保险公司明显处于信息劣势地位，在此种情况下，投保人可能会为了支付更低的保费而隐瞒个人的真实风险信息，同时由于保险公司的风险“兜底”作用，投保人还可能存在签订保险契约后疏忽风险管理的问题，即产生投保人的道德风险问题，这会使保险公司承担更高的赔付风险。信息甄别理论的核心观点是，针对投保人与保险公司之间的信息不对称，可以借助相关的合约设计（如高自赔率和低保费）来识别和判断投保人的真实风险状况，进而缓解保险过程中的道德风险问题。

信号理论自 20 世纪 70 年代出现以后就引起了广泛的讨论和应用，其对资本市场的相关问题研究具有重要的借鉴意义。信号理论进一步肯定了信息不对称在经济生活中是普遍存在的，在此基础上，其针对如何缓解市场中的信息不对称问题提出了一种可能的理论思路。在现实经济活动中，市场上的各个参与主体所掌握的有关企业经营情况的信息普遍是不均衡的，这样的信息不对称可能会促使处于信息优势地位的一方为了自身的利益目标而损害其他方利益的情况发生，进而导致道德风险和逆向选择问题，根据信号理论，可以通过各种信号机制（如机构投资者、审计师、信息披露等方式）向市场传达反映企业经营情况方面的信息，促进处于信息劣势的企业外部人充分识别和掌握关于企业经营的信息，可以成为减缓信息不对称所引发的逆向选择问题和道德风险问题以及实现公司治理的有效途径。

具体到现代公司治理实践中，股东作为投资方不直接参与企业的经营活动，而是由作为代理人的经营者负责企业的日常管理，在这种情况下，股东不能直接掌握经理人的真实情况，而经理人对企业的真实状况以及自身的行为和能力则非常清楚，经理人相对于股东拥有关于企业真实经营情况的更多、更准确的信息，具有明显的信息优势（Jensen and Meckling，1976）。同时，管理者的这种信息优势还也存在于起与其他企业外部人之间。由于管理者与企业外部人之间的目标函数和利益诉求不一致，信息不对称的存在会加重管理者利用信息优势为自己谋取利益的动机。根据信号理论，在信息不对称的情况下，企业外部的市场参与主体可以通过多种信号途径获取有关企业经营状况的更多的信息，例如，企业外部人可以从公司的举债经营行为获取关于公司对其未来经营能够获取足够的收益和现金来偿还其举借的债务持有乐观预期的信号，进而能够实现对企业的真实情况做出正确地评估和更加准确的决策。

随着信号理论的发展，相关学者从股利政策、并购行为、资本结构、高管薪酬设计、管理层持股、权益和债权融资行为、信息披露、审计师聘用、审计质量以及可转债设计条款等角度对各种信号机制进行了广泛的研究并且形成了较为丰富的结论（Healy and Palepu，1988；Balachandran et al.，2012；Cready et al.，2012；Jung and Sullivan，2009；Leland and Pyle，1977；Levine and Hughes，2005；Louis and White，2007；Michaely et al.，1995；Ross，1977；李明辉，2004；张娟等，2010；杨丹，2011）。例如，管理者可以通过股票回购行为来向公司外部人传递公司股价目前被市场低估的信号（Louis and White，2007）。管理者通过自愿披露有利意见的内部控制审计报告，可以向市场传达关于公司内部控制质量以及财务报告质量较好的信号，进而促进权益资本成本的下降（方红星、施继坤，2011）。公司自愿聘用高质量审计师对其财务报告进行审计的行为，可以向资本市场传递公司的审计质量较高以及公司所披露的财务会计信息更加真实可靠的信号（李明辉，2004；张娟等，2010）。此外，公司履行社会责任的行为也具有一定的信号效应，履行社会责任较好的公司能够促进分析师预测并且分析师预测的误差也更低，这些有利于降低公司的权益融资成本（Dhaliwal et al.，2011）。

现代公司治理中所有权与经营权相分离的制度设计决定了公司股东与管理者之间普遍存在着信息不对称，股东不直接参与公司经营，而是由管理者负责公司的日常管理，因此相对于股东只能通过管理者发布的信息间接了解公司的经营情况，管理者作为会计信息的决策者和发布者，对自身的真实经营业绩则相当清楚，管理者具有为了个人私利进行会计信息操纵的动机，在这种情况下，公司外部人通过一定的信号机制可以获得更多信息以及强化对公司经营状况的掌握。根据信号理论，一方面，当开放式基金大股东与被投资上市公司共享审计师时，开放式基金大股东通过共享审计师强大的信息获取能力和信息流动可以获得更多关于公司经营方面的信息，缓解其与公司内部人之间的信息不对称，从而更加确切的掌握公司的真实情况，便于其监督和投资决策。另一方面，开放式基金大股东与被投资上市公司共享审计师本身作为一种公司治理风险的信号，可以影响资本市场上其他利益相关者的关注以及决策行为。

2.1.4　审计师作用理论

作为一项外部监督制度安排，审计在资本市场中具有重要的作用。美国会计学会 1972 年在《基本审计概念公告》中对审计相关内容做了较为具体的阐述，其中认为审计主要是：为了查明和判定相关经济活动和经济现象的认定是否与既定的标准一致，客观地收集、评估和判定证据，并且将最终结果传达给相关信息使用者的过程。从这个阐释中可以将审计的本质概况为三个方面，第一是关于审计的内容。审计的主要内容是相关经济活动和经济现象的认定，这反映了被审计单位对自身经济活动的合法合规性以及相关经济现象的客观公允性的评价。第二是关于审计的手段。审计的主要手段是客观地搜集和评估证据，即获取审计师凭以估计和推断被审计单位的经济活动和经济现象合法合规和真实公允的凭据；第三是关于审计的目标。一方面是审计师职业要求目标，即要符合客观性这一职业道德要求；另一方面是审计的最终目标，即审计师需要将所审计的被审计单位对自身经济活动和经济现象的认定与既定标准是否一致的最终判定结果传达给市场中的相关信息使用者。

审计师作用的发挥源于审计服务的市场需求，审计需求的产生以及审计师作用目前主要存在代理理论、信息理论以及保险理论三种理论解释。

首先是审计师作用的代理理论。独立审计在降低代理成本、缓解信息不对称以及为会计信息提供保证等方面有着举足轻重的作用，委托—代理问题对审计需求具有决定性影响（Watts and Zimmerman，1986；Wallace，1987）。现代企业制度设计中一个鲜明的特点是两权分离，委托人（资源提供者）仅享有企业的所有权，而经营权被以契约的形式委托给代理人（经营者）。在两权分离的情况下，委托人与代理人在权责利的分配上呈不匹配状态，委托人虽然不直接参与企业的生产经营活动，但因为对企业具有所有权，所以企业的经营结果需要由其来承担；代理人享有企业经营权，虽然直接负责企业的日常经营管理，但却不需要承担具体的经营后果。两权分离制度决定了直接负责企业经营的代理人必然比委托人掌握更多的关于企业真实经营情况的信息，代理人为了实现自身利益可能会从事损害委托人利益的机会主义行为，如何对此加以约束就成为一个重要问题。

强制代理人进行信息披露是缓解代理问题和信息不对称问题的一种可行措施，但是代理人同时是会计信息的决策者和发布者，其所发布的会计信息的质量难以保障，因此从委托人的视角来看，寻求一种能够保障会计信息质量的机制对缓解其与代理人之间的信息不对称问题至关重要。另外，理性投资者的投资决策需要对企业的价值进行评估，如果预期公司的代理问题严重，那么很可能降低对企业的估值，这同时也会影响其他市场参与者采取更为保守的决策行为，最终会导致企业股价下跌，代理人利益也会随之受损，由此从代理人的视角来讲，一种能够向外部人传递代理信息的机制很有必要。独立审计师的审计行为可以对经营者所披露的会计信息进行鉴定和审核，从而对代理人的业绩以及其努力成效形成独立鉴证，并将审计结果进行公布，可以向市场传递公司治理相关的信号，有助于降低代理成本、缓解信息不对称和提高投资者信心，能够满足委托人对会计信息质量保障的需要，以及代理人对代理风险信息传递的需求，使委托人和代理人各自的利益最大化水平得以提高，因此委托人和代理人都有聘用独立审计师对会计信息进行审计的动机（Jensen and Meckling，1976）。

根据代理理论，独立审计在委托—代理关系中可以发挥监督作用，对经济活动进行监督是审计的基本职能。审计师的监督作用主要指的是审计师对公司财务报告的真实公允、会计错弊等方面进行审核、揭示和监督。与其他监督机制相比，审计师在专业、能力和资源等方面具有优势，在对企业审计和监督的过程中可能会获得额外的专业化收益。审计师的监督作用具体表现在，一方面，审计师对企业财务报告的可信度和可靠性提供鉴证服务（Kellpgg，1984；Dye，1993）。具体到资本市场实践中，审计师所提供的鉴证服务质量能对企业代理成本、权益和债务融资成本、股票价格等方面产生显著的影响（Balvers et al.，1988；Beatty，1989；Blackwell et al.，1998；Francis et al.，1999；Mansi et al.，2004；Reynolds and Francis，2000）。例如，代理成本越高的公司，越可能选聘更高质量的审计师（Craswell et al.，1995；Reynolds and Francis，2000）；而聘请更高质量审计师的 IPO 公司，IPO 的折价程度也会更低（Balvers et al.，1988；Willenborg，1999）；并且，高质量的审计师对公司的债务利率水平能够发挥显著的抑制作用（Blackwell et al.，1998；Mansi et al.，2004）。另一方面，审计师能够对会计信息进行揭弊查错，发现、更正和披露企业财务报告中的错报与遗漏。研究发现，审计师对财务报告的审计行为能够显著抑制公司管理者的盈余操纵，并且可以降低财务报表数据的偏差，从而能减少公司财务报告错报发生的可能性（Eilifsen and Messier，2000；Kinney and Martin，1994）；此外，更高质量的审计师对公司管理者的盈余管理行为相对更为敏感，因此在聘请更高质量审计师的公司，管理者盈余操纵的情况往往相对更少（Hirst，1994；Beck et al.，1998）。由此可知，审计师对财务报告的鉴证服务以及揭弊查错行为，促进了对管理者机会主义行为的监督，同时有助于公司财务报告信息质量的提高，促使投资者提高对公司的价值预期以及投资者的信心，从而降低公司的会计信息风险和代理成本。

其次是审计师作用的信息理论。审计师作用的信息理论认为，在自由资本市场环境下，公司之所以愿意选择接受审计，或者愿意选择高质量的审计，主要原因是审计能够改善财务报告信息质量，审计师的审计行为和审计结果可以向市场中的利益相关者传递有关公司经营者对经济活动和经济现象的认定和评估方面的信息，从而发挥信号传递的作用，促进资本市场上财务资源的有效配置。具体来看，审计师作用的信息理论又包括信号传递理论和信息系统理论两部分。审计师作用信号传递理论的观点是，公司聘请不同特征的审计师进行审计，可以向市场上的利益相关者传递不同审计质量的信号，其中反映了公司管理者对未来发展的市场预期，借此可以识别高质量企业与低质量企业。审计师作用的信息系统理论的观点是，不同特征的审计师所出具的审计报告结果具有不同的信息含量，即审计报告结果对市场上的利益相关者具有决策有用性。

关于审计师作用的信息理论已经在以往文献中得到了广泛的研

究。Titman and Trueman（1986）发现，公司聘用高声誉的审计师可以向利益相关者传递对公司有利的信号，如公司的财务报告信息质量可靠或者管理者的代理成本较低等，这些有助于外部信息使用者对公司价值预期的提升。另外，公司聘请高质量的审计师能够产生显著的市场反应，如有利于股票发行价格的提升，或者促使权益发行公告日附近股票超额回报率的下降（Beatty，1989；Slovin et al.，1990）。此外，审计报告决策反映的是审计师对客户公司管理者所披露的会计处理的认定与既定标准一致性的评价，也能够向利益相关者传递关于客户公司财务报告质量方面的信号并供其决策参考。其中，标准无保留意见意味着审计师已获得充分有力的证据表明客户公司的会计信息在真实可靠、客观公正等质量方面符合会计原则或制度；非标准审计意见反映了审计师与客户公司管理者对相关会计处理的认定和判断存在分歧，这可能会被外部信息使用者解读为客户公司的财务报告信息质量较差的一种表现，从而对客户公司的股价产生不利影响，这在以往文献中已得到证明（Dopuch et al.，1986），并且审计师对客户公司出具的非标准审计意见还会导致公司的盈余反应系数下降（Elliott，1982；Choi and Jeter，1992）。

最后是审计师作用的保险理论。审计师的保险作用主要是基于审计的保险机制，探究审计在影响由委托人与代理人信息不对称导致的逆向选择和道德风险问题中所发挥的本质效用。保险理论的主要观点认为，审计师能够分担客户公司的一部分财务报表风险，在审计失败导致财务报告信息使用者的利益遭受损失的情况下，需要承担相应的民事赔偿责任，此时审计扮演了客户公司财务报表风险转移机制的角色。具体来看，审计师的保险功能主要产生于两个方面：一是财务报告信息使用者的利益诉求。信息使用者期望审计能够为财务会计信息提供保证以为其准确决策提供依据，并且一旦因财务会计信息质量问题遭受损失时获得相应赔偿。这符合“深口袋”理论，即在被审计单位持续经营出现问题时，相关利益者除了会要求公司承担相应的法律责任，也会要求为其执行审计业务的审计师赔偿相关的经济损失（Lennox，1999）。二是相关机构规避法律责任动机。在政治成本较高的情况下，公司一旦被发现存在舞弊的问题，来自社会公众、媒体及其他外部相关利益方的舆论压力更大，相关机构将不得不投入更多的资源到审计中，从而达到借助审计机制提高公司的财务报告质量与投资者信心的目的（Baber，1983）。

综上所述，审计需求的产生以及审计师作用的发挥源于现代公司治理制度设计中两权分离所带来的委托—代理问题和信息不对称问题，审计师通过对客户公司管理者所披露的财务报告信息的鉴证行为，从而实现加强对管理者的监督，传递与信息使用者决策相关的信息或者提供财务报表风险相关的保险保证等效应。根据审计师作用理论，审计师在对上市公司执行审计业务的过程中，通过正式的审计程序以及与管理层的交流等非正式审计方法能够获取关于上市公司经营情况的大量信息（Cai et al.，2016）。当开放式基金大股东与被投资上市公司共享审计师时，共享审计师强大的信息获取能力可以成为开放式基金大股东获取有关被投资上市公司真实经营状况方面信息的有效途径（Bushee and Goodman，2007；Jiang，2010；Zhang，2004），一方面，信息共享有助于改善信息不对称，从而能够影响开放式基金大股东对被投资上市公司的监督动机和监督能力；另一方面，开放式基金大股东也可以通过共享审计师网络关系对审计师行为施加影响，进而对审计师的监督行为及作用和公司治理产生影响。

2.1.5 社会网络理论

社会网络是一种非正式制度，它可以构成资本市场上各参与主体重要的社会资本。社会网络理论主要讲的是在一个空间网络结构内，基于信任或声誉，网络内的个体或组织如何进行信息分享以及有差别的占有和配置资源。Granovetter 在 1985 年发表的《经济行动和社会结构：嵌入性问题》一文中提出，在经济领域中，个体或组织的经济行为主要嵌入在一定的社会网络结构之内，并且嵌入的具体机制是信任。根据社会网络理论的观点，经济体中的各个单位体是相互依存的，各个单位体的行为镶嵌在社会网络结构之中，即网络中的任何单位体会对决策产生影响，其他单位体的态度、信念、行为等都会影响该单位体的决策。另外，当某个单位体必须经常做出其并不了解成本和收益的决策时，最经常的做法不是通过研究或试验进行理性选择，而是依赖于从社会网络内的交往和互动中获取的信息（Ellison and Fudenberg，1995）。

社会网络关系通常包括先天的非个体决定的关系以及后天的个体可获得的关系，如血缘关系、地缘关系、同宗关系等属于先天的非个体能够决定的关系；而老乡关系、校友关系、同事关系等属于后天的个体可获得的关系。个体社会网络关系的强弱以及运作可以影响社会网络结构内的信任，从而对其获取信息及资源发挥重要的效用。社会网络理论主要来自经济学、劳动力市场以及供应链关系等方面的研究。在经济学中，基于社会网络理论的视角，有关学者认为，理性人在市场上是相互联系的，市场均衡是理性人之间在相互交往和互动的过程中所产生的结果。另外，在劳动力市场中，研究发现很多劳动者在寻找合适的岗位或者用人单位在聘用合适人员的过程中都是借助自身的社会网络关系来实现的（Montgomery，1991）。此外，社会网络关系在供应市场中也具有重要的作用，如影响供应商与客户之间的相互议价能力和决策行为。

在公司治理实践中，当作为上市公司大股东的开放式基金与被投资上市公司聘用共同审计机构时，开放式基金大股东与被投资上市公司之间就形成了共享审计师网络关系。以往文献发现，共享审计师网络能够促进供应链关系中审计师的“供应链专长”，使审计师在执业过程中能够更专业地理解供应链审计问题，做出更精准的职业判断（Chen et al.，2009；Johnstone et al.，2014；杨清香等，2015）；同时也可以缓解信息不对称，提高审计质量（Cai et al.，2019；Dhaliwal et al.，2016）。共享审计师网络还能降低并购活动中的不确定性，提高并购公告收益以及促进并购资源的有效配置（Cai et al.，2016；Chircop et al.，2016；武恒光等，2020）。因为审计师具有强大的信息获取能力，开放式基金大股东与被投资上市公司之间的共享审计师网络关系，有助于促进被投资上市公司与开放式基金大股东之间的信息流动，降低信息不对称，从而可以影响开放式基金大股东对被投资上市公司管理者的监督行为。并且共享审计师网络关系也使审计师与开放式基金大股东之间的业务联系更加紧密，开放式基金大股东也可以借此向审计师的执业行为施加影响，进而影响对被投资上市公司的治理效应。

2.2 文献回顾

2.2.1 关于机构投资者与公司治理的研究

所有权与经营权分离引发现代公司的两类代理问题，一方面，股东与管理层之间的目标不一致和信息不对称，导致管理层偷懒、在职消费、盈余管理、过度投资和操控薪酬等自利行为（Jensen and Meckling，1976；Armstrong et al.，2015），即第一类代理冲突；另一方面，大股东通过股权金字塔结构和交叉持股实现控制权与现金流权的分离，使大股东以终极控制人权力进行资金占用、关联交易、股权稀释和操纵股价等侵害中小股东利益的掠夺性“掏空”行为（Shleifer and Vishny，1997；Jiang and Kim，2015），即第二类代理冲突。机构投资者自 20 世纪 80 年代在西方乃至全球迅速发展以来一直受到广泛的重视，作为介于内部股东与外部中小股东之间的第三方力量，其所具备的资金、信息和专业方面的优势使其有能力参与公司治理，在与公司大股东和管理层的制衡博弈中比外部中小股东占据更大的优势，被认为是缓解两类代理问题和强化公司治理的重要机制（Schmidt and Fahlenbrach，2017）。关于机构投资者与公司治理的研究国内外已有大量的研究成果，这里对与本书最为相关的机构投资者治理作用的研究，以及机构投资者治理作用的影响因素的研究两方面进行梳理。

首先，关于机构投资者治理作用的研究。现有学术文献关于机构投资者与公司治理的研究着重围绕着机构投资者直接参与公司治理而进行的，并主要从机构投资者的监督能力（如资金、信息和专业优势）和监督动机（如公司代理问题严重性、机构异质性）两个角度进行分析，总体上存在有效监督、负面监督与无效监督三种假说（Pound，1988）。有效监督假说认为，机构投资者的专业优势使其对信息的获取、解读能力更强，成本也更低，从而监督有效性得到提升（Borochin and Yang，2017）。负面监督假说认为，机构投资者和公司内部人之间存在的其他利益关系会降低机构投资者的独立性，进而限制监督有效性（利益冲突假说）；或者机构投资者通过与公司内部人合作或共谋取得比监督收益更高的收益，也会削弱其监督有效性（战略合作假说）（Ward et al.，2018）。无效监督假说认为，机构投资者并不总是积极的，消极的机构投资者行为对公司没有显著影响（Pound，1988）。在监督能力和监督动机两种视角以及三种假说的基础上，关于机构投资者治理作用的研究主要可分为机构投资者对内部治理机制的影响、对财务决策的影响和对公司绩效的影响三类：

（1）机构投资者对内部治理机制的影响。机构投资者在资金、信息和专业方面的优势使其更有能力监督管理者，并且相对个人投资者更大的持股也使其更有动机进行监督（Hartzell and Starks，

2003；Aggarwal et al.，2011）。监督管理者主要有约束和激励两种方式，具体可通过约束董事会、限制管理层权力和制定更合理的薪酬契约等方式实现（Jensen and Meckling，1976）。基于代理理论视角，机构投资者积极主义行为有助于公司董事会独立性的改进（Cheng et al.，2010），也可以促进业绩表现差的 CEO 发生变更（Aggarwal et al.，2011）。Parrino et al.（2003）发现，在强制 CEO 变更前一年，机构投资者持股比例和机构数量都显著下降，并且机构持股的改变与强制 CEO 变更和聘用外部 CEO 的概率负相关。Schmidt and Fahlenbrach（2017）发现，被动机构投资者持股的增加会导致公司 CEO 权力更大，也更不可能聘用新的独立董事，说明没有能力从事高成本治理行为的被动机构投资者产生了更高的代理成本。Huang and Zhu（2015）用中国市场证据发现合格境外机构投资者（QFⅡ）减轻了大股东对中小股东利益的掠夺。

基于管理层权力理论和有效契约理论视角，机构投资者持股所带来的监督能力和监督动机的改变可以影响管理层权力，促进公司薪酬契约的改变（Hartzell and Starks，2003；Almazan et al.，2005；Dikolli et al.，2009）。Hartzell and Starks（2003）发现，机构持股水平的提高降低了高管的薪酬水平，并提高了股权激励薪酬的业绩敏感性，说明机构投资者持股通过薪酬契约降低了代理成本。Almazan et al.（2005）也发现了机构持股与 CEO 薪酬水平负相关的证据。进一步的研究显示，机构投资者异质性会导致其对薪酬契约产生不同的影响。例如，短期机构投资者的交易威胁可能会使管理者为了满足短期业绩目标而牺牲公司的长期价值（Matsumoto，2002；Gaspar et al.，2005），这可能会促使公司为限制管理者而改变薪酬设计。Dikolli et al.（2009）发现短期机构投资者持股更多的公司，薪酬契约中现金红利的比重更低，业绩薪酬的比重更高，也更可能使用股权激励，并且股权激励的程度也更大，结果说明短期机构投资者的交易威胁促使公司设计了更为详细的薪酬契约。

Kempf et al.（2016）基于有限关注视角发现，机构投资者的监督强度（“分心”指标）对CEO薪酬有重要影响。Janakiraman et al.（2010）检验了机构持股与管理层持股对高管薪酬的交互作用，发现在管理层持股较低的公司，机构持股水平更加正相关于高管的薪酬业绩敏感性，且更加负相关于高管薪酬水平；但长期和积极的机构投资者并不能降低管理层持股较高的公司的高管薪酬水平。

基于信息优势理论视角，有关研究发现，机构投资者更强的信息获取能力可以使其获得信息优势，缓解信息不对称，进而对管理层进行更好的监督（Borochin and Yang，2017）。Huang and Kang（2017）发现，机构投资者的地理集中所形成的信息优势，提高了CEO强制变更的业绩敏感性，增加了对管理层的监督。Pukthuanthong et al.（2017）发现，与短期机构投资者相比，长期机构投资者更强的监督动机以及所具备的信息优势使其更加倾向于从内部机制上监督公司。

（2）机构投资者对财务决策的影响。现有研究基于代理理论、信息不对称理论和信息优势理论，认为机构投资者的资金、信息和专业优势可以缓解信息不对称，使其对公司有更深入的了解，一方面可以使其能够更加容忍公司短期的失败，另一方面也使其有能力更好地监督管理者的行为，进而对公司的投融资决策和会计信息产出决策产生影响（Ajinkya et al.，2005；Jiang and Yuan，2018）。机构投资者具体如何影响公司财务决策还受其监督动机（如独立性）的影响（Chen et al.，2017）。

其一，在对投融资决策的影响方面，Bushee（1998）发现，机构持股较高的公司，更不可能减少研发支出，说明机构投资者抑制了管理层的短视行为，发挥了监督作用。Jiang and Yuan（2018）以中国股票市场的证据，发现机构投资者的积极行为有利于私有信息的获取，缓解信息不对称，使其更加了解公司并对管理层进行更好的监督，进而促进公司创新，并且，在信息环境质量较差和公司治理较差时这种效应更为显著。机构持股也可以通过改善信息不对称而影响公司的并购决策（Fich et al.，2015；Brooks et al.，2018）。Fich et al.（2015）发现，当目标公司在机构投资组合中更为重要时，机构投资者的持股可以促进竞标的完成率和更高的溢价。进一步地，独立的机构投资者能够缓解代理问题和信息不对称，约束管理层的短视行为，促进公司创新（Kochhar and David，2015；Chen et al.，2017）。Bena et al.（2017）发现更多的外部机构持股可以促使公司进行更多的有形资产、无形资产和人力资本的长期投资，创新产出也会增加。独立的长期机构集中持股还可以导致公司撤销不好的竞标并影响并购后的绩效（Chen et al.，2007）。Ferreira et al.（2010）发现外国机构持股可以促进公司的跨国并购以及并购成功率，并且在法律制度环境更差或欠发达市场中这种效应更加明显。

其二，在对会计信息产出决策的影响方面，有学者发现，机构投资者能够对公司的盈余管理行为发挥积极的监督作用。例如，机构投资者能够更快地分辨会计盈余中的可操纵部分和不可操纵部分，及时侦查出公司的盈余管理行为，进而约束管理层的利润操纵（Chung et al.，2002）。Mitra and Cready（2005）发现，机构持股可以反作用于管理层当期的异常盈余调整，并且在规模更小或信息环境更差的公司这种效应更加显著。机构持股可以促进管理层的信息披露行为（Boone and White，2015），并且有助于财务报告可比性的提高（Fang et al.，2015）。Kim et al.（2016）基于家乡优势假说，发现相比外国机构，国内机构持股更能够减少公司的盈余管理行为。机构持股还有助于提升管理层盈余预告的精确性、及时性和稳健性（Ajinkya et al.，2005）。也有学者发现，受持股比例及持股动机的影响，机构投资者持股并不总是会降低管理层的盈余管理水平，甚至还起到“推波助澜”的作用。Koh（2007）发现，机构投资者持股对公司盈余管理的影响呈倒“U”形关系，当机构持股较低时，机构持股会增加公司的盈余管理行为；而当机构持股较高时，会抑制公司的盈余管理行为。Chen et al.（2010）的结果显示，非大股东机构投资者在其本身盈利压力不大时，会加强对管理层盈余管理行为的监督，但在其盈利压力较大时，会放松监督。Burns et al.（2010）发现，短期机构投资者持股与公司财务错报的可能性及严重程度正相关，这主要是因为短期机构投资者很少有动机参与高成本的监督活动，并且其交易压力促进了管理层的短视行为。

（3）机构投资者对公司绩效的影响。一方面，机构投资者的资金、信息和专业优势可以使其更有能力通过约束董事会和管理层权力、减缓信息不对称等来影响代理成本，进而影响公司绩效；另一方面，具有不同动机的机构投资者对管理者有不同的诉求，对管理者行为进而公司绩效产生不同的影响（Bushee，1998；Borochin and Yang，2017）。基于代理理论和信息不对称理论，有研究发现，机构投资者积极主义行为伴随着公司经营绩效的改进（Dong and Park，2009）。Aggarwal et al.（2011）以国际层面的证据发现，更高的机构持股水平更可能使公司终止业绩表现差的 CEO 任命，进而公司价值得到提升，说明机构持股可以带来好的治理实践。也有研究显示，在并购交易中机构投资者持股与投标人收益之间没有关系（Duggal and Millar，1999）。还有研究发现，短期机构投资者的交易压力使管理者更加重视公司的短期收益，而独立的长期机构投资者的集中持股与并购后的绩效有关（Chen et al.，2007）。Schmidt and Fahlenbrach（2017）的结果显示，被动机构投资者持股的增加导致 CEO 权力更大和更少的新聘独立董事，这些治理结构的改变所带来的更高代理成本对公司价值产生了负向影响。Borochin and Yang（2017）发现长期机构投资者会降低未来公司的错误定价，而短期机构投资者作用相反，并且发现长期机构的价值效应主要是由于其持股集中度所带来的信息优势所导致的。基于机构投资者有限关注视角，Fich et al.（2015）发现机构投资者对其投资组合中重要的目标公司的持股会导致更高的交易溢价，也会使并购公司的收益更低。Kempf et al.（2016）的结果显示，机构投资者监督能力的降低（“分心”股东）会给公司短期和长期收益带来不利的影响。Ward et al.（2018）发现更多的机构投资者持股会促进公司现金持有的边际价值，这主要是因为机构监督动机的增强降低了管理层代理成本。基于信息优势理论，机构投资者的信息优势所引发的持股决策的改变能够预测公司价值信息（Chemmanur et al.,2010）。Baik et al.（2010）发现，本地机构投资者持股可以预测未来股票收益，当信息不对称程度较高时这种效应更强，但非本地机构投资者没有这种效应。Demiralp et al.（2011）以增发股票市场的证据，发现积极机构投资者的持股水平和持股集中度与增发公告收益正相关，并且机构的监督还会影响公司发行后的长期经营绩效，结果说明了机构投资者的信息优势使其能够识别和投资之后业绩表现更好的公司。Huang and Kang（2017）发现，大型机构投资者地理位置相对集中的公司，会产生更高的 CEO 变更公告收益以及更大的托宾 Q 值。

其次，关于机构投资者治理作用影响因素的研究。综合上述有关机构投资者治理作用的研究结果，基于代理理论、信息不对称理论、管理层权力理论和信息优势理论，机构投资者可以通过降低代理成本和减少信息不对称来影响公司的内部治理机制、财务决策以及公司绩效。国外关于机构投资者治理作用的经验证据并未形成一致结论，这主要可归因于机构投资者在监督动机和监督能力等方面存在着差异，现有文献也基本从这两个视角探究了机构投资者治理作用的影响因素。从现有的研究成果来看，影响机构投资者治理作用的因素主要包括两大类：

一类是公司特征层面的因素。

（1）代理成本。基于代理理论，管理层与股东之间的利益冲突产生了管理层代理成本，大股东与中小股东之间的代理冲突产生了大股东代理成本（Shleifer and Vishny，1997）。代理成本的大小直接反映了公司内部人（管理层和大股东）与外部人（中小股东）之间的代理冲突的严重程度。作为介于公司内部人与外部人之间的第三方力量，机构投资者对是否参与以及如何参与公司治理行为的选择取决于对其监督成本与监督收益的权衡（Chen et al.，2010）。机构投资者的监督成本主要包括搜集和处理与其当前持股或者未来可能持股相关的信息的成本，以及保持信息及时性的成本；而其收益来自更好的监督所带来的所有股东共享的公司价值提高收益，以及通过掠夺公司资源、影响公司决策、信息优势产生的更准确的业绩预测等方式获得的私有收益（Pukthuanthong et al.，2017）。根据管理层权力理论和股权结构理论，管理层代理成本和大股东代理成本一方面可以影响机构投资者搜集、处理和保持信息的成本，另一方面也可以影响监督行为所带来的边际收益（共享收益和私有收益）（Janakiraman et al.，2010；Pukthuanthong et al.，2017）。Janakiraman et al.（2010）发现相比管理层权力更大的公司（第一类代理问题不严重，第二类代理问题严重），在管理层权力更小的公司，前五大机构投资者持股与高管薪酬业绩敏感性之间的正相关关系更加显著，而前五大机构投资者持股与高管薪酬水平之间的负相关关系也更加显著。Chen et al.（2017）发现，外国机构投资者的监督作用与公司代理问题的严重程度有关。Jiang and Yuan（2018）认为，当公司治理较差时，机构投资者对管理者偷懒行为的监督可以带来更大的创新边际收益，因此会更有动机进行监督，实证结果也显示，在治理较差的公司机构投资者的积极主义行为对公司创新的促进作用更加显著。

（2）信息不对称。基于代理理论和信息不对称理论，机构投资者可以通过积极参与公司治理来获取重要信息以降低其与公司之间的信息不对称（Chen et al.，2017）。当公司的信息不对称程度较高时，机构投资者的积极行为可以获得新的信息或证实之前已经获得的信息，信息的边际收益较高；当公司信息环境较好时，信息对所有外部股东是公开的，机构投资者的积极行为并不会获得更多新信息，信息的边际收益也小（Mitra and Cready，2005；Jiang and Yuan，2018）。Mitra and Cready（2005）发现在公司信息环境更加不好时，机构持股对管理层当期异常盈余调整的反向作用更加明显。Ramalingegowda and Yu（2012）发现更严重的信息不对称程度会促进机构持股与保守财务报告之间的正相关关系。Chen et al.（2017）也发现外国机构投资者的监督作用因公司的信息不对称程度而发生改变。Jiang and Yuan（2018）发现当信息环境质量较差时，机构投资者积极主义行为对公司创新的促进作用更加显著，说明了信息不对称程度通过影响机构投资者获取信息的边际收益而对其监督行为产生了影响。

另一类是机构投资者异质性层面的因素。机构投资者不是同质的群体，不同类型的机构投资者在资金来源、投资限制、目标偏好、持股周期等方面存在差异，这会对公司治理产生不同的影响。现有文献区分机构投资者异质性主要有投资期限（基于持有期长短、投资组合周转率和持股集中度三种因素的指标）（Bushee，1998；Chen et al.，2007；Borochin and Yang，2017）、独立性（Brickley et al.，1988；Ward et al.，2018）、参与积极性（Aggarwal et al.，2011）、持股临界值（Cronqvist and Fahlenbrach，2009）等角度，其中最常用的是按照投资期限和独立性进行的分类。近期还出现按照机构投资者的社会网络关系进行分类的文献（Cohen et al.，2008）。

（1）投资期限。Bushee（1998、2001）基于股票持有期长短、投资组合周转率以及持股集中度将机构投资者分为短期型、准指数型和长期型三类。短期型是指具有投资期限短、投资组合周转频繁、持股不集中的机构投资者。准指数型是指持股期限较长但持股不集中的机构投资者。长期型是指持股期限长且持股集中的机构投资者。这种分类方法被很多研究沿用（Hartzell and Starks，2003；Gaspar et al.，2005；Chen et al.，2007；Yan and Zhang，2009；Attig et al.，2012；Boone and White，2015；Ward et al.，2018）。短期型机构在其股票持有期内对公司的积极行为不太可能促使公司发生结构性改变而获益，因此更不可能监督（Boone and White，2015）。准指数型和长期型机构投资者有保护投资者财富的受托义务，也有能够影响管理者的能力，加上不能随意撤资（用脚投票）的限制，增加了他们的监督动机（Attig et al.，2012）。Bushee（1998）发现，短期型（长期型）机构投资者更（不）可能促使管理层通过减少研发投资（牺牲长期业绩）的方式来满足短期业绩指标。长期的机构投资者会更加积极地投入公司治理，而不是频繁交易（Chen et al.，2007）。Yan and Zhang（2009）发现，相比长期机构投资者，短期机构是更好的知情交易者，其交易行为与未来盈余惊喜更为相关。短期机构更可能在遭遇法律风险后监督公司，而长期机构倾向于内部监督（Pukthuanthong et al.，2017）。Ward et al.（2018）还发现，即使是短期机构投资者，当公司股票在其投资组合中更加重要时，也能对该公司发挥监督效应。

（2）独立性。现有研究根据机构投资者与被投资公司之间是否存在或潜在存在某种利益关系（如业务联系）来判断机构投资者的独立性（Brickley et al.，1988；Almazan et al.，2005；Chen et al.,2007；Brooks et al.，2018；Ward et al.，2018）。独立型一般包括独立投资咨询公司、投资公司和公共养老基金，灰色型主要有包括银行、保险公司、私人养老基金、大学捐献基金和基金会等（Brickley et al.，1988；Chen et al.，2007；Ward et al.，2018）。Almazan et al.（2005）检验了机构投资者对高管薪酬的监督效应，发现当机构的监督成本更低时，机构投资者对高管薪酬业绩敏感性和高管薪酬水平的监督作用更加显著，独立型机构投资者在此监督过程中更有优势。Chen et al.（2007）发现机构投资者整体持股对并购交易后的绩效没有影响，但独立的长期机构的集中持股对并购后的绩效有显著作用。Brooks et al.（2018）的结果显示，与灰色型机构投资者相比，独立的机构投资者交叉持股改进了并购协同效应和并购长期绩效。Ward et al.（2018）发现，独立型和灰色型机构投资者都与现金持有边际价值正相关，说明通常被认为无效的灰色型机构投资者对其投资组合中相对重要的公司发挥了监督作用。

（3）社会网络关系。信息资源被认为是影响机构投资者行为的重要因素（Bushee and Goodman，2007；Kacperczyk and Seru，2007；Jiang，2010；Jiang and Yuan，2018），在既定的代理冲突下，机构投资者能够获取的比其他外部投资者的信息越多，其获得的信息的边际收益越大，会更有动机和能力监督管理者，从而影响公司治理（Jiang and Yuan，2018）。非正式的社会关系网络可以使信息在网络内的单位体之间进行传递，进而影响单位体参与公司治理的决策行为（Cohen et al.，2008；Butler and Gurun，2012；Pool et al.，2012，2015）。机构投资者的社会网络关系可以影响其获取信息的能力和程度，进而影响公司治理，例如，Cohen et al.（2008）发现，如果基金经理与公司高管之间存在校友关系，那么该公司的股票在基金投资组合中的比重会显著增高，并且基金经理通过持有这些股票也能够获得更多的超额收益。Butler and Gurun（2012）发现，当基金经理与公司高管之间存在校友关系时，基金经理更可能投票反对限制管理层薪酬的提案。此外，基金经理在其投资组合中会对其所在居住地的企业的资产配置更高（Pool et al.，2012）。这些证据显示了公司信息可以通过社会关系网络在机构投资者与企业之间进行传递，使机构投资者获得信息优势进而影响其治理决策。

与国外相比，自2001年证监会提出“超常规发展机构投资者”战略以来，机构投资者在我国得到了迅速发展，成为我国投资者力量的一个重要代表。机构投资者在资金、信息和专业方面的优势使其具备改善公司治理的重要监督能力（孙光国等，2015）。同时，大股东控制的特殊股权结构环境，使我国的公司代理问题更多体现在大股东与中小股东之间的代理冲突（李维安、李滨，2008），这种特殊的制度环境导致机构投资者表现出不同于国外的监督动机和监督能力。国内关于机构投资者治理作用及其影响机制的研究主要可以概括为以下几个方面：

（1）机构投资者的治理作用。在对公司内部治理机制的影响方面，国内现有研究主要从关联资金占用、管理层在职消费、信息不对称、高管非自愿变更、机构投资者与独立董事合作模式、薪酬契约等角度分析了机构投资者的治理作用（王琨、肖星，2005；李维安、李滨，2008；张敏、姜付秀，2010；潘越等，2011；陆瑶等，2012；谢德仁、黄亮华，2013；韩晴、王华，2014；李胜楠等，2015），但并没有形成一致的结论。有些研究认为，机构投资者可以通过降低公司被关联方占用资金的程度和管理层的在职消费、减少信息不对称、提高独立董事的监督作用、改进高管薪酬设计等方式提高公司治理（王琨、肖星，2005；李维安、李滨，2008；韩晴、王华，2014；谢德仁、黄亮华，2013；陆瑶等，2012）；也有研究认为，在不同的特定条件下（如国有或非国有、代理成本、研究对象差异、异质机构），机构投资者的治理作用具有显著差异，或者导致机构投资者的监督动机不强，抑或是导致机构投资者的负面监督（张敏、姜付秀，2010；潘越等，2011；李胜楠等，2015）。

在机构投资者对投融资决策的影响方面，现有研究发现机构投资者可以通过缓解信息不对称来降低公司面临的融资约束、创新的动机，进而影响其投融资决策（张纯、吕伟，2007；韩勇等，2013）；或者通过手中的投票权来影响公司的融资行为（姚颐、刘志远，2009）。在对会计信息产出决策的影响方面，现有文献主要从盈余管理、会计信息质量、会计信息披露、会计稳健性等方面考察了机构投资者的治理作用（程书强，2006；薄仙慧、吴联生，2009；高敬忠等，2011；李善民等，2011；杨海燕等，2012；宋建波等，2012；李增福等，2013；袁知柱等，2014；李争光等，2015；谭劲松、林雨晨，2016），所得结论也不一致。有些认为机构投资者参与治理可以通过缓解信息不对称来抑制公司的盈余管理行为（程书强，2006；宋建波等，2012；李增福等，2013）；有些认为机构投资者参与治理会促使管理者为迎合其需求而进行盈余管理行为（李善民等，2011）；还有研究发现机构投资者对盈余管理的影响受到特定条件的制约（薄仙慧、吴联生，2009；杨海燕等，2012；袁知柱等，2014），此外，机构投资者还可以通过促进会计信息披露以及会计信息的可靠性和透明度等方式提高公司治理水平（高敬忠等，2011；李争光等，2015；谭劲松、林雨晨，2016）。

在对公司绩效的影响方面，现有研究主要存在三种结论，一种认为机构投资者参与公司治理缓解了代理成本进而促进公司价值的提高（石美娟、童卫华，2009；唐松莲、袁春生，2010；张涤新、李忠海，2017）；另一种认为受其本身制度设计以及成本和收益权衡的限制，机构投资者对公司绩效没有影响（龙振海，2010）；还有一种认为机构投资者对公司绩效的影响具有门槛效应（王谨乐、史永东，2016）。

（2）机构投资者治理作用的影响因素。国内现有研究主要发现，机构投资者持股期限的长短（交易型、稳定型）会影响其对公司治理的监督动机进而影响公司治理（李争光等，2015；牛建波等，2013）；机构投资者持股集中度会影响其监督管理者和大股东的能力和动机，也会对公司治理产生影响（程书强，2006；唐松莲、袁春生，2010；高敬忠等，2011；宋建波等，2012）；不同类型的机构投资者（独立与否、法律实体特征）也会有不同的动机参与公司治理（唐跃军、宋渊洋，2010；高敬忠等，2011；陆瑶等，2012；杨海燕等，2012；袁知柱等，2014；王谨乐、史永东，2016）。此外，公司治理状况（管理层代理成本、大股东代理成本、产权特征）（张纯、吕伟，2007；薄仙慧、吴联生，2009；潘越等，2011；谢德仁、黄亮华，2013；张敏、姜付秀，2010；孙光国等，2015；李增福等，2013；温军、冯根福，2012）、参与积极性（李善民等，2011）等也会使机构投资者产生不同的监督动机进而给公司治理带来不同的影响。

2.2.2　关于共享审计师的研究

现有关于共享审计师的研究大多集中在供应商与客户、并购公司与目标公司以及银行与信贷客户之间共享审计师三个方面，并且这些研究主要基于共享审计师获取特有信息而产生的知识溢出效应或者信息中介效应两种视角展开，具体如下：

第一，关于供应商与客户之间共享审计师的研究。在供应商与客户共享审计师的情况下，共享审计师能够获取更多的有关审计师联结单位供应链合作事项以及交易往来等特有信息。

一方面，这有助于促进审计师的“供应链专长”，帮助审计师在对审计师联结单位的执业过程中更专业地理解供应链审计问题，进而做出更精准的职业判断，发挥出知识溢出效应，比如降低财务重述的可能性（Chen et al.，2009；杨清香等，2015；孙龙渊等，2019）和操纵性应计利润（Huang et al.，2014；Johnstone et al.，2014）。Chen et al.（2009）发现，与其主要客户共享审计师可以使供应商错报的可能性降低，尤其是在收入相关的错报方面更加显著。Johnstone et al.（2014）研究了供应商与客户共享审计师对供应商审计质量的影响，他们采用会计师事务所审计的全部供应商中与其主要客户共享审计师的供应商数量在其审计的全部供应商数量中所占的比例来衡量审计师的“供应链专长”，实证结果发现，供应链专长使审计师对供应商的审计质量显著提高（绝对操控性应计利润、报表重述以及盈余管理的可能性下降），审计收费显著降低，并且当供应链专长发生在收入周期以内时上述效应会更加显著。杨清香等（2015）研究了公司与其主要客户共享审计师是否能够降低公司错报和提高审计质量，他们的实证结果显示，与主要客户共享审计师能够显著降低公司财务重述的可能性，尤其是降低与销售相关的财务重述；与来自不同地域的共同审计师相比，来自同一地域的共同审计师更能显著降低公司的财务重述；进一步的结果表明，公司与其主要客户是否来自同一行业不影响共享审计师效应，但当其他监督机制更弱（机构投资者持股较低、分析师跟踪较少）时共享审计师效应显著提高；然而与公司共享审计师的主要客户并不存在这种共享审计师效应。

另一方面，共享审计师获取的特有信息能够帮助缓解审计师联结单位的信息不对称，促进审计师更有效地获取审计证据以及采取更恰当的审计程序，提高审计质量，从而降低分析师预测偏差（蔡利等，2018）、提高关系专用性投资等（Dhaliwal et al.，2016）；此外，共享审计师提供的信息优势还能够修正供应商管理者的乐观或悲观预期，进而对供应商的成本黏性产生影响（Cai et al.，2019），体现出信息中介作用。Chen et al.（2009）认为，客户与供应商之间共享审计师降低供应商错报的效应并不仅是供应链专长的作用，当共享审计师来自同一分所或来自地理相邻不同分所，或外部监督更弱（机构投资者持股更低、更少分析师跟踪）时这种效应更加明显。Dhaliwal et al.（2016）对客户与供应商共享审计师如何影响二者之间的关系专用性投资进行了研究，结果发现，客户与供应商共享审计师显著提高了二者之间的关系专用性投资；行业结构和财务约束会影响上述效应；另外，当客户与供应商之间的关系专用性投资更为重要时，二者之间更可能共享审计师。Huang et al.（2014）以台湾公司的数据发现，客户与供应商之间共享会计师事务所并不能提高审计质量，但是当共享的会计师事务所具有行业专长时则会导致更低的操纵性应计利润以及更低的财务重述可能性；客户与供应商之间共享审计负责人或者其他签字会计师都会显著抑制重述的可能性，但是同时共享审计负责人和其他签字会计师则会显著降低审计质量。

第二，关于并购公司与目标公司之间共享审计师的研究。在并购公司与目标公司共享审计师的情况下，共享审计师的信息中介效应同样存在，促进并购公司与目标公司之间的信息流动，降低并购过程中的不确定性，使管理者能够更加有效的配置资源，进而促进更高质量的并购。研究发现，共享审计师能够显著改善并购双方的信息不对称，从而降低并购业绩承诺的应用概率和增强业绩承诺的可靠性（武恒光等，2020）；并且，研究还发现，在并购交易中，与没有共享审计师相比，共享审计师的并购交易具有更高的并购公告收益；当并购前不确定性更大、共享的审计师与并购双方处于同城时上述效应更加显著；并且共享审计师的公司之间发生并购的可能性更大。跨国并购交易中并购公司与目标公司共享审计师也可以解释跨国并购公告的正向市场反应，并且会导致更低的交易费用和更大的资产回报率，跨国并购交易的不确定性会增强上述效应，同样证明了共享审计师在并购交易中的信息中介作用（Cai et al.，2016；Chircop et al.，2016）。另外，共享审计师在便利并购公司和目标公司之间的信息流动，减缓信息不对称的同时，也促使利益从并购公司转移向被并购公司，加剧了二者之间的利益冲突，即支持了利益转移假说。Dhaliwal et al.（2016）对并购公司与目标公司共享审计师的情况进行了研究，发现与没有共享审计师相比，共享审计师的并购交易伴随着更低的交易费用，目标公司获得了更低的并购公告收益，并购公司获得了更高的并购公告收益，同时并购交易的完成率也更高，当共享的审计师属于同一分所或目标公司规模更小时上述效应更加显著。

第三，关于银行与信贷客户之间共享审计师的研究。一方面，银行与信贷客户之间共享审计师会形成业务专长知识并发生信息溢出。Ton（2015）发现当银行与其信贷客户共享审计师时，银行会有更多精确的贷款损失条款，特别是在银行具有更大的商业贷款组合时这种效益更为明显；与银行共享审计师的信贷客户在破产前更不可能收到清洁审计意见，特别是在信贷客户具有更多贷款时这种效应更为明显；同时共享审计师产生了更高的审计费用，即银行与信贷客户之间共享审计师会提高二者的审计质量，结果说明银行与信贷客户之间的共享审计师从共享关系中获得了业务专长知识并且在审计客户和行业间发生了信息溢出。另一方面，银行与信贷客户之间共享审计师的作用会受到不同审计质量需求的影响，不同市场中介的相互作用会影响其经济行为。Cheng et al.（2016）从债权人高质量审计需求的视角研究了银行和与其有借贷关系的非银行客户共享审计师对非银行客户审计质量的影响，研究发现，当审计师开始审计与被审计客户有持续借贷关系的银行时，被审计客户审计质量提高；在审计师与被审计客户、银行分别有持续的审计契约关系的条件下，一旦被审计客户与银行之间的借贷关系形成，被审计客户的审计质量提高；当信贷客户与银行之间的贷款投放力度更大，或银行是被审计客户的主要债权人时，上述效应会更加明显，即银行对信贷客户高质量的需求会导致审计师提高对非银行客户的审计质量，结果证明了不同市场中介（银行和审计师）的相互作用会影响其经济行为。

2.2.3 关于社会网络关系的研究

近年来，从社会网络视角对市场参与者行为和资本市场的研究成为学术界和实务界关注的热点问题（Fracassi and Tate，2012）。社会网络理论的观点认为，在经济体中的各个单位体是相互依存的，他们的行为镶嵌在社会网络中，即网络中的任何单位体会对决策产生影响，其他单位体的态度、信念、行为等都会影响此单位体的决策（Granovetter，1985）。而当单位体必须经常做出他们并不了解成本和收益的决策时，最经常的做法不是通过研究或试验进行理性选择，而是依赖于从社会网络结构内各单位体之间的交往和互动中获取信息（Ellison and Fudenberg，1995）。

国外现有文献关于资本市场上社会网络关系的研究主要集中于公司外部机构投资者、分析师、投资银行、审计师与公司高管之间（Kuhnen，2009；Cohen et al.，2010；Engelberg et al.，2012；Jr et al.,2015；Guan et al.，2015），公司董事与高管之间（Schmidt，2015），董事之间（Fracassi and Tate，2012；Helmers et al.，2017）以及中介机构之间（Pool et al.，2012，2015）等。社会网络关系的联结主要通过市场参与者的社会属性（如工作经历、校友、老乡、地理环境、社团和俱乐部）（Cohen et al.，2008，2010；Butler and Gurun，2012；Pool et al.，2012，2015；Guan et al.，2015）、业务联系（如投资银行与投资者、买方与卖方、客户与供应商）（Kuhnen，2009；Cohen et al.，2010；Firth et al.，2013；Zhu et al.，2017）、共同投资标的或共同单位体联系（如共同持有股票或债券、连锁董事、共同财务顾问、共同审计师）（Pareek，2012；Agrawal et al.，2013；Cai et al.，2016；Dhaliwal et al.，2016）等方式。结合本书的研究内容和研究目的，关于社会网络关系的研究主要从关于机构投资者网络关系的研究和关于其他市场参与者网络关系的研究两个方面进行阐述：

首先，关于机构投资者网络关系的研究。基于社会网络理论和信息传递理论，现有文献对机构投资者网络关系的研究主要从三个方面展开：

（1）基于机构投资者的社会属性构造的网络关系研究。例如，Cohen et al.（2008）基于基金经理与公司董事会成员之间的校友关系网络，考察了机构投资者社会网络关系对其投资决策的影响。他们发现，基金经理与公司董事会成员之间如果存在校友关系，基金经理在其投资组合中会更多的配置该公司的资产，并且会获得更多的超额回报，这说明基金经理通过教育网络获得了私有信息。并且，与公司高管存在校友关系的基金经理更可能投票反对限制管理层薪酬的提案（Butler and Gurun，2012）。地理环境构成的网络关系也会对机构投资者行为产生影响，例如，相比异地基金经理，同城基金经理更可能买入或卖出相同的股票（Hong et al.，2005）。在资产配置上，基金经理对其居住地的资产配置会更高（Pool et al.,2012）。此外，同城基金经理在资产配置、买卖交易行为上具有高度一致性（Pool et al.，2015）。基于地理网络关系的研究结果反映了基金经理之间更倾向于面对面“口语相传”的信息交流方式，也从侧面证明了投资者网络的存在性。

（2）基于机构投资者业务联系构造的网络关系研究。例如，Reuter（2006）对 IPO 配售中投资银行与基金公司之间利益联盟关系的影响进行了考察，发现与投资银行业务关系紧密的基金公司会获得更高的 IPO 配额。供应链网络关系对股票的市场表现也会产生影响，比如，Cohen and Frazzini（2008）发现，基于客户—供应商关系的股票信息在市场上并不能得到充分反应，基于此种关系构造的交易策略能够获得显著的超额收益。Firth et al.（2013）基于基金公司在证券公司的交易费用构造的买方与卖方商业联系，考察了商业联系对证券公司分析师荐股的影响，发现证券分析师对与其有商业联系的基金公司持有股票的推荐会更加乐观，且商业联系越紧密，乐观程度越高。

（3）基于机构投资者投资标的联系构造的网络关系研究。例如，Pareek（2012）基于基金重仓持有相同股票构造的网络关系，研究了网络对基金交易行为和股票收益的影响，发现处于同一网络的基金经理的羊群效应更加明显。

其次，关于其他市场参与者网络关系的研究。基于社会网络理论、信息传递理论、代理理论、信息不对称理论和资源依赖理论，现有学术文献关于社会网络关系的研究成果较多存在于对公司董事与高管之间以及董事之间社会网络关系的研究，并且主要体现在对公司治理效应（董事会、高管薪酬、财务决策和公司价值）的影响方面，研究结论呈现多样性。

（1）网络关系对董事会的影响。例如，Fracassi and Tate（2012）发现，权力越大的 CEO 越可能聘用与其有网络关系（相同非职业团体成员、同事、相同教育机构）的董事，董事与高管之间的社会网络关系降低了董事的独立性。当董事与高管处于同一社会网络（精英社交圈）时，高管更不可能因为业绩差而被解雇，同样反映了董事与高管社会网络关系破坏了董事会有效性（Nguyen，2006）。

（2）网络关系对高管薪酬的影响。例如，Hwang and Kim（2009）研究了董事与高管之间的社会网络关系（相同学校、兵役、宗教等）对高管激励的影响，发现董事—高管社会网络关系能够降低高管的薪酬水平，提高薪酬业绩敏感性。

（3）网络关系对财务决策的影响。例如，Helmers et al.（2017）基于印度公司连锁董事的证据显示，连锁董事网络对研发和专利投入有显著的正向影响，说明连锁网络也能够通过信息传递促进了研发投入。基于任命的 CEO 社会网络关系（与高管或董事之间）提高了公司造假的可能性，并减少了造假被发现的概率（Khanna et al.，2015）。

（4）网络关系对公司价值的影响。例如，Fracassi and Tate（2012）发现，董事与高管之间的网络关系会降低公司价值，尤其是在缺乏其他能够替代董事会监督机制的公司这种现象会更加严重。Schimidt（2015）发现当公司需要建议时，董事与高管的社会网络关系与并购公告日的回报正相关；当公司需要监督时，二者之间呈负相关关系，说明董事与高管之间的社会网络关系是具有成本和收益的。

还有一部分文献研究了公司外部分析师、投资银行、审计师的社会网络关系对其他经济业务（如分析师荐股、分析师盈余预测、审计质量）的影响，并呈现多种结果。例如，Cohen et al.（2010）发现，如果卖方分析师与公司高管之间的校友关系，可以增加荐股收益，说明校友关系网络是公司信息泄露的重要渠道，并会带来显著的溢价效应。基于中国市场的数据，Li et al.（2015）发现，财务分析师与公司高管之间的社会关系（由学校、地理和业务构建）可以提高分析师的预测准确度和及时性，并且在关系契约更多的公司（政治关联公司、客户和供应商数量集中的公司）这种效应更加显著。分析师对与其有关系的基金持有的股票给予了更乐观的推荐，作为回报，分析师更可能因为与其有关系的基金经理的投票而成为明星分析师，以及获得更多的交易费用（Gu et al.，2013）。Guan et al.（2015）还发现，与公司高管有校友关系的审计师更可能发布有利审计意见，被关系审计师审计的公司会报告更高的操纵性应计利润，事后更可能向下盈余重述，盈余反应系数也更低，关系审计师也收取了更高的审计费用，证明了校友网络形成的社会互惠纽带的存在性。Agrawal et al.（2013）发现，并购方与目标公司选择共同财务顾问基于一些合理原因（如并购双方行业专长等），具有共同财务顾问的并购花费了更长时间，给予了目标公司更低的费用，并购方获得了更高的收益，但整体并购质量与非共同财务顾问的并购交易并没有显著差异，说明了网络关系内信息流动的存在性。

目前国内关于资本市场上社会网络关系的研究并不充分。在机构投资者网络关系的研究方面，仅有的文献均是围绕着由基金重仓持股构建的机构投资者之间的网络关系进行的研究。与国外文献观点一致，在我国，私有信息也是影响机构投资者持仓行为的主要原因（申宇等，2013）。肖欣荣等（2012）基于公募基金重仓持股构建的机构投资者网络视角，分析了机构投资者行为的传染以及资产价格的“异象”，发现在熊市和震荡市，基金重仓股票仓位的变化与基金网络显著正相关，而在牛市，这种相关关系并不显著；并且发现，基金重仓股票的网络密度对股票的动量或反转没有显著影响。刘京军、苏楚林（2016）采用空间计量模型检验了由基金重仓持股建立的基金网络之间基金资金流的网络溢出效应及其对基金自身业绩的影响，发现基金之间的资金流量具有显著的溢出效应，并且基金网络带来的资金流量与基金的超额收益率具有显著正相关关系，说明基于重仓持股的网络结构促进了机构投资者行为的一致性。同样基于重仓股为链接的基金信息网络，陈新春等（2017）研究了机构投资者之间的信息联系和信息传递对极端风险的影响机制。他们发现，基金持股之间的信息网络密度会增加股票总体和特质风险，以及加大股票极端下跌和极端上涨的概率，并且对极端下跌市场的影响更大，即基金之间的信息共享机制容易引发黑天鹅事件。他们还发现，当流动性成为极端市场风险的主要推手时，基金信息共享机制对极端市场的影响不再显著，即基金信息共享机制与流动性对股票极端市场的形成存在着替代效应。此外，蔡宁、何星（2015）基于风险投资联合投资网络的研究，发现风险投资的网络中心度与公司投资不足负相关，与投资过度正相关，联合投资会加强这两种效应；当风险投资网络关系断裂时，上述效应也消失；风投进入时点、公司产权特征、现金流等会对上述效应产生影响，说明网络关系带来的信息优势影响风险投资在所投资公司作用的发挥。

在其他市场参与者社会网络关系的研究方面，国内现有文献主要集中在董事网络对公司治理效应（董事会、高管薪酬、财务决策、公司价值）影响的研究方面。谢德仁、陈运森（2012）基于镶嵌理论、弱联结优势理论、结构洞理论和社会资本理论，从治理动机（网络关系所带来的声誉、信息和资源等社会资本）和治理能力（网络位置）两方面分析了董事网络如何影响董事的公司治理行为。现有关于董事网络的研究一般围绕着董事兼任、同一董事会任职，或同时与第三个董事一起任职的董事网络定义，并从上述两个方面（网络关系内容和网络位置）展开。例如，在网络关系内容的研究方面，卢昌崇、陈仕华（2009）实证验证了连锁董事组织功能的本质是企业间协调和信息传递。彭正银、廖天野（2008）认为，连锁董事网的嵌入可以优化董事会结构及其功能整合，进而提高治理绩效。也有研究认为，连锁董事会降低并购绩效，当并购公司治理质量较高时这种减损效应会降低（田高良等，2013）。陈运森、郑登津（2017）发现，连锁董事网络促进了公司间的投资水平和投资变化更加趋同，并且网络关系强度、公司信息环境，独立董事等对此效应有影响。在网络位置的研究方面，陈运森、谢德仁（2012）发现，公司独立董事网络中心度越高，高管的薪酬业绩敏感性越强，在国有上市公司中这种效应变弱，并且用独立董事网络中心度解释的高管薪酬部分对未来业绩有促进作用。董事网络中心位置和结构洞位置可以通过促进融资规模和长期债务的方式帮助上市公司获取债务融资（王营、曹廷求，2014）。陈运森（2015）还发现，公司的董事网络结构洞越丰富，其经营效率和投资效率越高（对投资不足行为的降低），说明董事网络位置的控制优势和信息优势在企业财务活动中发挥着重要作用。

国内外关于机构投资者治理作用及其影响因素、关联单位共享审计师、社会网络关系的部分代表性文献统计见表2-1。

表2-1　　国内外文献统计

研究内容	研究视角	主要研究问题	代表性文献
机构投资者的治理作用	持股、积极主义、调研	对内部治理机制的影响	Aggarwal et al.，2011；Schmidt and Fahlenbrach，2017；Dikolli et al.，2009；Kempf et al.，2016；Huang and Kang，2017；李维安、李滨，2008；潘越等，2011；陆瑶等，2012；李胜楠等，2015；李胜楠等，2015
		对财务决策（投资决策和会计信息质量）的影响	Kochhar and David，2015；Fich et al.，2015；Jiang and Yuan，2018；Bena et al.，2017；Boone and White，2015；高敬忠等，2011；李争光等，2015；李增福等，2013；袁知柱等，2014；谭劲松、林雨晨，2016
		对公司绩效的影响	Aggarwal et al.，2011；Demiralp et al.，2011；Schmidt and Fahlenbrach，2017；Ward et al.，2018；唐松莲、袁春生，2010；张涤新、李忠海，2017

续表

研究内容	研究视角	主要研究问题	代表性文献
机构投资者治理作用的影响因素	公司特征、机构投资者异质性特征	代理问题、信息不对称、持股集中度、投资期限、独立性、网络关系	Janakiraman et al.，2010；Jiang and Yuan，2018；Chen et al.，2007；Yan and Zhang，2009；Pool et al.，2015；Pukthuanthong et al.，2017；高敬忠等，2011；唐跃军、宋渊洋，2010；陆瑶等，2012；杨海燕等，2012；张纯、吕伟，2007；温军、冯根福，2012
关联单位共享审计师	并购公司与目标公司共享审计师	对并购质量的影响	Cai et al.，2016；Chircop et al.，2016；Dan et al.，2016
	客户与供应商共享审计师	对审计质量的影响	Chen et al.，2009；Johnstone et al.，2014；Dan et al.，2016；Huang et al.，2014；杨清香等，2015
	银行与其信贷客户共享审计师	对信贷契约、信贷客户审计质量的影响	Ton，2015；Cheng et al.，2016
机构投资者网络关系	基于社会属性网络（校友、地域）	对资产配置的影响；对持有股票收益的影响	Cohen et al.，2008；Butler and Gurun，2012；Hong et al.，2005；Pool et al.，2012；Pool et al.，2015
	基于业务联系网络	对投票反对高管薪酬提案的影响；对持有股票收益的影响	Reuter，2006；Firth et al.，2013
	基于共同投资标的（股票、债券）网络	对行为传染的影响	Pareek，2012；肖欣荣等，2012；刘京军、苏楚林，2016；陈新春等，2017

续表

研究内容	研究视角	主要研究问题	代表性文献
其他网络关系	董事、分析师、投资银行、审计师网络关系	对公司治理、分析师荐股、审计质量、并购效率等的影响	Fracassi and Tate, 2012; Helmers et al., 2017; Cohen et al., 2010; Li et al., 2015; Guan et al., 2015; Agrawal et al., 2013; 卢昌崇、陈仕华, 2009; 谢德仁、陈运森, 2012; 陈运森、谢德仁, 2012

2.2.4 文献评述

综上所述，国内外围绕着机构投资者的治理作用及其影响因素、共享审计师、社会网络关系进行了大量有价值的研究，形成了比较系统的理论分析框架和丰富的经验证据。从这些文献可以看出，机构投资者通过持股、积极主义、调研等直接参与公司治理的方式可以通过影响代理成本、信息不对称、获取信息优势等途径对公司治理产生不同的影响，股权结构、机构投资者异质性在这个过程中也发挥着重要的作用；共享审计师网络可以传递信息并对审计师联结单位的行为产生重要的效应；信息在机构投资者社会网络内也可以传递并影响机构投资者的行为决策。这些为本书研究内容的开展奠定了良好的理论基础和研究方法基础。综合来看，现有研究还存在以下不足：

（1）鲜有文献从机构投资者间接网络关系的视角分析机构投资者间接参与公司治理行为的效应。国内外从代理理论和信息不对称理论、管理层权力理论、股权结构理论和信息优势理论等不同角度对机构投资者的治理作用进行了大量的研究并提供了丰富的经验证据，但研究结论并不一致，这主要是因为机构投资者的不同参与方式、作用途径等会对其治理作用产生不同的影响，具体的股权结构特征、机构投资者异质性特征在此过程中也会发生重要作用。这些文献基本围绕着机构投资者持股、积极主义、调研等直接参与方式分析机构投资者治理行为的效应，从社会网络理论视角分析机构投资者积极参与公司治理行为的效应的不多。仅有的关于机构投资者网络关系的研究主要关注了机构投资者与公司高管的校友、地域关系，与投行的业务关系，以及与其他机构投资者之间的共同投资关系等直接的网络关系，并且对网络关系治理效应的关注较少。机构投资者可以通过与公司建立间接网络关系的方式间接参与并影响公司治理，因此从这一视角进一步揭示机构投资者的治理效应很有必要。

（2）鲜有文献从机构投资者通过选聘与其及其所投资上市公司都有关系的共同审计师这种共同第三方联系的视角研究机构投资者的网络关系效应。国内外关于机构投资者网络关系的研究比较匮乏，并且主要围绕着机构投资者基于社会属性（校友、地域）、业务联系（与投行关系、买卖方关系）和共同投资标的（股票、债券）所形成的直接的网络关系对机构投资者的资产配置、投票反对高管薪酬提案、持有股票收益及机构投资者之间行为传染的影响，而对机构投资者与其所投资上市公司之间通过共同第三方联系（如共同审计师）建立的间接网络关系的关注不够。当机构投资者选聘与其及其所投资上市公司都有关系的共同审计师为其服务时，就通过共同审计师建立了与其所投资上市公司之间的间接网络关系，信息可以通过间接网络关系进行传递并对机构投资者的治理行为产生影响。因此对机构投资者通过与其及与其所投资上市公司都有关系的共同审计师这种共同第三方联系构建间接网络关系的行为效应进行研究很有必要。

（3）鲜有文献基于其他资本市场参与主体之间（如机构投资者与被投资上市公司）共享审计师的视角研究共享审计师的行为效应。国内外关于共享审计师的研究视角主要是从供应商与客户之间共享审计师、并购公司与目标公司之间共享审计师以及银行与其信贷客户之间共享审计师展开，并且主要集中于探讨供应链共享审计师如何影响财务重述的可能性和操纵性应计利润、分析师预测偏差、关系专用性投资以及供应商的成本黏性等方面，以及并购链共享审计师如何影响并购过程中业绩承诺运用的可能性和业绩承诺的可靠性、并购公告收益、并购交易费用以及资产回报率等方面，还有信贷关系中共享审计师对审计质量、贷款条款设计等的影响方面。现有文献鲜少关注其他资本市场参与主体（如机构投资者与其所投资上市公司）之间共享审计师的行为效应。与分散的投资者相比，机构投资者具备资金、信息和专业等方面的优势，能够在与公司大股东和管理层的制衡博弈中比外部小股东占据更大的优势，对缓解公司两类代理问题和强化公司治理能够发挥重要的作用，共同审计师网络可以为机构投资者参与公司治理中的信息获取提供便利的途径，可以影响机构投资者参与公司治理的动机和能力，因此对机构投资者与其所投资上市公司之间共享审计师的影响进行研究很有必要。

（4）鲜有文献关注共享审计师网络的治理溢出效应。国内外关于关联单位共享审计师的研究内容主要关注了客户与供应商之间共享审计师怎样影响公司财务重述、分析师预测偏差、关系专用性投资、成本黏性等，并购公司与目标公司之间共享审计师与公司业绩承诺、并购公告收益、并购交易费用等之间的关系，或者银行与其信贷客户之间共享审计师如何影响信贷客户的审计质量以及信贷契约设计等，即主要考察了共享审计师对审计师联结公司的直接治理效应，这些文献鲜少关注共享审计师的治理溢出效应。开放式基金大股东与被投资上市公司共享审计师，可能会导致二者做出“合作”或“合谋”两种不同的行为选择进而产生不同的公司治理效应，另外，共享审计师对开放式基金大股东与审计师二者行为模式的影响，也可能在相同的开放式基金大股东持股且相同的审计师审计但与开放式基金大股东不存在共享审计师业务联系即开放式基金大股东且审计师联结的其他上市公司中持续，进而产生相应的治理溢出效应。因此研究机构投资者与被投资上市公司共享审计师在开放式基金大股东且审计师联结的上市公司中的公司治理溢出效应很有必要。

第3章 制度背景与现状描述

3.1 制度背景

我国机构投资者伴随着证券市场的发展而出现，自我国证监会2000年提出“超常规发展机构投资者”的战略方向之后，我国机构投资者出现大规模的增长和进一步壮大，现在已然成为资本市场上的专业投资主力，对资本市场的稳定和高质量发展发挥着举足轻重的作用。就主体来看，当前我国机构投资者主要是以证券投资基金为主要投资主体，另外还包含证券公司、保险公司、社保基金、企业年金、合格境外机构投资者（QFⅡ）等其他机构投资者等投资主体的多元化发展格局。为全力维护资本市场的平稳运行，我国证监会在2022年3月再次强调要加大对证券投资基金等各类机构投资者的培育，建立健全有利于长期机构投资者参与资本市场的制度机制，以此来助力我国实体经济的高质量发展。根据中国证券投资基金业协会的数据，截至2021年年初，我国境内的专业机构投资者持有A股流通市值达到12.62万亿元，与2019年末相比增加了4.42万亿元，持有A股流通市值的占比为18.44%，与2019年末相比上涨了2.02个百分点，其市场影响力依然在不断提升。近年来，机构投资者的身影频繁出现在上市公司的前十大流通股股东名录中，逐渐发展成为一股重要的公司外部治理力量。

3.1.1 证券投资基金

证券投资基金是我国资本市场上最为重要的机构投资者，其规模和数量在近年来均呈稳步上升的态势。我国证券投资基金行业起步较晚，在20世纪90年代还尚处于封闭式基金的萌芽和探索阶段，至1998年3月，开元和金泰两只基金分别在深圳证券交易所和上海证券交易所公开发行，由此产生了我国首批上市的证券投资基金，同时也意味着我国封闭式基金迈入了一个全新的发展阶段。在此之后，我国开放式基金逐渐出现并得到了快速发展。2000年10月，我国证监会发布了《开放式证券投资基金试点办法》，正式为我国开放式基金的产生与发展提供了相应法律保障。2001年9月，华安创新作为我国第一支开放式基金正式步入证券投资基金的行列。至2003年年底，我国开放式基金规模已经超越封闭式基金。为进一步规范证券投资基金的相关活动，我国于2004年正式颁布《证券投资基金法》，后续又根据我国基金行业的发展变化对该法进行了不断的补充和修订。随着2013年通过的新《证券投资基金法》公开承认了私募证券投资基金的合法地位，标志着我国私募证券投资基金开始正式步入法治化的发展轨道，随之2014年我国监管机构相继又出台了一系列政策法规，将发展私募证券投资基金纳入我国基金行业的重要战略布局。

现阶段我国公募基金和私募基金的投资总规模持续上升，慢慢进化成为稳定我国资本市场的重要投资力量，在这一期间涌现大批实力雄厚的基金管理公司，旗下管理的资产规模不断扩大，推出的基金产品也日趋多元化。图3-1和图3-2分别对2010—2019年我国证券投资基金资产规模、持股市值和持有证券数量的变化情况进行了概况。如图3-1所示，我国证券投资基金资产规模自2010年以来呈连年增长的趋势，至2019年年底，我国证券投资基金资产规模由24228.35亿元扩大至136937.42亿元。由图3-2可以看出，我国证券投资基金的持股市值在2010—2019年起起落落，但大体表现为波动上升的趋势。截至2019年年底，我国证券投资基金的持股市值已由2010年的8696.81亿元上升至24275.37亿元，并且持股市值在2019年年底达到最高。同时，我国证券投资基金的持股个数也呈逐年稳步上升的趋势，截至2019年年底，持有证券数量已由2010年的1638只增加至3542只。

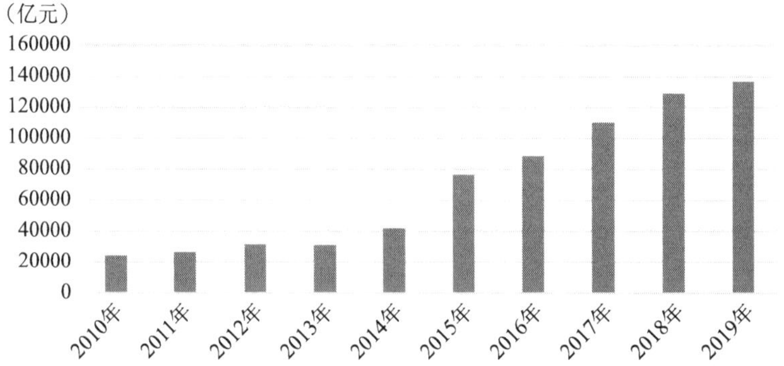

图3－1　2010—2019年我国证券投资基金资产规模

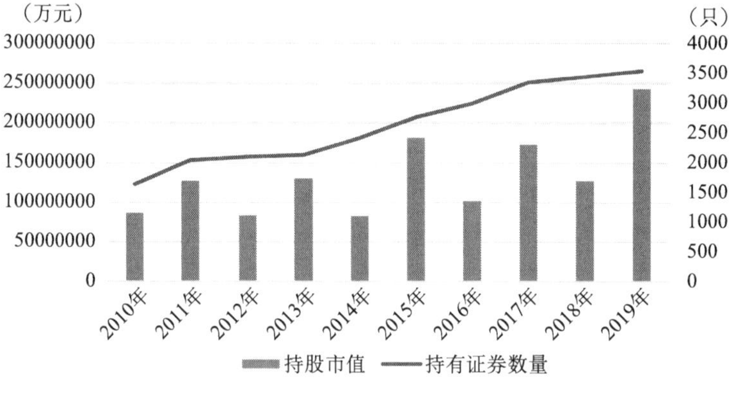

图3－2　2010—2019年证券投资基金的持股市值和持有证券数量

注：数据来自中国证券投资基金业协会和Wind数据库并手工统计得到。

3.1.2　证券公司

我国早期的机构投资者以证券公司为主，深圳特区证券公司作为我国首家专业性证券公司于 1987 年成立，但 20 世纪 90 年代初期尚属于我国证券市场在的起步阶段，当时证券公司的数量较少，管理的资产规模也相对较小。随后，我国证券业得到了持续的发展，以国泰证券、南方证券、华夏证券为代表的全国性证券公司在我国很快得以成立，并且很多地方性证券公司也开始相继出现。为严格规范证券公司的经营活动，我国于 1998 年颁布了《中华人民共和国证券法》，其中对证券发行、证券交易以及投资者保护等相关内容给出了明确规定。在 2004—2007 年，在国务院的指导下，针对证券公司的一揽子综合治理行动全面开展，为证券行业的生态治理和良性发展树立了良好的基础。

自 2008 年之后，我国《证券公司风险控制指标管理办法》《证券公司参与股指期货交易指引》《证券公司直接投资业务监管指引》等一系列政策文件的出台，标志着我国证券行业的监管环境发生了根本性的变化，行业的持续发展在规范上得到了保障。2018 年 4 月，中国证监会在国务院的批准下又颁布了《外商投资证券公司管理办法》，其中明确指出：外资可以控股合资证券公司，意味着我国对证券公司的业务范围逐步开始放宽，这有利于证券行业的国际化发展。在我国倡导经济高质量发展的战略框架下，2021 年，中国证券业协会发布的《证券公司合规管理有效性评估指引（2021 年修订）》中明确要求证券公司应针对合规管理的有效性进行定期评估，并依据合规风控情况对证券公司实施“白名单”制度，进一步有效促进了证券公司的高质量发展。

图 3 – 3 和图 3 – 4 分别对 2010—2019 年我国证券公司资产规模、持股市值和持有证券数量的变化情况进行了概括。由图 3 – 3 可以看出，2010—2019 年，我国证券公司的资产规模总体呈增长

趋势。具体而言，我国证券公司在2010年的资产规模达到19686.13亿元，而后2011年、2012年虽有所回落，但自2013年之后便开始增加，尤其是在2015年出现了较大的增幅。截至2019年年底，我国证券公司资产规模已扩大至72600亿元，较之2010年增长了近4倍。另外，图3-4显示，我国证券公司的持股市值和持有证券数量在这10年间均表现出较大的波动。其中证券公司持股市值自2010—2013年连年下降，2014年之后逐渐回升，2015年则达到峰值，此时的持股市值达到754.20亿元，但随后又呈下

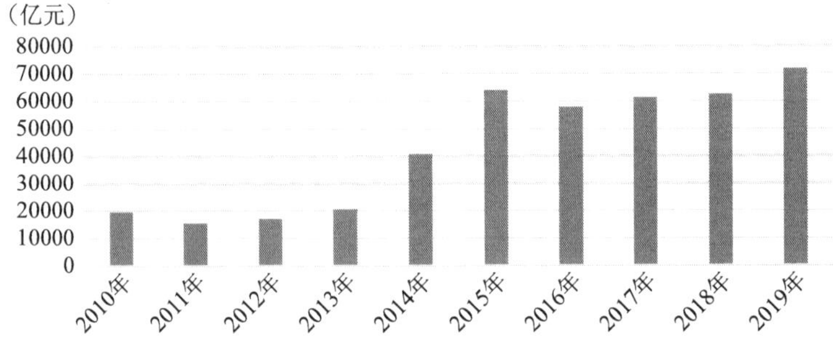

图3-3　2010—2019年我国证券公司资产规模

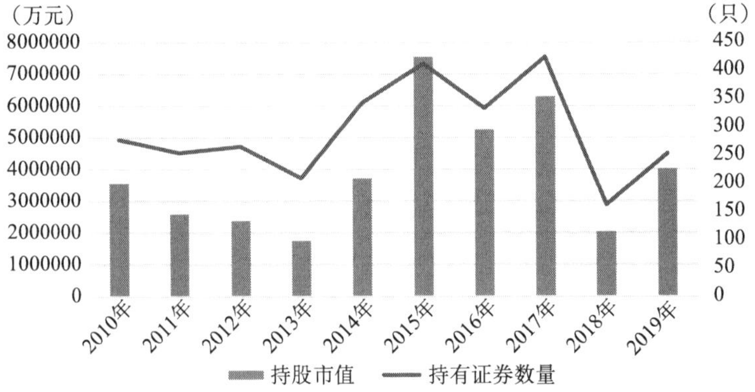

图3-4　2010—2019年我国证券公司持股市值和持有证券数量

注：数据来自中国证券业协会和Wind数据库并手工统计得到。

降趋势，而证券公司持股数量的变化情况也大致相同。截至 2019 年年底，我国证券公司的持股市值为 402.23 亿元，持有证券数量达到 253 只。

3.1.3　保险公司

中国人民保险公司诞生于新中国成立初期，这是我国的第一家国家保险机构。自 1959 年开始，我国保险业发展陷入了的停滞阶段，直至 1978 年十一届三中全会之后，在我国政府明确提出要逐步恢复国内保险业务的背景下，《中国人民保险公司章程》《保险企业管理暂行条例》等一系列文件得以相继出台，这些规范着力于推动我国保险业的全面复苏，随着我国改革开放的不断深入，一大批保险公司在我国迅速崛起并且逐步走向国际化发展趋势。

1995 年 6 月 30 日，第八届全国人民代表大会常务委员会第十四次会议通过《中国人民共和国保险法》，随后 1998 年中国保险监督管理委员会成立，为我国保险行业的规范发展提供了强有力的制度和监管保障。在 1999 年，中国保监会出台《保险公司投资证券投资基金管理暂行办法》，其中明确提出允许保险公司可以开展证券投资基金业务以间接进入股票市场，由此从政策上为保险公司进一步拓宽业务渠道提供了依据。2004 年《保险机构投资者股票投资管理暂行办法》进一步出台，保险资金逐步进入股票市场，随后为规范保险公司的经营行为一系列制度安排得以颁布。随着保险资金市场化程度的不断加深，潜在的监管风险也日益显现，为此监管机构自 2017 年便开始了大刀阔斧的改革，以完善保险公司的治理结构和风险管控机制，并于 2022 年颁布了《保险资产管理公司管理规定》，从监管方面进一步为保险资金的长期健康发展指明了方向，鼓励保险资金不断提升为实体经济服务的能力和水平。

图 3 -5 和图 3 -6 分别对 2010—2019 年我国保险公司资产规模、持股市值和持有证券数量的变化情况进行了概括。由图 3 -5 可以看

出，我国保险公司的资产规模保持连年增长的趋势。截至 2019 年年底，我国保险公司的资产规模由 2010 年的 50481.61 亿元增加至 205600 亿元。由图 3－6 可知，我国保险公司的持股市值在波动中不断上升，截至 2019 年年底，其持股市值达到了 15143.65 亿元。反观近 10 年来保险公司持有证券数量的变化情况，截至 2019 年年底，保险公司的持股个数已由 2010 年的 498 只降低至 334 只，整体呈波动下降的趋势，其中在 2016 年达到最高，当年持有证券数量为 643 只。

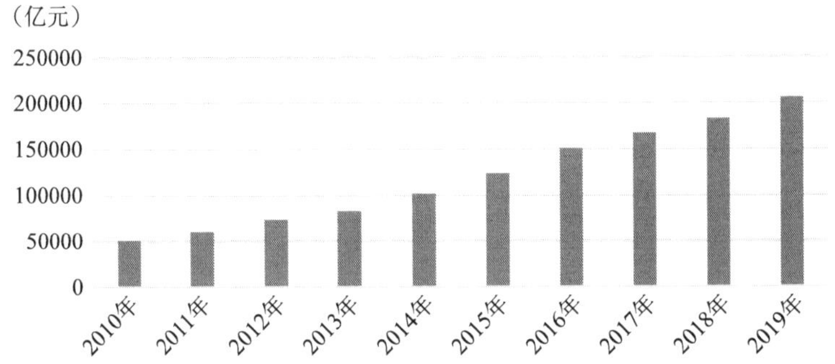

图 3－5　2010—2019 年我国保险公司资产规模

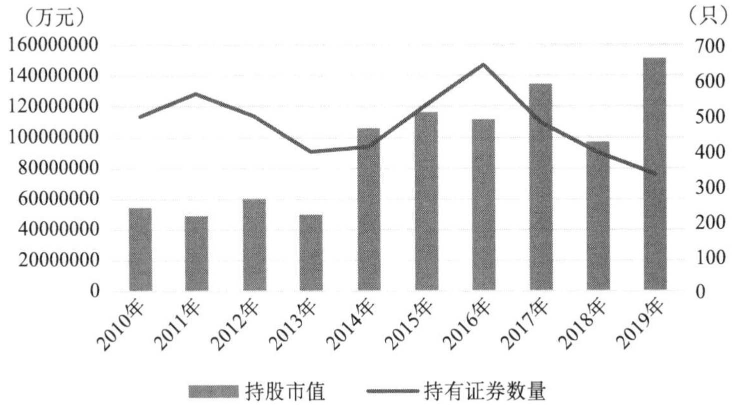

图 3－6　2010—2019 年保险公司的持股市值和持有证券数量

注：数据来自中国保险行业协会和 Wind 数据库并手工统计得到。

3.1.4　社保基金

我国社保基金（全国社会保障基金）于 2000 年 8 月正式建立，同年社保基金的管理主体即全国社会保障基金理事会也随之设立。2001 年 12 月，为了规范社保基金的投资业务，财政部、劳动和社会保障部在国务院的批准下联合颁布了《全国社会保障基金投资管理暂行办法》，其中对理事会、社保基金投资管理人和社保基金托管人三方的职责范围、申请投资管理和托管业务所需的基本条件等内容进行了明确的规范。2003 年 6 月，全国社会保障基金理事会与包括南方、博时、嘉实等在内的 6 家基金管理公司签订了相关的授权委托协议，这一授权委托协议的签订标志着我国社保基金正式开始进入证券市场。随后在 2006 年，出台的《全国社会保障基金境外投资管理暂行规定》对我国社保基金的境外投资业务以及防范和化解投资风险进行了规范，标志着社保基金开始布局境外市场，大大拓宽了社保基金的投资方式。但是随着我国人口老龄化进程的加快，社保基金作为我国社会保障性的储备基金，如何对其投资运营进行有效管理和监督便显得尤为重要。在此背景下，国务院于 2016 年 3 月正式发布《全国社会保障基金条例》，这是第一次以国务院条例的形式明确对社保基金管理运作、监管等环节的要求，高度总结了社保基金自建立以来的相关运营管理经验。此外在我国经济社会的总体战略框架下，2019 年 3 月，国务院进一步指出："要在保证基金安全和保值增值的基础上，聚焦健全多层次社会保障体系，推动社保基金的发展迈向新台阶。"

图 3 －7 和图 3 －8 分别对 2010—2019 年我国社保基金资产规模、持股市值和持有证券数量的变化情况进行了概括。由图 3 －7 可以看出，我国社保基金的资产规模呈连年增长的趋势。截至 2019 年年底，我国社保基金的资产规模由 2010 年的 8566.9 亿元增加至 26285.66 亿元。由图 3 －8 可知，我国社保基金的持股市值在这 10

年来实现了波动上升。截至 2019 年年底，我国社保基金的持股市值由 2010 年的 8696.81 亿元上升至 2019 年的 24275.37 亿元，增长了近 3 倍。我国社保基金的持有证券数量从 2010—2015 年均保持着上升趋势，而在 2015 年之后便开始下降。截至 2019 年年底社保基金的持有证券数量为 576 只，与 2010 年的 278 只相比增长了 1 倍多。

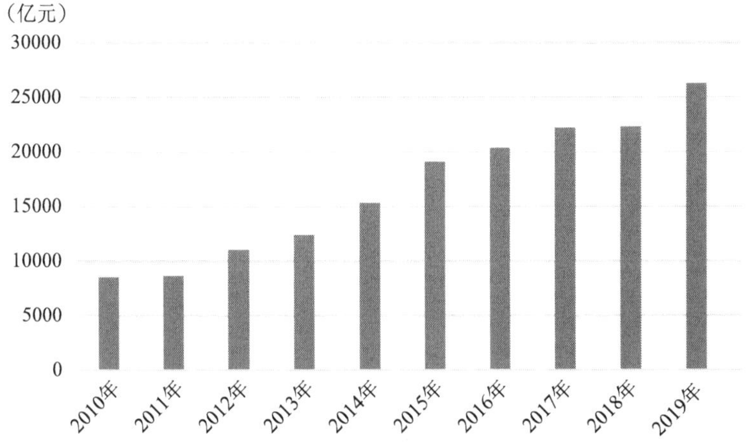

图 3-7　2010—2019 年我国社保基金资产规模

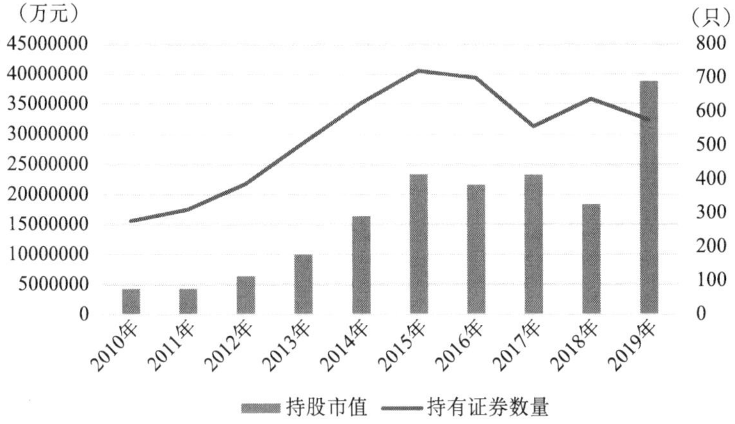

图 3-8　2010—2019 年社保基金的持股市值和持有证券数量

注：数据来自全国社会保障基金理事会和 Wind 数据库并手工统计得到。

3.1.5　企业年金

企业年金的前身是企业补充养老保险。我国于1991年颁布《国务院关于企业职工养老保险制度改革的决定》，该文件首次明确倡导和鼓励各企业实行补充养老保险。而后在1994年出台的《中华人民共和国劳动法》中，再次提出用人单位应当结合自身实际为员工建立补充保险。1995年，劳动部制定并发布了《关于建立企业补充养老保险制度的意见》，其中对企业建立补充养老保险的实施主体和基本条件、决策程序和管理组织、资金来源等方面提出了具体的指导意见，从而在政策层面为促进我国补充养老保险制度的发展提供了强有力的支持。2000年，国务院出台《关于完善城镇社会保障体系的试点方案》，正式将企业补充养老保险更名为企业年金，并将企业年金纳入市场化运作管理的范畴。随后，《企业年金试行办法》《企业年金基金管理试行办法》等一系列文件相继出台，为我国企业年金的健康发展建立起了制度层面的保障体系。

2011年，随着《企业年金基金管理办法》的颁布，为保证企业年金的健康发展，我国逐步加强了对企业年金的监管力度，在投资范围、投资比例等各方面都作出了严格限制。在该办法实施了两年多之后，我国政府开始逐步放宽企业年金的投资限制，其中增加了银行信托及理财产品、股指期货等金融产品的业务范围。随后到2018年，人社部正式推行《企业年金办法》，这是现阶段我国企业年金投资管理的主要依据。在法律环境不断优化的背景下，近年来我国企业年金的投资种类日渐多样化，覆盖范围也在不断延伸，"养老金的第二支柱"的重要性日益凸显，已逐渐发展成为我国养老金市场增长速度非常可观的一项业务。

图3－9和图3－10分别对2010—2019年我国企业年金资产规模、持股市值和持有证券数量的变化情况进行了概括。由图3－9可以看出，我国企业年金的资产规模在2010—2019年10年呈快速

增长的趋势。截至2019年年底，我国企业年金的资产规模已由2010年的2452.98亿元增加至17689.96亿元。由图3－10可知，在2010年年底企业年金持股市值为20.67亿元，并且持有证券数量50只。但自2011年开始，由于股票市场的持续低迷，企业年金的持股市值和持有证券数量均大幅缩水，直至2015年才迅速发展起来，而后又呈逐年下降的趋势。截至2019年年底，我国企业年金的持股市值下降至1.15亿元，仅持有证券数量6只。

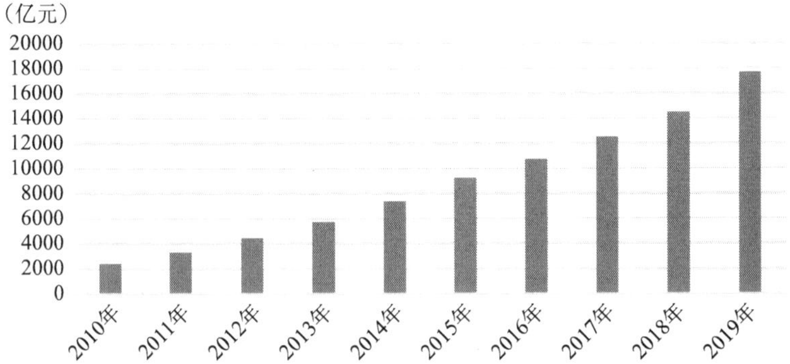

图3－9　2010—2019年我国企业年金资产规模

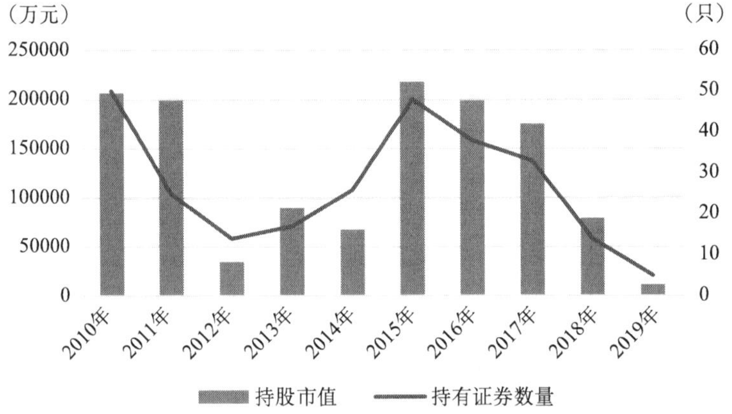

图3－10　2010—2019年企业年金的持股市值和持有证券数量

注：数据来自人力资源和社会保障部官方网站和Wind数据库并手工统计得到。

3.1.6　合格境外机构投资者（QF II）

中国证监会和人民银行在 2002 年 11 月联合颁布了《合格境外机构投资者境内证券投资管理暂行办法》，这一办法的出台标志着合格境外机构投资者制度（Qualified foreign institutional investors，QF II）正式被引入我国证券市场，这一制度的建立为我国资本市场引进境外资本和进一步对外开放提供了有利的机会。QF II 制度在我国实施初期，在持股比例、交易额度等方面存在诸多限制，随着改革的深入和我国证券市场的纵深发展和开放，我国于 2012 年进一步发布了《合格境外机构投资者境内证券投资管理办法实施规定》，其中对 QF II 的资格认定、投资限制等方面都放宽了条件。2016 年我国证监会取消了 QF II 的股票投资比例限制，2019 年末我国外汇管理局取消了 QF II 的投资额度限制，此后 QF II 数量在我国出现井喷式增长。

为了持续推进 QF II 制度在我国的发展以及进一步完善，2020 年 5 月《境外机构投资者境内证券期货投资资金管理规定》得以发布，其中更加简化了对境外机构投资者在境内投资资金的管理要求，这一规定对提升境外机构投资者投资的便利性和积极性具有重要的促进作用，对于持续吸引更多外资流入我国资本市场能够发挥长期的影响。2021 年 10 月，我国证监会明确提出要扩大 QF II 的投资范围，允许 QF II 参与商品期货、商品期权、股指期权这三类金融衍生品交易品种，释放出我国将致力于进一步开放境内资本市场和吸引更多境外资本的信号，发展至今，QF II 现已逐步成为我国资本市场的重要参与主体，对我国建立多层次资本市场的长期战略具有重要作用。

图 3 – 11 和图 3 – 12 分别对 2010—2019 年我国合格境外机构投资者（QF II）资产规模、持股市值和持有证券数量的变化情况进行了概括。由图 3 – 11 可知，QF II 在我国的投资规模逐年上升，

在 2010—2019 年，QF II 的投资规模已由 2010 年的 197.2 亿美元提升至 2019 年的 1113.97 亿美元。由图 3 - 12 可以看出，QF II 的持股市值和持有证券数量均呈波动上升的趋势。截至 2019 年年底，QF II 的持股市值已扩大到 1182.48 亿元，其持有的证券数量为 325 只。

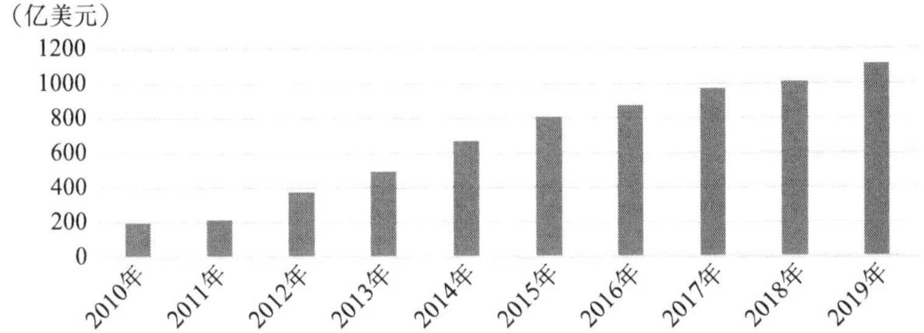

图 3 - 11　2010—2019 年 QF II 在我国的投资规模

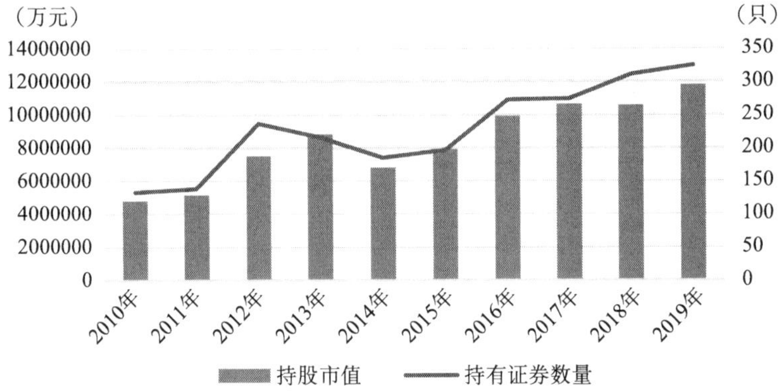

图 3 - 12　2010—2019 年 QF II 的持股市值和持有证券数量

注：数据来自 Wind 数据库并手工统计得到。

3.2 现状描述

3.2.1 我国公募证券投资基金的规模变化

图3－13列示了2010—2019年我国公募证券投资基金的数量分布情况。由图3－13可知，自2010年以来我国公募证券投资基金数量呈明显的上升趋势，截至2019年末，公募证券投资基金在我国基金市场上的数量由2010年的704只增加至6544只，较之2010年增长了9倍。其中2019年开放式基金数量为5683只，占比86.84%，封闭式基金数量为861只，占比仅为13.16%。总体而言，开放式基金与封闭式基金的数量均有所增长，但开放式基金在我国基金市场一直占据着较大的优势。

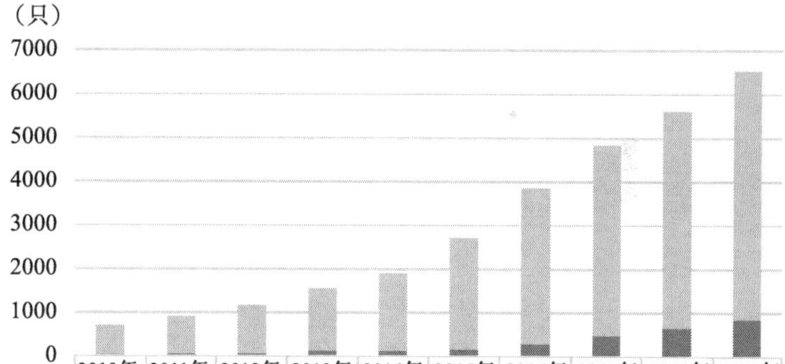

	2010年	2011年	2012年	2013年	2014年	2015年	2016年	2017年	2018年	2019年
开放式基金	665	857	1105	1415	1763	2558	3564	4361	4957	5683
封闭式基金	39	57	68	137	134	164	303	480	669	861

图3－13 2010—2019年我国公募证券投资基金数量走势图

表3－1列示了2010—2019年我国公募证券投资基金市场的总体规模情况。其中封闭式基金的基金份额和资产净值在2010—2013年保持连续增长的态势，但在2014年和2015年均发生跌落

现象，2016年之后则开始大幅增长。截至2019年末，我国封闭式基金的基金份额由2010年的1119.80亿份增加至2019年的15214.30亿份，增长了近14倍。我国封闭式基金的资产净值也由2010年的1299亿元增加至16024.48亿元，增长了12倍。另外，开放式基金的基金份额和资产净值总体则呈连年增长的趋势，截至2019年末，我国开放式基金的基金份额由2010年的22835.53亿份增加至2019年的121723.12亿份，其资产净值也由2010年的23741.86亿元增加至2019年的131648.03亿元。同时还可以看出，开放式基金的基金份额和资产净值在2010—2019年均显著高于封闭式基金，2015年下半年股市衰退的发生也并没有阻挡开放式基金规模扩张的脚步。我国开放式基金具有可随时申购或赎回、管理水平高、投资分散等特点，使其风险大大降低，因而深受广大投资者的青睐，目前开放式基金已然成为我国基金市场的主流产品。

表3-1　2010—2019年我国公募证券投资基金市场的总体规模情况

年度	封闭式基金		开放式基金	
	基金份额（亿份）	资产净值（亿元）	基金份额（亿份）	资产净值（亿元）
2010	1119.80	1299	22835.53	23741.86
2011	1371.32	1234.15	25139.05	20684.4
2012	1424.86	1412.99	30284.09	27248.01
2013	2121.81	2150.84	29058.03	27869.87
2014	1253.71	1363.79	40758.28	43989.82
2015	1669.51	1947.72	75004.59	82024.11
2016	6179.14	6340.11	82249.17	85252.94
2017	5863.27	6097.99	104326.82	109898.87
2018	8706.16	8985.29	120263.35	121361.21
2019	15214.30	16024.48	121723.12	131648.03

注：数据来自中国证券投资基金业协会并手工统计得到。

3.2.2　我国开放式基金的内部结构调整

历经 10 多年的发展，开放式基金总体规模和数量在得到持续增长的同时，其内部结构也在进行不断地调整。如表 3－2 所示，首先从基金资产净值来看，开放式基金中的权益性基金（股票基金和混合基金）与货币基金的资产净值在 2010—2019 年呈此消彼长的趋势。权益型基金的资产净值从 2010—2013 年明显高于货币基金。但从 2014 年开始，货币基金的资产净值开始上升并领先于权益型基金，余下两种基金的资产净值也在波动中实现了提升。其中债券基金的资产净值由 2010 年的 1450 亿元提高至 27661 亿元，QD II 基金的资产净值也由 2010 年的 736 亿元增加至 931 亿元。其次从基金资产净值的占比情况来看，权益型基金的资产净值占比由 2010 年的 81.9% 下降至 2019 年的 21.6%，但货币基金的资产净值占比却由 2010 年的 6.1% 上升至 2019 年的 48.2%。同时债券基金的资产净值占比呈波动上升的趋势，由 2010 年的 5.8% 增加至 2019 年的 18.7%，并且逐渐逼近权益型基金。此外 QD II 基金本身的占比较小，并且由 2010 年的 2.9% 降低至 2019 年的 0.6%，其资产净值占比明显下降。

表 3－2　　　　我国开放式基金的发展趋势

年度	开放式基金投资类型资产净值（亿元）					开放式基金投资类型资产净值占比（%）			
	股票基金	混合基金	货币基金	债券基金	QD II	权益型基金	货币基金	债券基金	QD II
2010	13215	7301	1533	1450	736	81.9	6.1	5.8	2.9
2011	10248	5707	2949	1204	576	72.8	13.5	5.5	2.6
2012	11477	5647	5717	3777	632	59.7	19.9	13.2	2.2
2013	10958	5627	7476	3225	584	55.2	24.9	10.7	1.9
2014	13142	6025	20862	3473	487	42.3	46.0	7.7	1.1
2015	7657	22287	44443	6974	663	35.7	52.9	8.3	0.8

续表

年度	开放式基金投资类型资产净值（亿元）					开放式基金投资类型资产净值占比（%）			
	股票基金	混合基金	货币基金	债券基金	QD II	权益型基金	货币基金	债券基金	QD II
2016	7059	20090	42841	14239	1024	29.6	46.8	15.5	1.1
2017	7602	19378	67357	14647	914	23.3	58.1	12.6	0.8
2018	8245	13604	76178	22629	706	16.8	58.4	17.4	0.5
2019	12993	18893	71171	27661	931	21.6	48.2	18.7	0.6

注：数据来自中国证券投资基金业协会并手工统计得到。

总体而言，开放式基金的内部结构在2010—2019年发生了非常大的变化。期初我国开放式基金市场以权益型基金为主，但货币基金连年保持着较大的增长幅度，自2014年之后便显著领先于开放式基金的其他投资类型。此外，混合基金的资产净值自2015年之后要明显高于股票基金，债券基金的资产净值也在2016年开始超越股票基金，目前已成为开放式基金内部的第二大投资类型。

3.2.3 我国开放式基金的投资结构特征

表3-3列示了我国开放式基金账户的变化情况，由表3-3可知，截至2010年底，我国开放式基金的有效账户数为7495万户，2011年底达到7974万户，同比增长了6.39%，随后在2012年出现一定程度的下滑。但自2013年之后，我国投资者的开户热情大大上涨，开放式基金账户有效数达到了8697万户，较之上年同比增长了13.89%。2015—2019年，我国开放式基金有效账户数则出现大幅的上涨，年均增长率高达45%，截至2019年年底，该数已达到了79341.83万户。同时从投资者的内部构成情况来看，我国开放式基金的投资者结构在现有研究中主要包括两类：个人投资者和机构投资者。当前我国开放式基金有效账户数以个人账户为主，机构账户则较少，并且在这10年间均保持着这一结构特点。截至

2019 年年底，我国开放式基金账户中的个人账户达到 79316.61 万户，同比增长 28.52%；机构账户则有 25.22 万户，同比增长了 100%，达到了 10 年来的最高水平。

图 3－14 展示了 2010—2019 年个人与机构投资者持有基金市值的变化情况。由图 3－14 可知，个人与机构投资者所持有基金的市值在这 10 年间均呈连年增长的趋势。在 2010—2014 年中，个人投资者持有的基金市值显著高于机构投资者。自 2015 年之后，机构投资者所持有的基金市值逐渐赶超个人投资者，现阶段两类投资者持有基金市值的水平基本相当。截至 2019 年年底，个人与机构投资者持有基金市值分别为 71177.68 亿元和 71207.63 亿元。结合表 3－3 可知，我国机构投资者的户均持有基金市值要明显高于个人投资者。

表 3－3　开放式公募基金的账户情况　（单位：万户）

年度	基金有效账户数	个人有效账户数	机构有效账户数
2010	7495	7491	3.49
2011	7974	7968	5.26
2012	7636	7630	5.57
2013	8697	8691	5.38
2014	12742	12735	7.71
2015	18759	18751	7.80
2016	26954.59	26946.09	8.50
2017	41891.60	41880.38	11.23
2018	61728.43	61715.86	12.57
2019	79341.83	79316.61	25.22

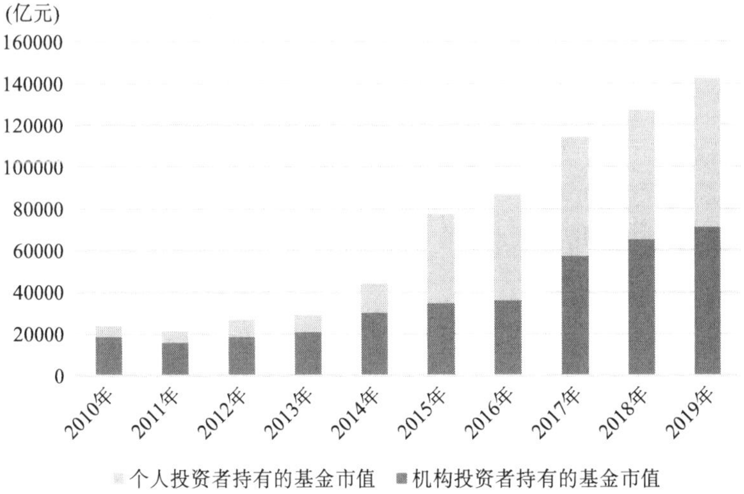

图 3-14　2010—2019 年个人与机构投资者持有的基金市值

注：数据来自中国证券投资基金业协会和中国银河证券基金研究中心并手工统计得到。

综上所述，个人投资者在我国开放式基金市场中占据主要地位，而境外成熟基金市场中则是以机构投资者为主，两者之间存在着较为显著的差别，这在一定程度上不利于我国开放式基金的专业化发展。但伴随着我国资本市场机制的不断完善和纵深改革，开放式基金的投资群体正在持续地发展壮大，其内部投资者结构也在逐渐发生转变，目前已经渐趋机构化。

3.2.4　我国开放式基金与被投资上市公司共享审计师的情况

1. 开放式基金大股东与被投资上市公司共享审计师的年度分布

表 3-4 列示了 2010—2019 年开放式基金大股东与被投资上市公司共享审计师的年度分布情况，共计 62439 个观测值。首先从上市公司的开放式基金大股东数量来看，2010—2013 年呈逐渐下降

趋势，2014年略有所上升，2015年则出现爆发式增长。随后的年份虽有所回落，但上市公司前十大流通股股东中的开放式基金数量仍要多于2015年之前的年份。与之相对应的是，开放式基金大股东与被投资上市公司共享审计师的数量也在2015年达到峰值，以后年份虽有所下降，但共享审计师这一现象较之2015年之前变得相对普遍。整体而言，2010—2019年仅有6.28%的上市公司与其开放式基金大股东共享同一审计师，占比较低。

表3-4　2010—2019年开放式基金大股东与被投资上市公司共享审计师的年度分布

年度	观测数	共享审计师数量	观测数对合计数占比（%）	共享审计师占比（%）
2010	5043	302	8.08	5.99
2011	4956	295	7.94	5.95
2012	4181	330	6.70	7.89
2013	3705	250	5.93	6.75
2014	4473	286	7.16	6.39
2015	13119	719	21.01	5.48
2016	9905	522	15.86	5.27
2017	6782	436	10.86	6.43
2018	4882	339	7.82	6.94
2019	5393	443	8.64	8.21
合计	62439	3922	100	6.28

注：数据资料来自国泰安CSMAR数据库和Wind数据库并手工统计得到。

2. 开放式基金大股东与被投资上市公司共享审计师的行业分布

表3-5列示了2010—2019年开放式基金大股东与被投资上市公司共享审计师的行业分布情况。由表3-3可知，共享审计师这一现象更多地发生在制造业上市公司，但是共享审计师与年度观测数的比值较小，这主要是由于我国制造业上市公司较多导致的。另

外共享审计师还较多发生在水利、环境和公共设施管理业、交通运输、仓储和邮政业和采矿业这三个行业，共享审计师在年度观测数中的占比分别为16%、12.93%和11.10%。而在教育、卫生和社会工作两个行业中，共享审计师在年度观测数中的占比分别为0和1.77%，可以说共享审计师现象在这两个行业中并不常见。除了上述所提及的行业之外，共享审计师在其余行业的分布情况较为均衡。

表3-5　　2010—2019年开放式基金大股东与被投资上市公司共享审计师的行业分布

行业	观测数	共享审计师数量	观测数对合计数占比（%）	共享审计师占比（%）
A	938	35	1.50	3.73
B	1982	220	3.17	11.10
C1	4038	120	6.47	2.97
C2	11026	421	17.66	3.82
C3	23822	1651	38.15	6.93
C4	1201	25	1.92	2.08
D	1664	139	2.66	8.35
E	1758	103	2.82	5.86
F	3099	219	4.96	7.07
G	1470	190	2.35	12.93
H	164	11	0.26	6.71
I	5173	280	8.28	5.41
K	2120	203	3.40	9.58
L	805	47	1.29	5.84
M	672	29	1.08	4.32
N	819	131	1.31	16.00

续表

行业	观测数	共享审计师数量	观测数对合计数占比（%）	共享审计师占比（%）
O	31	3	0.05	9.68
P	88	0	0.14	0.00
Q	226	4	0.36	1.77
R	970	76	1.55	7.84
S	373	15	0.61	4.02
合计	62439	3922	100	6.28

注：数据资料来自国泰安 CSMAR 数据库和 Wind 数据库并手工统计得到。A 农、林、牧、渔服务业；B 采矿业；C 制造业；D 电力、热力、燃气及水生产和供应业；E 建筑业；F 批发和零售业；G 交通运输、仓储和邮政业；H 住宿和餐饮业；I 信息传输、软件和信息技术服务业；K 房地产业；L 租赁和商务服务业；M 科学研究和技术服务业；N 水利、环境和公共设施管理业；O 居民服务、修理和其他服务业；P 教育；Q 卫生和社会工作；R 文化、体育和娱乐业；S 综合。

3. 开放式基金大股东与被投资上市公司共享审计师的分布：按基金大股东特征

表 3－6 列示了 2010—2019 年开放式基金大股东与被投资上市公司共享审计师按年度和开放式基金大股东特征的分布情况。其中开放式基金大股东持股集中度是采用被投资上市公司中开放式基金大股东的持股比例之和来衡量。以开放式基金大股东持股比例之和是否超过当年样本的均值，将样本划分为开放式基金大股东持股集中度高和开放式基金大股东持股集中度低两组。其中高开放式基金大股东持股集中度组的观测数共计 19972 个，而低开放式基金大股东持股集中度组的观测数共计 36227 个，说明我国开放式基金大股东的持股集中度普遍较低。从开放式基金大股东与被投资上市公司共享审计师观测数在当年观测数的占比来看，除 2013 年和 2016 年之外，共享审计师在其余各个年度更多地来自开放式基金大股东持股集中度较低组。

表 3-6　2010—2019 年开放式基金大股东与被投资上市公司共享审计师的分布（按年度和开放式基金大股东特征）

年度	开放式基金大股东持股集中度				开放式基金大股东持股稳定性			
	高		低		高		低	
	观测数	共享审计师占比（%）	观测数	共享审计师占比（%）	观测数	共享审计师占比（%）	观测数	共享审计师占比（%）
2010	2030	4.14	3009	7.24	5043	5.99	0	0
2011	1874	3.52	3079	7.44	1266	5.61	3690	6.07
2012	1599	6.69	2571	8.67	1218	7.96	2963	7.86
2013	1372	7.00	2329	6.61	840	8.69	2865	6.18
2014	1540	4.68	2923	7.32	706	6.94	3767	6.29
2015	3954	4.63	7509	5.87	2192	6.30	10927	5.32
2016	3088	5.44	5681	5.18	3044	5.55	6861	5.15
2017	1574	6.61	3409	7.48	2633	5.75	4149	6.29
2018	1402	4.35	2734	8.19	1540	7.99	3342	6.46
2019	1539	6.17	2983	9.65	1629	9.52	3764	7.65
合计	19972	5.19	36227	7.01	20111	6.72	42328	6.07

注：数据资料来自国泰安 CSMAR 数据库和 Wind 数据库并手工统计得到。

开放式基金大股东持股稳定性则根据每一个开放式基金大股东持股每一家上市公司的持股时间来衡量，通过计算每一个开放式基金大股东在样本期间内（40 个季度）对每一家上市公司从持股到退出前十大流通股股东名单所经历的连续季度数，从而得到每一个开放式基金大股东的持股时间。随后按照开放式基金大股东的持股时间是否超过当年样本均值，将样本划分为高持股稳定性组和低持股稳定性组。其中高持股稳定性组的观测数共计 20111 个，而低持股稳定性组的观测数共计 42328 个，说明我国开放式基金大股东的持股稳定性总体较低。从共享审计师观测数在当年观测数的占比来看，除 2011 年和 2017 年之外，开放式基金大股东与被投资上市公司共享审计师在其余各个年度更普遍存在于开放式基金大股东持股稳定性较高组。

4. 开放式基金大股东与被投资上市公司共享审计师的分布：按上市公司特征

表3-7列示了2010—2019年开放式基金大股东与被投资上市公司共享审计师按年度和被投资上市公司特征的分布情况。

表3-7　2010—2019年开放式基金大股东与被投资上市公司共享审计师的分布（按年度和被投资上市公司特征）

年度	项目	国有产权		股权集中度		市场化程度		盈余管理程度		财务重述		高新技术企业	
		是	否	高	低	高	低	高	低	是	否	是	否
2010	N	2605	2438	2522	2521	2752	2291	1943	1953	599	4444	1279	3764
	%	8.41	3.40	7.53	4.44	5.67	6.37	5.25	6.04	2.84	6.41	6.88	5.67
2011	N	2277	2679	2480	2476	2733	2223	2137	2139	752	4204	1367	3589
	%	8.30	3.96	7.50	4.40	6.00	5.89	5.24	5.75	4.65	6.18	5.41	6.16
2012	N	1817	2364	2091	2090	2160	2021	1882	1905	651	3530	2136	2045
	%	11.39	5.20	10.04	5.74	6.67	9.20	7.28	7.87	5.07	8.41	6.41	9.44
2013	N	1409	2296	1856	1849	2236	1469	1809	1821	609	3096	1446	2259
	%	8.66	5.57	8.03	5.46	6.89	6.54	5.80	7.80	5.91	6.91	7.88	6.02
2014	N	1748	2725	2238	2235	2382	2091	2154	2153	738	3735	1391	3082
	%	8.64	4.95	7.69	5.10	5.46	7.46	5.29	7.80	4.88	6.69	4.74	7.14
2015	N	4225	8894	6571	6548	7072	6047	5923	5926	2464	10655	7285	5834
	%	7.05	4.73	6.35	4.61	4.79	6.28	5.08	6.04	3.73	5.88	5.56	5.38
2016	N	3189	6716	4960	4945	5409	4496	4593	4593	1579	8326	4721	5184
	%	6.55	4.66	5.50	5.04	4.53	6.16	5.14	5.23	4.56	5.40	5.19	5.34
2017	N	2164	4618	3392	3390	3507	3275	2942	2941	1697	5085	3355	3427
	%	9.10	5.18	7.08	5.78	3.68	9.37	5.03	7.85	8.25	5.82	5.42	7.41
2018	N	1578	3304	2442	2440	2620	2262	566	566	2270	2612	2828	2054
	%	8.30	6.30	7.99	5.90	4.24	10.08	10.95	10.07	6.04	7.73	6.44	7.64

续表

年度	项目	国有产权		股权集中度		市场化程度		盈余管理程度		财务重述		高新技术企业	
		是	否	高	低	高	低	高	低	是	否	是	否
2019	N	1707	3686	2699	2694	2859	2534	575	569	700	4693	2678	2715
	%	11.19	6.84	10.23	6.20	4.97	11.88	13.39	11.07	8.29	8.20	8.55	7.88
合计	N	22719	39720	31251	31188	33730	28709	24524	24566	12059	50380	28486	33953
	%	8.42	5.06	7.39	5.18	5.08	7.69	5.68	6.72	5.44	6.48	6.05	6.48

注：数据资料来自国泰安 CSMAR 数据库和 Wind 数据库并手工统计得到。

第一，按照上市公司的产权性质将样本分为国有企业组与非国有企业组。其中国有企业的观测数共计 22719 个，而非国有企业的观测数共计 39720 个，可见样本公司以非国有企业居多，但开放式基金大股东与被投资上市公司共享审计师却更常见于国有企业中。

第二，采用第一大股东持股比例来衡量上市公司的股权集中度，以第一大股东持股比例是否超过当年样本的中位数，将样本划分为高股权集中度组和低股权集中度高。从共享审计师在各年度的分布情况来看，高股权集中度组的共享审计师观测数占比均高于低股权集中度组，共享审计师更多来自高股权集中度的样本公司。

第三，根据上市公司注册地所在省份的市场化指数是否超过当年样本的中位数，将样本划分为高市场化程度组和低市场化程度组。就整体而言，共享审计师较多发生在低市场化程度的地区。特别是在 2014 年及以后年度，低市场化程度组的共享审计师观测数占比均显著高于高市场化程度组，开放式基金大股东与被投资上市公司共享审计师这一现象在低市场化程度的地区更为普遍。

第四，基于修正 Jones 模型计算出样本公司的盈余管理程度，并根据这一变量是否超过当年样本的中位数，将样本划分为高盈余管理程度组和低盈余管理程度组。从共享审计师在各年度的分布情况来看，除 2018 年和 2019 年之外，低盈余管理程度组的共享审计师观测数占比均高于高盈余管理程度组，即存在开放式基金大股东与被投资上市公司共享审计师的样本公司其盈余管理程度较低。

第五，根据样本公司当年的年报是否在以后年度被财务重述进行区分。其中有 12059 个观测数发生了财务重述行为，仅占全部观测数的 19.31%，并且开放式基金大股东与被投资上市公司共享审计师更多存在于未发生财务重述的样本公司中。

第六，根据上市公司在当年度是否通过高新技术企业认定这一标准，将样本区分为高新技术企业组和非高新技术企业组。其中高新技术企业的观测数共计 28486 个，余下的 33953 个观测数均为非高新技术企业，而开放式基金大股东与被投资上市公司共享审计师也较多存在于非高新技术企业中。

5. 开放式基金大股东与被投资上市公司共享审计师的分布：按审计师特征

表 3-8 列示了 2010—2019 年开放式基金大股东与被投资上市公司共享审计师按年度和被投资上市公司特征的分布情况。

表 3-8　2010—2019 年开放式基金大股东与被投资上市公司共享审计师的分布（按年度和审计师特征）

年度	项目	四大		审计师与上市公司同城		审计师与开放式基金大股东同城		审计师与上市公司、开放式基金大股东同城	
		是	否	是	否	是	否	是	否
2010	N	387	4656	1223	3820	1158	3885	245	4798
	%	28.94	4.08	4.33	6.52	7.77	5.46	5.71	6.00
2011	N	337	4619	1140	3816	1282	3674	262	4694
	%	29.08	4.26	4.21	6.47	7.02	5.58	3.82	6.07
2012	N	305	3876	859	3322	1076	3105	232	3949
	%	31.48	6.04	8.50	7.74	8.74	7.60	14.66	7.50
2013	N	262	3443	776	2929	929	2776	204	3501
	%	29.01	5.05	5.80	7.00	7.97	6.34	7.35	6.71

续表

年度	项目	四大		审计师与上市公司同城		审计师与开放式基金大股东同城		审计师与上市公司、开放式基金大股东同城	
		是	否	是	否	是	否	是	否
2014	N	220	4253	877	3596	1169	3304	225	4248
	%	34.09	4.96	4.33	6.90	9.41	5.33	3.56	6.54
2015	N	530	12589	2577	10542	2915	10204	639	12480
	%	30.75	4.42	3.88	5.87	7.89	4.79	4.38	5.54
2016	N	338	9567	1777	8128	2175	7730	438	9467
	%	26.92	4.51	4.84	5.36	8.97	4.23	7.76	5.15
2017	N	326	6456	1212	5570	1530	5252	306	6476
	%	30.06	5.24	3.71	7.02	9.02	5.67	6.21	6.44
2018	N	360	4522	971	3911	974	3908	226	4656
	%	31.67	4.98	5.56	7.29	11.29	5.86	9.73	6.81
2019	N	469	4924	1053	4340	1080	4313	253	5140
	%	30.92	6.05	7.50	8.39	8.61	8.12	7.11	8.27
合计	N	3534	58905	12465	49974	14288	48151	3030	59409
	%	30.22	4.85	4.98	6.61	8.57	5.60	6.67	6.26

注：数据资料来自国泰安 CSMAR 数据库和 Wind 数据库并手工统计得到。

首先，从事务所规模来看，样本公司在 2010—2019 年聘请国际“四大”会计师事务所作为年报审计机构的共计 3534 个观测数，而聘请非国际“四大”会计师事务所作为年报审计机构的共有 58905 个观测数。可以看出我国上市公司更倾向于聘请非国际“四大”会计师事务所，国际“四大”在我国审计市场中所拥有的份额较低，但就各年度共享审计师的分布情况而言，共享审计师的观测在国际“四大”会计师事务所中所占的比重较大。

其次，从审计师与被投资上市公司是否同城来看，本书从样本公司 2010—2019 年的经验数据中共得到 12465 个审计师与被投资上市公司来自同一城市的观测数，以及 49974 个审计师与被投资上市公司来自不同城市的观测数。除了 2012 年之外，共享审计师这一现象在审计师与被投资上市公司来自不同城市的这一组别中更为常见。

再次，从审计师与开放式基金大股东是否同城来看，本书从样本公司 2010—2019 年的经验数据中共得到 14288 个审计师与开放式基金大股东来自同一城市的观测数，以及 48151 个审计师与开放式基金大股东来自不同城市的观测数。与之前明显不同的是，共享审计师在各年度均更多来自审计师与开放式基金大股东同城的组别中。

最后，从审计师与被投资上市公司、开放式基金大股东三者是否同城来看，由于限制条件的增加，本书从样本公司 2010—2019 年的经验数据中仅得到 3030 个审计师与被投资上市公司、开放式基金大股东来自同一城市的观测值，以及 59409 个三者来自不同城市的观测值。其中在 2012 年、2013 年、2016 年和 2018 年，开放式基金大股东与被投资上市公司共享审计师的观测数在三者同城的这一组别中占比较大，其余年度则在三者不同城的组别中发生得更为普遍。

第 4 章

开放式基金大股东共享审计师网络的治理效应：代理成本视角

4.1 引言

公司治理本质上解决的是因现代公司中所有权与经营权相分离所产生的代理问题。根据委托—代理理论，两权分离容易引发两类代理问题，一类是由于股东与管理者之间的目标不一致和信息不对称，管理者试图在已有的治理机制下进行偷懒、在职消费、盈余操纵、帝国建造和操控薪酬等最大化自身效用的行为，而股东希望通过各种激励和约束机制（如业绩薪酬、董事会）来限制管理者的自利行为来最大化自身财富，这就产生了股东与管理者之间的第一类代理冲突（Jensen and Meckling，1976；Bebchuk et al.，2004）。另一方面，金字塔股权结构和交叉持股等导致大股东控制权与现金流权的分离，使大股东可能通过资金占用、关联交易、股权稀释和操纵股价等掏空行为侵害中小股东利益，产生大股东与中小股东之间的第二类代理冲突（Shleifer and Vishny，1997；Claessens et al.，2002）。在我国，大多数上市公司的股权结构以相对集中或高度集中为主要特征，大股东掠夺中小股东利益的动机会更加严重（La Porta et al.，2000；冯根福，2004）。当前我国上市公司的内部治理水平参差不齐，加之外部监管环境较为松散，管理者和大股东的利益侵占行为频频发生，诸如 ST 华泽控股股东关联第三方高额占用资金、金一文化高溢价关联收购、万达集团高管贪腐等违规事件，这些严重损害了广大投资者的切身利益，也反映了代理问题在我国上市公司中依旧十分突出。因此，探讨如何采取更有效的治理机制以降低公司代理成本，对于维护上市公司和资本市场的高质量发展以及保护投资者利益具有重要的理论和现实意义。

在众多解决公司代理问题的治理机制中，机构投资者治理机制的公司治理效应一直是资本市场各方关注的重要话题。虽然根据代理理论，机构投资者在资金、信息和专业等方面具有相当程度的优势，相对于分散的投资者，其能够在参与公司治理中与公司大股东和管理者展开制衡和博弈，能够对代理问题的缓解发挥重要作用（Schmidt and Fahlenbrach，2017）。但是关于机构投资者治理作用的经验证据却呈有效监督、负面监督和无效监督三种不一致的结论（Chen et al.，2010；Jiang and Yuan，2018；李维安、李滨，2008；谭劲松、林雨晨，2016）。对于机构投资者所表现出的治理效应的差异，以往文献基于代理理论、信息不对称理论、管理层权力理论、股权结构理论、信息优势理论等视角进行了广泛的讨论（Aggarwal et al.，2011；Borochin and Yang，2017；Huang and Kang，2017；Janakiraman et al.，2010；孙光国等，2015），但是从社会网络理论视角进行揭示的研究还很不充分。在机构投资者网络关系的研究方面，以往文献对于机构投资者建立在社会属性（如校友、地域）、业务联系（如与投行关系、买卖方关系）和共同投资标的（如股票、债券）等基础上的直接网络关系如何影响其资产配置行为、对高管薪酬提案的意见、持有股票的收益以及决策行为传染等方面进行了探讨（Cohen et al.，2008；Butler and Gurun，2012；Pool et al.，2015；Firth et al.，2013；Pareek，2012），然而很少有研究关注机构投资者与被投资上市公司聘用共同的审计机构所形成的间接网络关系如何影响机构投资者的治理作用这一话题。

以往关于共享审计师研究的结果显示，在供应链关系中，供应商与客户之间共享审计师一方面能够促进审计师的“供应链专长”，使审计师可以更专业地理解供应链审计问题和做出更精准的职业判断；另一方面还可以缓解信息不对称，提高审计质量，进而对财务重述、操纵性应计利润、分析师预测偏差，关系专用性投资、供应商的成本黏性等方面产生影响（Chen et al.，2009；Cai et al.,2019；Dhaliwal et al.，2016；Huang et al.，2014；Johnstone et al.，2014；蔡利等，2018；杨清香等，2015）。在并购过程中，并购公司与目标公司之间共享审计师能够降低并购过程中的不确定性，进而影响并购的业绩承诺、并购公告收益以及并购交易费用等方面（Cai et al.，2016；Chircop et al.，2016；Dhaliwal et al.，2016；武恒光等，2020）。除此之外，关于其他资本市场参与主体之间（如机构投资者与被投资上市公司）共享审计师的经济效应鲜少受到关注。

开放式基金是机构投资者的重要构成部分，近年来在我国呈快速发展趋势，并且其在我国上市公司前十大流通股股东中通常占据重要地位，对上市公司的经营决策和资本市场的健康发展有着至关重要的作用。我国证监会要求，开放式基金同上市公司一样也需要接受外部审计机构的审计并对外披露相关信息。当作为上市公司大股东的开放式基金与被投资上市公司聘用共同审计机构形成共享审计师网络关系时，由于审计师在执行业务的过程中能够通过正式或非正式的审计方法获取关于上市公司经营状况的大量的信息（Cai et al.，2016），因此共享审计师能够为开放式基金大股东参与被投资上市公司的治理行为提供获取信息的便利，同时共享审计师网络关系也强化了审计师与开放式基金大股东之间的业务联系，信息获取的便利以及与审计师业务关系的加强可能影响开放式基金大股东对公司管理者和大股东的监督动机和监督能力（Bushee and Goodman,2007；Jiang，2010；Zhang，2004），并且对同是承担外部监督角色的开放式基金大股东以及审计师的监督行为选择产生作用，进而影响公司代理成本，鉴于此，本章对开放式基金大股东的共享审计师网络关系与公司代理成本的关系进行系统探究。

本章选取2010—2019年沪深两市A股上市公司为研究对象，考察开放式基金大股东与被投资上市公司聘用同一家会计师事务所所形成的共享审计师网络对公司代理成本的影响及作用机理。研究结果表明，开放式基金大股东与被投资上市公司共享审计师能够显著降低公司两类代理成本。作用机制的检验结果显示，开放式基金大股东与被投资上市公司共享审计师对信息不对称有显著的抑制作用，并且能够提高审计质量，说明机构投资者共享审计师网络可以通过这两种机制来缓解被投资上市公司的两类代理冲突。进一步研究发现，开放式基金大股东共享审计师网络对不同产权性质公司的代理冲突的效应存在显著差异，主要表现在对国有企业的第一类代理成本以及非国有企业的第二类代理成本的抑制效果更为明显。此外，开放式基金大股东共享审计师网络对公司代理成本的抑制作用主要存在于股权集中度较低和市场化程度较高的公司。

本章可能的贡献主要体现在以下几个方面：

第一，基于代理理论和社会网络理论，将开放式基金大股东选聘与被投资上市公司共同的审计机构形成的共享审计师网络作为其间接参与公司治理的一种方式，探讨开放式基金大股东这种通过共享审计师网络间接参与公司治理的行为对上市公司双重代理成本的影响及作用机制，有别于以往从机构投资者持股、积极主义、调研等直接参与公司治理的视角研究机构投资者公司治理效应的文献，拓展了机构投资者治理作用以及正式制度与非正式制度联合治理效应方面的研究。

第二，基于开放式基金大股东与被投资上市公司这两种市场参与主体之间共享审计师的视角，对持股关系情境下共享审计师如何影响开放式基金大股东对公司管理者和大股东的监督行为进行深入考察，呈现了区别于以往基于供应链和并购链共享审计师研究的另一种经验证据，并且从代理成本视角深入分析了共享审计师发挥经济效应的机制，丰富了共享审计师方面的文献。

第三，以往文献主要从内部治理机制以及政府、媒体、机构投资者、审计师等外部治理机制的角度对公司代理成本的影响因素进行了探讨，从开放式基金大股东与独立审计师的网络联结这一视角探究其如何影响上市公司的两类代理成本，对公司代理成本的影响因素研究是一种有益补充。

第四，本章的研究结论可以为公司管理者、外部投资者、独立审计师以及政策的制定者和监管者从机构投资者共享审计师网络的视角分析公司两类代理冲突的相关问题，以及更加准确地调整决策行为以促进资本市场的有效性提供经验参考。

4.2 理论分析与研究假设

4.2.1 机构投资者与代理成本

根据委托—代理理论，在现代公司治理中，由于所有权与经营权分离以及控制权与现金流权不一致，股东和管理者之间、大股东和中小股东之间普遍存在着利益和目标冲突，由此催生两类委托—代理问题（Jensen and Meckling，1976；Shleifer and Vishny，1997；Claessens et al.，2002；Bebchuk et al.，2004；Armstrong et al.，2015；Jiang and Kim，2015）。在企业的经营实践中，代理冲突通常会引发公司管理者和大股东为了私人利益而损害其他市场参与者利益的行为，如管理者偷懒、在职消费和盈余管理等，大股东资产占用、关联交易和操纵股价等，给投资者利益保护以及资本市场的健康发展产生了巨大阻碍，为此诸多学者着力从多种内外部治理机制视角对如何缓解代理问题进行了持续的探讨。机构投资者自 20

世纪80年代迅速发展以来一直备受重视，作为介于公司内部人与外部中小股东之间持股规模较大的第三方力量，其在资源、专业、经验等方面具有相当程度的优势，具备与公司管理者和大股东进行博弈实施积极监督的能力（Schmidt and Fahlenbrach，2017），因而被认为是减轻公司代理成本的重要外部监督机制。

关于机构投资者的治理作用，有效监督假说认为，机构投资者相对于分散投资者具有更大的持股规模，因此对于参与公司治理监督公司管理者和大股东更有动力（Hartzell and Starks，2003；Aggarwal et al.，2011），加上其专业优势以及更强的信息获取和解读能力，能够对公司内部人发挥积极的公司治理效应（Borochin and Yang，2017）。一方面，机构投资者对可以通过约束董事会、限制管理者权力和促进完善薪酬契约等方式来抑制公司内部人的自利行为。例如，促进董事会独立性的改善和业绩表现差的CEO变更，限制管理者权力和改善薪酬契约的有效性等（Cheng et al.，2010；Aggarwal et al.，2011；Kempf et al.，2016；谢德仁、黄亮华，2013；韩晴、王华，2014）。另一方面，机构投资者的专业和信息优势能够使其更加了解公司的真实情况，有利于提高对公司风险的容忍度和促进公司创新，并且也有助于其对公司内部人进行更好的监督，从而降低管理者的在职消费、盈余管理等机会主义行为和抑制大股东的关联资金占用等掏空行为，提升公司投融资决策的效率和公司绩效（Jiang et al.，2010；Fang et al.，2015；Brooks et al.,2018；吴先聪等，2016；孙世敏等，2016；李青原、时梦雪，2018）。

无效监督假说和负面监督假说认为，相较于我国“一股独大”的股权结构现状，机构投资者依然存在持股规模较低、持股分散以及持股期间较短等情况，这使机构投资者参与公司治理的积极性和能力会受到影响，导致其“用脚投票”和“搭便车”问题，甚至出现与公司内部人合谋侵占中小股东利益等负面监督的情况

(Ward et al., 2018), 例如, 被动型机构投资者持股的增加会促进公司的 CEO 权力增长, 以及抑制新的独立董事进入董事会, 从而给公司带来了更高的代理成本 (Schmidt and Fahlenbrach, 2017; 李胜楠等, 2015)。类似地, 短期机构投资者的交易威胁反而会加重管理者为满足短期业绩目标而牺牲公司的长期价值的短视行为 (Matsumoto, 2002; Gaspar et al., 2005)。还有学者发现, 受持股比例及持股动机的影响, 机构投资者持股并不总是会降低管理层的盈余管理水平和财务错报发生的可能性, 甚至还起到"推波助澜"的作用 (Chen et al., 2010; Jiang and Kim, 2015; 吴晓晖等, 2019; 刘新争、高闯, 2021)。

综上所述, 以往基于代理理论和信息不对称理论、管理层权力理论、股权结构理论以及信息优势理论等视角的研究发现, 机构投资者不同的参与动机、参与方式和作用途径等会对其治理作用产生不同的影响, 这些研究主要讨论了机构投资者持股、积极主义、调研等直接参与方式的治理效应, 对机构投资者间接参与公司治理效应的揭示并不充分。我国是典型的关系型社会, 作为一种非正式制度, 社会网络关系对机构投资者的行为具有重要的作用, 例如, 机构投资者的校友关系、地域关系、业务关系和共同投资标的关系等对其资产配置、反对高管薪酬提案、持有股票收益和行为传染等具有显著的效应 (Cohen et al., 2008; Butler and Gurun, 2012; Pool et al., 2015; Reuter, 2006; Firth et al., 2013; Pareek, 2012)。机构投资者选聘与被投资上市公司共同的审计机构, 可以看作其通过共享审计师网络关系间接参与公司治理的一种方式, 以往研究对这种情境下机构投资者的治理效应较少探究, 因此从这一视角深入考察机构投资者共享审计师网络对公司代理成本的影响具有意义。

4.2.2 共享审计师与公司治理

审计师作为一种外部治理机制具有重要的经济价值。审计师在对被审计客户执行审计业务的过程中，可以通过正式的审计程序以及非正式的审计方法（如与管理层交流、参加董事会会议等）获取关于被审计客户真实经营情况的大量信息（Cai et al.，2016），这可以对公司管理者和大股东形成一种直接的威慑，同时也有助于降低公司内部人与外部人之间的信息不对称和提高会计信息质量，从而抑制管理者借助信息优势进行利润操纵或财务报告造假等自利行为（Piot，2001；Ghanbari et al.，2018；余玉苗，2001），以及削弱大股东资金占用等侵占中小股东利益的掏空行为（周中胜、陈汉文，2006；吕伟、林昭呈，2007）。然而，审计师监督的有效性受制于审计质量的高低，从审计需求来看，代理成本高的公司缺乏聘请高质量审计师的动机（周中胜、陈汉文，2006）；从审计供给来看，现代审计实质上也是一种委托—代理关系，审计信息的不对称问题依旧存在，审计师在执业过程中的独立性和执业质量难以得到充分保证，因此从更多角度深入分析审计师制度在资本市场中的作用很有必要。

近年来，基于社会网络理论，从共享审计师视角探讨审计师作用的研究频频出现，这些文献分别围绕着供应链关系、并购链关系以及信贷关系中的共享审计师，并且主要从知识溢出效应和信息中介效应两个角度进行了研究。例如，客户与供应商共享审计师能够促进审计师掌握二者之间往返销售、售后回购等关键信息和相关隐性信息，提升审计师的“供应链专长”，加强其在执业过程中对专业审计问题的理解并且提升其审计判断的准确性，从而降低财务错报的可能性和操纵性应计利润（Chen et al.，2009；Huang et al.，2014；Johnstone et al.，2014；杨清香等，2015）。类似地，银行与信贷客户共享审计师可以促进银行设计出更加精确的贷款损失条款（Ton，2015）。此外，共享审计师的信息获取优势及其所产生的信息流动，能够在审计师联结单位之间充当非正式的信息传递渠道，有助于减轻信息不对称，提高审计师执行审计程序的有效性和强化审计质量，从而提高分析师预测准确性和关系专用性投资，以及影响供应商管理者预期的准确性及其成本黏性（Dhaliwal et al.，2016；Cai et al.，2019；蔡利等，2018）；并且有助于降低并购过程中的不确定性，降低交易费用、提高并购公告收益和并购交易的完成率，以及抑制并购业绩承诺运用的可能性和促进业绩承诺可靠性的提高（Cai et al.，2016；Chircop et al.，2016；Dhaliwal et al.，2016；武恒光等，2020）。

总的来看，现有文献主要是基于知识溢出和信息共享两大视角出发，探讨了共享审计师在供应链关系、并购链关系以及信贷链关系等领域所产生的治理后果，除此以外，对其他资本市场参与主体之间共享审计师的行为关注较少。大股东与被投资上市公司之间的持股关系对上市公司的稳定经营和资本市场的健康发展有着重要影响，当大股东与被投资上市公司共享审计师时将会产生怎样的经济效果，目前此类问题逐渐引起少数学者的关注（张宏亮等，2021），但是关于持股关系情境下共享审计师的更多经济后果及作用机制的揭示还很不充分。因此，基于代理成本视角进一步深入探讨具有持股关系的开放式基金大股东与被投资上市公司之间共享审计师的经济效应很有必要。

4.2.3 机构投资者共享审计师网络与代理成本

现有研究表明，自利的管理者有动机通过策略性财务报告或选择性披露来影响股票价格并获取短期利益（Healy and Wahlen，1999；Healy and Palepu，2001）。尤其是上市公司管理者的薪酬通常与其业绩表现直接挂钩，为避免亏损或实现业绩预期，管理者往往具有很强的动机通过实施机会主义行为来实现自身效用最大化（唐松、孙铮，2014）。另外，高度集中的股权结构使第二类代理问题在我国上市公司中较为突出，大股东基于手中掌握的控制权，可通过资金占用（Jiang et al.，2010）、关联交易（Jian and Wong，

2010；佟岩、王化成，2007）、违规担保（Johnson et al.，2000）等“掏空”手段侵占中小股东利益，为掩盖其丑行，控股股东往往采用操纵盈余、干预信息披露等与管理者合谋的方式，进一步加重了双重代理问题（吴先聪等，2020）。审计师作为一项重要的外部治理机制，对上市公司的经营活动进行监督是其基本职能的重要体现。

根据审计师作用的代理理论和信息理论，审计师在对上市公司执行审计业务的过程中，要对被审计客户的财务报告信息进行审核和揭弊查错，即对代理人的努力成效提供独立鉴证，从而对代理人行为形成监督（Lennox，2005；Fan and Wong，2005）。同时，审计师通过正式的审计程序以及与管理层的交流等非正式审计方法能够获取关于上市公司真实经营情况的大量信息（Cai et al.，2016），有助于提高财务报告信息质量和减缓公司内部人与外部人之间的信息不对称，从而对代理成本产生影响。但审计师对代理问题约束力取决于其审计质量，高质量的审计服务更能保证监督的有效性。然而现代审计在本质上也是一种委托—代理关系，相较于公司内部人而言，审计师依然面临着信息不对称问题，因此探寻更多增量信息是审计师保障执业质量的关键。

根据中国证监会的要求，与其他上市公司一样，开放式基金也需要接受外部审计机构的审计并定期披露相关信息。由于契约各方决策动机的差异，加上我国审计市场供需状况的不均衡，作为上市公司大股东的开放式基金与被投资上市公司很可能出现聘用共同审计机构的现象，即形成共享审计师网络关系。共享审计师有潜力成为开放式基金大股东与被投资上市公司之间信息流动的有效途径，与此同时，审计师与开放式基金大股东之间也会因共享审计师网络产生更加紧密的业务联系，信息不对称和业务联系是影响机构投资者和审计师行为的重要因素（Guan et al.，2015；Francis and Wang，2021），因此在这些方面发生变化的情形下，作为承担外部监督角色的开放式基金大股东和审计师，他们的监督动机以及监督能力也会发生改变，进而影响其参与公司治理的具体情形以及公司内部人的代理成本。具体来看：

第一，共享审计师强大的信息获取能力及所产生的信息流动能够促进开放式基金大股东和审计师的监督和合作，提升对公司内部人的监督效力。首先，对于开放式基金大股东来说，作为介于公司内部管理者和控股股东与外部小股东之间持股规模较大的非控股股东，往往属于较为稳定的机构投资者，其在“价值投资”的理念下通常更为注重公司的长期发展而非短期绩效的波动，为了保证自身所享有的投资收益，他们有监督公司内部管理者和控股股东的动机（Borochin and Yang，2017）。其次，由于具备资源、信息和专业优势，开放式基金大股东也有能力发挥积极的监督作用。在开放式基金大股东与被投资上市公司共享审计师的情况下，共享审计师在对二者的审计执业过程中能够获取关于被投资上市公司真实经营情况的更多信息（Cai et al.，2016）。再次，作为共享审计师的被审计客户，开放式基金大股东在共享审计师网络内与共享审计师的频繁互动，可以对这些信息实现共享，从而便利其监督行为。最后，具有监督动机的开放式基金大股东也可以通过共享审计师网络向审计师施加压力，使其更为注重保持独立性和提高审计质量。可见，共享审计师为促进开放式基金大股东与审计师合作发挥更强大的治理效力提供了一条非正式渠道，被投资上市公司的管理者和控股股东进行自利行为将会面临更高的边际成本，因此会相应约束不当行为，双重代理成本降低。

第二，对于审计师来说，其对上市公司财务报告的审计行为本质上是为相关经济活动和经济事项的认定进行审核和评估，以及发现和报告其中存在的错报和违法行为（Watts and Zimmerman，1981），在这一过程中，信息获取对其保持审计质量至关重要。以往文献显示，基金股东这类专业机构投资者在信息处理和挖掘方面拥有明显优势，并且由于同时持股多家公司，其能够获得包括宏观经济和行业层面的更多信息（Chen et al.，2020）。在开放式基金大股东和被投资上市公司共享审计师的情况下，审计师能通过开放式基金大股东获得有关上市公司的更多增量信息，通过信息整合和相互印证（杨清香等，2015），可以有效缓解其与上市公司之间的信息不对称，有助于其及时发现财务报告中的舞弊和错报，进而更有效地控制审计风险和执行审计程序，提高审计质量。另外，同时审计开放式基金大股东和被投资上市公司，审计师会面临来自双方更大的潜在诉讼风险，并且共享审计师现象也会受到市场上利益相关方的更多关注，引起更加严格和更为广泛的外部监督（Cai et al.，2016），从而导致审计师不得不提高自身的独立性和审计质量。因此，共享审计师作为重要的信息中介及其本身的信号效应，能够缓解资本市场上的信息不对称和引发其他外部监督力量的关注，促进对公司管理者和大股东代理行为的监督，从而降低两类代理成本。

第三，共享审计师网络强化了开放式基金大股东与审计师的业务关系，其信息获取能力及所产生的信息流动可以为开放式基金大股东和审计师谋取私人利益提供便利的途径，降低对公司内部人的监督效力。相对于我国“一股独大”的股权结构问题，机构投资者在持股规模、持股集中度和持股期间等方面依然处于弱势，这会削弱机构投资者参与公司治理的积极性，甚至导致其为了确保自身利益与公司内部人合谋侵占中小股东利益等情况（Ward et al.，2018）。特别是审计师的报告决策能够给上市公司股价带来显著的影响，一旦被出具非标准的审计意见，上市公司的股票价格通常会发生较大波动（Chow and Rice，1982；Chen et al.，2016），开放式基金大股东也会因此承担巨大的经济损失。显然，在与被投资上市公司共享审计师的情况下，共享审计师网络以及因此所产生的更多信息和信息流动，可以为开放式基金大股东干涉审计师的报告决策提供一条更加有效和便利的途径，为了避免非标准审计意见给其私人利益带来的不利影响，开放式基金大股东可能会向共享审计师施压以寻求有利的审计意见，干扰审计师的独立性，甚至会出现开放式基金大股东鼓励审计师共同与公司管理者和大股东合谋来满足各自的利益目标的情况，从而加重公司管理者和大股东的代理问题。

第四，从审计师的角度来看，共享审计师网络关系使审计师与开放式基金大股东之间的业务关系更加紧密，在这种一定程度的利益绑定的情形下，除非所面临的审计风险很高，审计师一般不会主动的失去其现有的审计客户（Mai et al.，2012）。因此当同时审计开放式基金大股东与被投资上市公司时，在开放式基金大股东为了一定的利益诉求向其适当施压的情况下，在审计风险可控的范围内，为了维持其审计市场份额，共享审计师可能会选择“顺从”开放式基金大股东的要求而出具支持性的审计意见，审计师的独立性遭到严重破坏，开放式基金大股东和审计师的监督流于形式，这种情况实质上又会进一步鼓励上市公司管理者和大股东的自利行为，导致代理成本更高。

综上所述，共享审计师的信息获取优势及所带来的信息流动，能够促进开放式基金大股东和审计师各自加强对被投资上市公司管理者和大股东的监督效力，同时也有利于二者之间的监督合作，最终能够抑制公司管理者和大股东的代理成本。但也存在另一种情况，共享审计师网络加强了开放式基金大股东与审计师之间的业务关系，并且能为开放式基金大股东和审计师谋取私人利益提供一条更为便利的途径，从而加重公司管理者和大股东的代理问题。基于上述分析，本书提出竞争性假设：

H4－1a：开放式基金大股东与被投资上市同时共享审计师能够显著降低公司第一类代理成本和第二类代理成本。

H4－1b：开放式基金大股东与被投资上市同时共享审计师能够显著提高公司第一类代理成本和第二类代理成本。

4.3 研究设计

4.3.1 研究样本

本书选取2010—2019年我国沪深两市A股上市公司作为研究对象，由于我国证券投资基金自2010年开始呈较为稳定发展态势，为控制宏观层面因素的影响，样本起始年为2010年，并对样本进行如下处理：①考虑到金融、保险行业财务数据计算的特殊性，因此剔除金融、保险行业的上市公司；②考虑特别处理公司的会计数据调整可能会影响研究结论的可靠性，剔除ST、*ST、PT及退市整理上市公司；③刚上市的公司当年信息披露缺乏完整性，且可能为迎合上市需求进行过处理，故剔除当年上市的公司数据；④对数据缺失的样本予以剔除；⑤为降低异常值的影响，对所有连续变量在1%和99%分位进行了Winsorize处理。最终共得到10815个公司—年度观测值。其中内部控制质量来自迪博内部控制与风险管理数据库（DIB），开放式基金股东的审计机构数据来自万得数据库（Wind），并通过手工收集共享审计师数据，其余财务数据均来自国泰安数据库（CSMAR），数据处理与分析采用Stata 16完成。

4.3.2 模型与变量

为检验开放式基金大股东共享审计师网络对公司代理成本的影响，构建如下模型（4-1）：

$$Cost_{i,t} = \alpha_0 + \alpha_1 Shau_{i,t} + \sum \alpha_k Controls_{i,t} + \sum Industry + \sum Year + \varepsilon_{i,t} \quad (4-1)$$

被解释变量为公司代理成本，包括管理者代理成本（第一类代理成本，Cost1）和大股东代理成本（第二类代理成本，Cost2）。借鉴 Ang et al.（2000）、罗明琦（2014）和姜付秀（2015）的研究，以总资产周转率衡量管理者代理成本。总资产周转率可以代表管理层运用股东财产创造收入的能力，侧面反映管理层的努力程度及其管理效率（李寿喜，2007；古志辉，2015）。因此，总资产周转率越高，管理层与股东间的第一类代理成本就越低。另外，采用关联交易总额占总资产的比值（行业调整后）来衡量大股东代理成本。关联交易和资金占用是大股东侵占多数中小股东财富的主要手段，但自 2003 年以后我国相关监管部门开始着力加强对大股东资金占用行为的遏制，直接的资金占用已不再适合被用来衡量大股东私利行为（姜付秀，2015）。因此，这里利用上市公司当年度所进行的关联交易衡量大股东的私利行为。关联交易总额占总资产的比率越大，大股东与中小股东间的第二类代理成本就越高。

解释变量为共享审计师（Shau）。借鉴 Cai et al.（2016）和杨清香等（2015）的研究，如果上市公司与其任一开放式基金大股东聘任的会计师事务所是相同的，则定义为开放式基金大股东与被投资上市公司共享审计师，并且赋值为 1，否则赋值为 0。除非特别指出，这里的共享审计师是指聘用相同的会计师事务所，而开放式基金大股东是指上市公司的前十大流通股股东中的开放式基金大股东。

参照严若森、叶云龙（2017）、陈克兢（2019）的研究，设定的控制变量包括企业规模（Size）、财务杠杆（Lev）、总资产净利率（Roa）、经营活动现金流（Cash）、固定资产比例（PPE）、企业成长（Growth）、股权集中度（Top1）、机构投资者持股（Inssh）、内部控制质量（IC）、董事会规模（Bod）、独董比例（Indep）、两职兼任情况（Dual）、企业年龄（Age）、事务所规模（Big10）、产权性质（Soe），同时控制了年份（Year）和行业（Industry）固定效应。变量界定见表 4 - 1。

表4－1　　变量定义

变量类型	变量名称	变量代码	定义及说明
被解释变量	第一类代理成本	Cost1	总资产周转率
	第二类代理成本	Cost2	所有关联交易合计/总资产（行业调整后）
解释变量	共享审计师	Shau	当上市公司与其开放式基金股东聘任的会计师事务所有一家是相同的，则取值为1，否则为0
控制变量	企业规模	Size	总资产的自然对数
	财务杠杆	Lev	总负债/总资产
	资产收益率	Roa	净利润/总资产
	经营活动现金流	Cash	经营活动产生的现金流量净额/主营业务收入
	固定资产比例	PPE	固定资产/总资产
	企业成长	Growth	主营业务收入增长率
	股权集中度	Big	第一大股东持股比例
	机构投资者持股	Inssh	机构投资者持股比例
	内部控制质量	IC	内部控制指数/100
	董事会规模	Bod	董事会人数
	独董比例	Indep	独董人数/董事会人数
	两职兼任情况	Dual	若董事长与总经理两职由一人担任，则取值为1，否则为0
	企业年龄	Age	上市年限
	事务所规模	Big10	若上市公司由国内“十大”审计时，取值为1，否则为0
	产权性质	Soe	若控制权为国有设为1，否则为0
	年份	Year	年份虚拟变量
	行业	Industry	行业虚拟变量

4.4 实证结果与分析

4.4.1 描述性统计与单变量分析

表4-2报告了主要变量的描述性统计结果。由表4-2可知，样本公司的总资产周转率（即管理者代理成本Cost1）的均值为0.652，最小值为0.092，最大值为2.437。经行业调整后的关联交易总额占总资产比重（即大股东代理成本Cost2）的均值为0.336，最小值为-1.081，最大值达6.871，这表明我国上市公司中的双重代理成本存在较大差异。开放式基金大股东共享审计师（Shau）的均值为0.055，表明大约有5.5%的上市公司与其开放式基金大股东在当年度聘任相同的会计师事务所。其他控制变量的描述结果与以往研究基本一致。单变量检验结果显示，与开放式基金大股东共享审计师的样本公司管理者代理成本的均值（0.738）明显高于不与开放式基金大股东共享审计师的样本公司，并且与开放式基金大股东共享审计师的样本公司大股东代理成本的均值（0.239）明显低于不与开放式基金大股东共享审计师的样本公司，均值差异T检验分别在1%和5%的水平上显著，初步验证了H4-1a。

表4-2　　描述性统计结果

变量	数量	均值	中位数	标准差	最小值	最大值	均值(Shau=0) N=10217	均值(Shau=1) N=598	均值差异T检验
Cost1	10815	0.652	0.548	0.434	0.092	2.437	0.647	0.738	-4.949***
Cost2	10815	0.336	0.000	1.087	-1.081	6.871	0.342	0.239	2.248**
Shau	10815	0.055	0.000	0.229	0.000	1.000	0.000	1.000	

续表

变量	数量	均值	中位数	标准差	最小值	最大值	均值 (Shau = 0) N = 10217	均值 (Shau = 1) N = 598	均值差异 T检验
Size	10815	22.427	22.240	1.277	20.084	26.181	22.373	23.351	-18.500***
Lev	10815	0.437	0.434	0.203	0.054	0.864	0.434	0.496	-7.293***
Roa	10815	0.049	0.043	0.049	-0.153	0.197	0.049	0.052	-1.727*
Cash	10815	0.100	0.087	0.176	-0.553	0.703	0.100	0.111	-1.540
PPE	10815	0.226	0.192	0.166	0.002	0.710	0.226	0.225	0.201
Growth	10815	0.209	0.136	0.406	-0.488	2.673	0.210	0.193	0.959
Top1	10815	0.371	0.356	0.151	0.092	0.757	0.368	0.414	-7.265***
Inssh	10815	0.493	0.532	0.241	0.011	0.913	0.485	0.630	-14.488***
IC	10815	6.685	6.830	1.093	0.000	8.982	6.672	6.916	-5.320***
Bod	10815	2.156	2.197	0.196	1.609	2.708	2.154	2.193	-4.801***
Indep	10815	0.374	0.333	0.054	0.333	0.571	0.373	0.378	-1.862*
Dual	10815	0.235	0.000	0.424	0.000	1.000	0.239	0.174	3.639***
Soe	10815	0.446	0.000	0.497	0.000	1.000	0.438	0.587	-7.129***
Big10	10815	0.561	1.000	0.496	0.000	1.000	0.543	0.880	-16.332***
Age	10815	2.162	2.303	0.751	0.693	3.258	2.152	2.341	-6.009***

注：***、**和*分别表示1%、5%和10%的显著性水平。变量定义参见表4-1。

4.4.2 基本回归分析

表4-3报告了共享审计师与公司双重代理成本的回归结果。从表4-3可以看到，在4-3第（1）列中，被解释变量为总资产周转率衡量的第一类代理成本（Cost1），解释变量开放式基金大股东共享审计师（Shau）的回归系数为0.032，且在10%的水平上显著。在4-3第（2）列中，被解释变量采用经行业调整后的关联交易总额占总资产比值来衡量第二类代理成本（Cost2），解释变量

开放式基金大股东共享审计师（Shau）的回归系数为 -0.115，且在1%的水平上显著。这些结果表明，与开放式基金大股东共享审计师所带来的信息优势和网络内的信息流动能够促进开放式基金大股东和审计师对公司管理者和大股东的监督，显著促进了公司管理层的努力程度和管理效率的提高，并且有效减少了大股东利用关联交易攫取私利的行为，从而缓解了公司第一类代理问题和第二类代理问题，两类代理成本得以降低。回归结果支持 H4-1a。

表 4-3　开放式基金大股东共享审计师与公司代理成本的回归结果

变量	(1)	(2)
	Cost1	Cost2
Shau	0.032*	-0.115***
	(1.92)	(-3.13)
Size	-0.023***	-0.042***
	(-5.25)	(-3.25)
Lev	0.597***	0.706***
	(21.96)	(8.48)
Roa	1.958***	-3.055***
	(18.70)	(-9.90)
Cash	-0.360***	0.042
	(-15.96)	(0.33)
PPE	0.057**	-0.093
	(2.17)	(-1.17)
Growth	0.030***	0.046
	(2.87)	(1.32)
Top1	0.201***	-0.013
	(7.08)	(-0.16)
Inssh	0.102***	0.128**
	(5.68)	(2.48)

续表

变量	(1)	(2)
	Cost1	Cost2
IC	0.026*** (5.85)	-0.069*** (-5.17)
Bod	-0.062*** (-2.65)	0.022 (0.35)
Indep	-0.182** (-2.44)	0.121 (0.57)
Dual	-0.028*** (-3.48)	0.039 (1.58)
Soe	0.030*** (3.21)	-0.139*** (-4.79)
Big10	0.010 (1.34)	0.020 (0.94)
Age	0.038*** (6.42)	0.221*** (12.42)
_cons	0.600*** (5.93)	0.968*** (3.33)
Year	控制	控制
Industry	控制	控制
N	10815	10815
Adj_R2	0.347	0.092

注：***、** 和 * 分别表示在 1%、5% 和 10% 的显著性水平。变量定义参见表 4-1。回归标准误经过公司水平群调整。

4.4.3　作用机制检验

为了更好地理解开放式基金大股东共享审计师对公司代理成本的作用机制，沿用基本模型（4-1），进一步实证检验了开放式基金大股东共享审计师对信息不对称性和审计质量的影响，以强化上述的理论推测。

1. 信息不对称性

委托—代理关系和信息不对称是代理问题产生的关键因素，在现代公司治理中，当公司经理人或大股东利用自身所掌握的信息优势攫取私利而使其他投资者利益受损时，便会产生严重的代理冲突，可以说，信息不对称性的大小在一定程度上决定了上市公司代理问题的严重程度（Jensen and Meckling，1976；罗进辉，2012）。结合前文理论推测可知，当开放式基金大股东与被投资上市公司共享审计师时，共享审计师可以借助共享审计师网络从开放式基金大股东处获得与上市公司真实经营情况有关的增量信息，这能有效降低审计师与被审计单位之间的信息不对称程度，有利于审计师及时发现财务报表粉饰和造假行为，从而提高审计质量。同时，共享审计师网络内的信息流动也有助于开放式基金大股东更加了解持股上市公司和共享审计师的实际情况，促进开放式基金大股东的监督行为，并且具有监督动机的开放式基金大股东也可以借助共享审计师网络向审计师施压促进二者的监督合理，这些有助于约束公司内部人的会计信息产出等相关的自利行为，同时也会进一步缓解上市公司与外部利益相关者的信息不对称和促进外部相关利益者对公司内部人的监督。因此预期，开放式基金大股东共享审计师可以有效缓解信息不对称程度，进而降低公司双重代理成本。为证明上述分析，构建模型（4－2）来检验开放式基金大股东共享审计师与信息不对称程度的关系：

$$ILL_{i,t} = \alpha_0 + \alpha_1 Shau_{i,t} + \sum \alpha_k Controls_{i,t} + \sum Industry + \sum Year + \varepsilon_{i,t} \tag{4-2}$$

参照 Amihud（2002）、李莉等（2014）的研究，选用非流动性指标作为信息不对称（ILL）的代理变量。采用股票非流动性指标（ILL）作为信息不对称程度的代理变量，经济含义是单一交易量所带来的股价反应。具体计算是：首先用剔除现金红利再投资的股票日回报率的绝对值除以当日股票交易量；然后对该比例进行年度加总，再除以当年的交易天数；最后取自然对数。控制变量与模型（4-1）一致。

回归结果如表4-4第（1）列所示，开放式基金大股东共享审计师（Shau）对信息不对称性（ILL）的回归系数在5%的水平上显著为负，结果支持了上述推论，即开放式基金股东共享审计师所带来的信息优势和网络内的信息流动降低了信息不对称性，从而可以缓解公司的管理者和大股东代理问题。

2. 审计质量

高质量的审计服务现已被广泛认为是缓解委托代理问题的有效监督机制。一方面，高质量的审计除了为财务报表真实可靠性提供合理保证外，在审计执业的过程中对诸如公司治理运行、内部控制有效性、经营风险等信息的处理也会更加谨慎，这些都将有助于审计师发现公司管理层或大股东所隐藏的财务及非财务信息，并促进被审计单位内部建立健全更完善的监督治理机制（Jiang et al.，2019；蔡春等，2021），因此有助于压缩管理层或大股东的盈余操纵等自利空间。另一方面，高质量的审计结果最后也会以审计意见形式对外公布，不利审计意见会给公司股价造成严重的不利影响（Chen et al.，2000），因此为避免被出具非标准审计意见，公司内部人会更为谨慎对待财务会计信息，管理层和大股东也会相应约束自身的不当行为。开放式基金大股东共享审计师所带来的信息优势以及网络内的信息流动，能够帮助审计师从更多途径获取关于上市公司实际经营状况的大量信息，改善审计师与上市公司之间的信息不对称，促进审计师独立性和审计质量的提高，进而可以缓解公司管理者和大股东的代理问题和降低代理成本。为证明上述推论，构建模型（4-3）来验证开放式基金大股东共享审计师与审计质量的关系：

$$DA/RESTATE_{i,t} = \alpha_0 + \alpha_1 Shau_{i,t} + \sum \alpha_k Controls_{i,t} + \sum Industry + \sum Year + \varepsilon_{i,t} \quad (4-3)$$

参照 Cai et al.（2016）和杨清香等（2015）的研究，分别采用盈余管理程度（DA）及财务报表重述（Restate）作为审计质量的代理变量。其中，盈余管理程度（DA）计算是采用修正 Jones 模型进行分年度分行业回归，以回归残差的绝对值来反映企业盈余管理程度。而财务报表重述（Restate）则为虚拟变量，若上市公司当年发生财务重述，则赋值 1，否则赋值为 0。控制变量与模型（4-1）一致。

回归结果如表 4-4 第（2）列所示，开放式基金大股东共享审计师（Shau）对盈余管理程度（DA）、财务报表重述（Restate）的回归系数分别是 -0.039 和 -0.294，并且均在 5% 的水平上显著，结果支持了上述推论，上市公司与其开放式基金股东共享审计师同时降低了盈余管理程度和财务报表重述，即开放式基金大股东共享审计提高了审计师的审计质量，因此可以降低公司两的类代理成本。

表 4-4　开放式基金大股东共享审计师与信息不对称性、审计质量的回归结果

变量	(1)	(2)	
	ILL	DA	Restate
Shau	-0.003**	-0.039**	-0.294**
	(-2.17)	(-2.21)	(-2.19)
Size	-0.016***	0.003	-0.096***
	(-39.82)	(0.33)	(-2.91)
Lev	0.010***	-0.016	0.456**
	(3.85)	(-0.56)	(2.31)

续表

变量	(1)	(2)	
	ILL	DA	Restate
Roa	-0.141*** (-14.64)	-0.463** (-2.05)	-0.854 (-1.24)
Cash	-0.001 (-0.33)	-0.009 (-0.13)	-0.451** (-2.49)
PPE	0.003 (1.41)	-0.074*** (-2.78)	-0.121 (-0.59)
Growth	0.006*** (4.81)	0.327*** (2.66)	0.262*** (4.20)
Top1	0.029*** (9.61)	0.127 (1.05)	0.004 (0.02)
Inssh	0.009*** (4.14)	0.024 (1.06)	-0.136 (-0.91)
IC	0.001*** (4.27)	-0.008 (-1.16)	-0.163*** (-7.25)
Bod	-0.006*** (-2.89)	-0.005 (-0.24)	0.280 (1.64)
Indep	-0.012* (-1.67)	-0.206 (-1.23)	0.621 (1.07)
Dual	0.002* (1.95)	0.006 (0.21)	0.113* (1.77)
Soe	-0.003*** (-3.70)	-0.054* (-1.87)	-0.201*** (-2.88)
Big10	0.001** (1.98)	0.013 (0.68)	-0.113** (-2.08)
Age	-0.006*** (-10.48)	0.018** (2.34)	0.183*** (4.04)

续表

变量	(1)	(2)	
	ILL	DA	Restate
_cons	0.383*** (41.89)	-0.007 (-0.05)	0.286 (0.38)
Year	控制	控制	控制
Industry	控制	控制	控制
N	10814	9073	10815
Adj_R2 /Pseudo R2	0.374	0.047	0.0745

注：***、**和*分别表示在1%、5%和10%的显著性水平。变量定义参见表4-1。回归标准误经过公司水平群调整。

4.5 稳健性测试

4.5.1 工具变量法

上市公司内部人可能会为了便于开展机会主义行为而对其审计师聘用决策做出调整，因此开放式基金大股东共享审计师网络对公司代理成本的抑制作用可能存在内生性问题，这里采用工具变量法来解决。为缓解开放式基金大股东共享审计师与公司代理成本之间的潜在内生性问题，借鉴张瑞君、徐鑫（2017）的做法，选取相同年度相同行业其他上市公司与开放式基金大股东共享审计师的均值（Mean1）和相同年度相同地区其他上市公司与其开放式基金大股东共享审计师的均值（Mean2）作为工具变量。同行业或同地区上市公司的市场竞争环境相似，相互之间容易产生模仿行为（万良勇等，2016），同年度同行业或同年度同地区其他上市公司选聘审计师的行为可能会影响所观测公司的审计师聘用决策，但无证据显示同年度同行业或同年度同地区其他上市公司的审计师聘用决策会影响所观测公司的代理成本。上述两个工具变量均通过了弱工具变量和过度识别检验。

本书同时采取2SLS、LIML、GMM三种工具变量法回归，结果列示于表4-5。Panel A（第一阶段）的结果显示，工具变量Mean1的系数在1%的水平上显著为正，工具变量Mean2的系数在1%的水平上显著为负，说明工具变量对共享审计师（Shau）的解释力较好。Panel B（第二阶段）的结果显示，在三种工具变量法下，共享审计师（Shau）与第一类代理成本（Cost1）的回归系数均在1%的水平上显著为正，并且与第二类代理成本（Cost2）的回归系数均在5%的水平上显著为负。上述结果说明在控制了内生性问题后，开放式基金大股东共享审计师依然能够显著降低公司管理者和大股东代理成本，进一步支持了H4-1a。

表4-5　　工具变量法检验结果

Panel A（第一阶段）		Panel B（第二阶段）						
变量	Shau	变量	Cost1			Cost2		
			2SLS	LIML	GMM	2SLS	LIML	GMM
Mean1	9.638*** (18.26)	Shau	0.603*** (5.89)	0.600*** (5.87)	0.608*** (5.89)	-0.657** (-2.38)	-0.662** (-2.40)	-0.659** (-2.37)
Mean2	-3.187*** (-3.42)	Size	-0.040*** (-7.29)	-0.040*** (-7.28)	-0.040*** (-7.29)	-0.027* (-1.71)	-0.026* (-1.69)	-0.027* (-1.70)
Size	0.186*** (7.39)	Lev	0.613*** (21.54)	0.612*** (21.53)	0.613*** (21.53)	0.691*** (8.27)	0.689*** (8.25)	0.691*** (8.27)
Lev	0.124 (0.73)	Roa	1.929*** (17.80)	1.929*** (17.81)	1.929*** (17.79)	-3.023*** (-9.75)	-3.027*** (-9.77)	-3.023*** (-9.75)
Roa	1.349** (2.05)	Cash	-0.366*** (-15.46)	-0.366*** (-15.47)	-0.366*** (-15.45)	0.049 (0.38)	0.050 (0.39)	0.049 (0.38)

续表

Panel A（第一阶段）		Panel B（第二阶段）						
变量	Shau	变量	Cost1			Cost2		
			2SLS	LIML	GMM	2SLS	LIML	GMM
Cash	0.199 (1.36)	PPE	0.079*** (2.80)	0.081*** (2.85)	0.080*** (2.80)	-0.112 (-1.39)	-0.119 (-1.48)	-0.113 (-1.39)
PPE	-0.228 (-1.34)	Growth	0.035*** (3.16)	0.035*** (3.15)	0.035*** (3.16)	0.041 (1.19)	0.041 (1.20)	0.041 (1.19)
Growth	-0.099* (-1.74)	Top1	0.221*** (7.29)	0.220*** (7.28)	0.221*** (7.29)	-0.031 (-0.39)	-0.033 (-0.42)	-0.031 (-0.39)
Top1	-0.554*** (-2.95)	Inssh	0.053** (2.55)	0.054*** (2.61)	0.052** (2.52)	0.174*** (3.04)	0.175*** (3.06)	0.174*** (3.04)
Inssh	1.000*** (6.58)	IC	0.026*** (5.51)	0.026*** (5.56)	0.026*** (5.51)	-0.069*** (-5.14)	-0.069*** (-5.16)	-0.069*** (-5.14)
IC	-0.035 (-1.61)	Bod	-0.058** (-2.35)	-0.059** (-2.43)	-0.058** (-2.35)	0.019 (0.29)	0.020 (0.31)	0.019 (0.29)
Bod	0.027 (0.19)	Indep	-0.214*** (-2.65)	-0.218*** (-2.71)	-0.214*** (-2.65)	0.152 (0.71)	0.150 (0.70)	0.152 (0.71)
Indep	0.365 (0.80)	Dual	-0.027*** (-3.30)	-0.027*** (-3.31)	-0.027*** (-3.30)	0.039 (1.56)	0.040 (1.61)	0.039 (1.56)
Dual	-0.044 (-0.72)	Soe	0.035*** (3.45)	0.034*** (3.38)	0.035*** (3.45)	-0.143*** (-4.90)	-0.142*** (-4.86)	-0.143*** (-4.90)
Soe	-0.179*** (-3.01)	Big10	-0.028*** (-2.81)	-0.028*** (-2.77)	-0.028*** (-2.82)	0.055** (1.97)	0.055** (1.98)	0.055** (1.97)
Big10	0.810*** (13.18)	Age	0.039*** (6.13)	0.039*** (6.18)	0.039*** (6.12)	0.220*** (12.32)	0.220*** (12.30)	0.220*** (12.32)

续表

Panel A（第一阶段）		Panel B（第二阶段）						
变量	Shau	变量	Cost1			Cost2		
			2SLS	LIML	GMM	2SLS	LIML	GMM
Age	0.015 (0.38)	_cons	0.954*** (7.66)	0.953*** (7.65)	0.957*** (7.66)	0.632* (1.85)	0.625* (1.83)	0.630* (1.84)
_cons	-7.009*** (-12.19)							
Year	控制	Year	控制	控制	控制	控制	控制	控制
Industry	控制	Industry	控制	控制	控制	控制	控制	控制
N	10606	N	10810	10810	10810	10810	10810	10810
Pseudo R2	0.212	Adj. R2	0.263	0.264	0.261	0.079	0.079	0.079

注：***、** 和 * 分别表示1%、5%和10%的显著性水平。Cragg - Donald Wald F 为129.10，Hansen J 统计量为0.98（p=0.322），表明工具变量符合相关性和外生性要求。变量定义参见表4-1。回归标准误经过公司水平群调整。

4.5.2 Heckman 两阶段法

为了使上述结论更加稳健，同时采用 Heckman 两阶段法来解决潜在的样本自选择问题，选取相同年度相同行业其他上市公司与其基金股东共享审计的均值（Mean1）作为外生变量，首先构建共享审计师的 Probit 估计方程，估算逆米尔斯比率 IMR。在第二阶段，将逆米尔斯比率 IMR 作为控制变量加入模型（4-1）中进行回归，结果如表4-6所示。可以看到，考虑了样本自选择问题后，开放式基金大股东共享审计师对公司第一类代理成本的回归系数依旧在10%的水平上显著为正，对第二类代理成本的回归系数也在1%的水平上显著为负，进一步验证 H4-1a。

表 4-6　　Heckman 两阶段法第二阶段检验结果

变量	Cost1	Cost2
Shau	0.032 * (1.92)	-0.114 *** (-3.10)
Size	-0.015 (-1.32)	-0.002 (-0.06)
Lev	0.592 *** (21.50)	0.684 *** (8.13)
Roa	1.979 *** (16.69)	-2.826 *** (-7.88)
Cash	-0.355 *** (-15.23)	0.079 (0.61)
PPE	0.052 (1.57)	-0.169 * (-1.78)
Growth	0.028 ** (2.50)	0.030 (0.81)
Top1	0.184 *** (5.25)	-0.101 (-1.00)
Inssh	0.140 *** (2.76)	0.299 * (1.84)
IC	0.025 *** (5.42)	-0.074 *** (-5.44)
Bod	-0.050 ** (-2.19)	0.005 (0.08)
Indep	-0.133 * (-1.75)	0.141 (0.65)
Dual	-0.028 *** (-3.42)	0.033 (1.27)

续表

变量	Cost1	Cost2
Soe	0.023 ** (2.24)	-0.150 *** (-4.56)
Big10	0.042 (1.06)	0.154 (1.21)
Age	0.035 *** (5.91)	0.222 *** (12.17)
IMR	0.045 (0.78)	0.209 (1.12)
_cons	0.275 (0.71)	-0.377 (-0.31)
Year	控制	控制
Industry	控制	控制
N	10606	10606
Adj. R2	0.349	0.091

注：***、** 和 * 分别表示在1%、5%和10%的显著性水平。变量定义参见表4-1。回归标准误经过公司水平群调整。

4.5.3 PSM倾向得分匹配法

为进一步缓解可能存在的样本偏差问题，借鉴杨清香等（2015）和张宏亮等（2021）的研究，将全样本分为处理组（共享审计师组）和对照组（非共享审计师组），运用倾向匹配得分（PSM）的方法，按照半径匹配和核匹配对匹配后的样本采用模型（4-1）进行回归，结果如表4-7所示。开放式基金大股东共享审计师与公司第一类代理成本的回归系数均在10%的水平上显著为正，而与公司第二类代理成本的回归系数均在1%的水平上显著为负，说明在考虑了样本选择性偏差问题后，开放式基金大股东共享审计师仍然能够显著降低公司的管理者代理成本和大股东代理成本，与基本回归结果保持一致。

表 4-7　　PSM 倾向得分匹配法检验结果

变量	Cost1		Cost2	
	半径匹配	核匹配	半径匹配	核匹配
Shau	0.032*	0.030*	-0.114***	-0.111***
	(1.92)	(1.78)	(-3.09)	(-3.01)
Size	-0.023***	-0.023***	-0.040***	-0.042***
	(-5.28)	(-5.24)	(-3.05)	(-3.17)
Lev	0.594***	0.606***	0.696***	0.700***
	(21.77)	(21.83)	(8.30)	(8.25)
Roa	1.936***	1.983***	-3.024***	-3.076***
	(18.49)	(18.35)	(-9.90)	(-9.73)
Cash	-0.359***	-0.363***	0.060	0.064
	(-15.90)	(-15.86)	(0.47)	(0.49)
PPE	0.067**	0.063**	-0.101	-0.101
	(2.53)	(2.33)	(-1.29)	(-1.28)
Growth	0.032***	0.030***	0.045	0.034
	(2.97)	(2.80)	(1.29)	(1.00)
Top1	0.200***	0.194***	-0.029	-0.009
	(6.95)	(6.60)	(-0.37)	(-0.11)
Inssh	0.103***	0.107***	0.126**	0.127**
	(5.62)	(5.69)	(2.41)	(2.35)
IC	0.026***	0.027***	-0.070***	-0.070***
	(5.89)	(6.13)	(-5.32)	(-5.31)
Bod	-0.048**	-0.048**	0.013	0.014
	(-2.12)	(-2.09)	(0.21)	(0.23)
Indep	-0.144*	-0.135*	0.088	0.096
	(-1.95)	(-1.80)	(0.42)	(0.45)

续表

变量	Cost1		Cost2	
	半径匹配	核匹配	半径匹配	核匹配
Dual	-0.027*** (-3.33)	-0.030*** (-3.63)	0.038 (1.51)	0.043* (1.70)
Soe	0.026*** (2.77)	0.025*** (2.65)	-0.135*** (-4.62)	-0.138*** (-4.73)
Big10	0.012* (1.65)	0.015** (2.10)	0.014 (0.67)	0.013 (0.59)
Age	0.034*** (5.84)	0.035*** (5.89)	0.218*** (12.19)	0.218*** (12.03)
_cons	0.567*** (5.60)	0.554*** (5.40)	0.971*** (3.32)	1.008*** (3.42)
Year	控制	控制	控制	控制
Industry	控制	控制	控制	控制
N	10607	10374	10607	10374
Adj. R2	0.349	0.350	0.091	0.090

注：***、** 和 * 分别表示在 1%、5% 和 10% 的显著性水平。变量定义参见表 4-1。回归标准误经过公司水平群调整。

4.5.4　替换变量衡量方式

为保证主要问题研究结果的稳定型，又进一步做出如下稳健性检验，包括：

1. 替换被解释变量衡量方式

借鉴罗炜等（2010）研究，采用管理层持股比例（Mshare）作为第一类代理成本（Cost1）的替代变量。管理层持股有利于促使管理层与股东的利益趋于一致，从而降低管理层与股东间的代理成本。同时借鉴姜付秀等（2015）的研究，根据 CSMAR 数据库的分类，本书剔除了“17 = 合作项目”“18 = 许可协议”“19 = 研究与开发成果”“20 = 关键管理人员报酬”以及“21 = 其他事项“等可能并非以获取私利为目的而发生的关联交易，即采用剔除关联交易中可能存在一定噪音的交易类别之后的关联交易之和与总资产的比值（行业调整后）（Rpta）作为第二类代理成本（Cost2）的替代变量，在替换原被解释变量的衡量方式重新执行模型（4－1）进行检验，结果列示于表4－8第（1）列、第（2）列。由表4－8第（1）列、第（2）列可知，替换被解释变量的衡量方法之后，开放式基金大股东共享审计师（Shau）对管理者代理成本和大股东代理成本的回归结果无实质性变化，与表4－3中的基本回归结果保持一致。

2. 替换解释变量衡量方式

借鉴蔡利等（2018）的研究，采用共享审计师的程度（Shau_num）作为共享审计师（Shau）的替代变量，重新采用模型（4－1）进行回归。共享审计师的程度是指上市公司与开放式基金大股东共享审计师的数量，如上市公司与其三个开放式基金大股东当年度聘请相同的会计师事务所，则 Shau_num 为 3。回归结果如表4－8第（3）列、第（4）列所示，与开放式基金大股东共享审计师的程度（Shau_num）与第一类代理成本的系数在10%的水平上依然显著为正，与第二类代理成本的系数在1%的水平上也显著为负，说明主要问题的研究结论依然稳健。

表4－8　　替换变量衡量方式的检验结果

变量	替换被解释变量		替换解释变量	
	(1)	(2)	(3)	(4)
	Mshare	Rpta	Cost1	Cost2
Shau	0.017*** (3.73)	−0.124* (−1.68)		
Shau_num			0.032* (1.92)	−0.115*** (−3.13)

续表

变量	替换被解释变量		替换解释变量	
	(1)	(2)	(3)	(4)
	Mshare	Rpta	Cost1	Cost2
Size	0.014*** (12.36)	-0.053** (-2.48)	-0.023*** (-5.25)	-0.042*** (-3.25)
Lev	-0.016** (-2.11)	3.953*** (29.39)	0.597*** (21.96)	0.706*** (8.48)
Roa	0.359*** (12.54)	-0.067 (-0.17)	1.958*** (18.70)	-3.055*** (-9.90)
Cash	0.005 (0.77)	-0.468*** (-3.63)	-0.360*** (-15.96)	0.042 (0.33)
PPE	-0.043*** (-5.95)	-0.090 (-0.74)	0.057** (2.17)	-0.093 (-1.17)
Growth	0.015*** (6.14)	0.409*** (7.66)	0.030*** (2.87)	0.046 (1.32)
Top1	0.244*** (26.73)	0.470*** (3.61)	0.201*** (7.08)	-0.013 (-0.16)
Inssh	-0.549*** (-72.35)	0.278*** (3.51)	0.102*** (5.68)	0.128** (2.48)
IC	0.001 (1.22)	-0.096*** (-3.93)	0.026*** (5.85)	-0.069*** (-5.17)
Bod	-0.000 (-0.00)	-0.018 (-0.17)	-0.062*** (-2.65)	0.022 (0.35)
Indep	-0.007 (-0.33)	-0.726** (-2.14)	-0.182** (-2.44)	0.121 (0.57)
Dual	0.010*** (3.53)	0.023 (0.65)	-0.028*** (-3.48)	0.039 (1.58)
Soe	-0.033*** (-14.55)	-0.033 (-0.78)	0.030*** (3.21)	-0.139*** (-4.79)

续表

变量	替换被解释变量		替换解释变量	
	(1)	(2)	(3)	(4)
	Mshare	Rpta	Cost1	Cost2
Big10	0.000 (0.19)	0.055 * (1.73)	0.010 (1.34)	0.020 (0.94)
Age	-0.091 *** (-49.18)	0.161 *** (6.16)	0.038 *** (6.42)	0.221 *** (12.42)
_cons	0.154 *** (5.89)	-0.022 (-0.05)	0.600 *** (5.93)	0.968 *** (3.33)
Year	控制	控制	控制	控制
Industry	控制	控制	控制	控制
N	10454	10325	10815	10815
Adj. R2	0.703	0.211	0.347	0.092

注：***、** 和 * 分别表示在 1%、5% 和 10% 的显著性水平。变量定义参见表 4-1。回归标准误经过公司水平群调整。

4.6 进一步研究

4.6.1 产权性质

基于不同的产权性质，我国上市公司两类代理问题的严重性存在较大差异，因而共享审计师治理水平对代理成本的抑制作用可能表现出一定的差异。具体来说，对于国有控股上市公司而言，政府部门在将企业经营管理权下放给公司高管的同时，未能对其行为进行有效监督和约束，实际出资人的严重“缺位”容易促使国有企业产生“内部人控制”问题，这为公司管理层攫取个人私利提供了操纵空间（Cheung et al.，2006）。国企高管由于长期面临薪酬管制导致其相对收入水平较低，从而诱发其追求过度的在职消费以进行自我激励，这已然成为国有企业第一类代理问题较为突出的主要原因之一（陈冬华等，2005）。而对于非国有控股上市公司而言，其面临的主要是大股东侵占多数中小股东利益的第二类代理问题，且第一类代理问题已经内化于第二类代理问题（罗进辉等，2014）。这是因为非国有控股上市公司的管理层多是由大股东任命，在相对集中或高度集中的股权结构中，大股东除了可以利用自身所拥有的控制权牟取私利外，还能够通过与管理层合谋实施多种手段“掏空”上市公司，导致公司的第二类代理问题更为严重。

因此，按照产权性质将样本分为国有企业和非国有企业，然后对分组样本分别执行模型（4－1）进行回归。结果如表4－9第（1）列和表4－10第（1）列所示，在国有企业中，开放式基金大股东共享审计师对第一类代理成本的回归系数在5%的水平上显著为正，在非国有企业中，开放式基金大股东共享审计师对第二类代理成本的回归系数在1%的水平上显著为负，并且组间系数差异均在10%的水平上显著。可见，开放式基金大股东共享审计师对不同类型企业的代理冲突的影响存在差异，在国有企业中，开放式基金大股东共享审计师对管理者代理成本的抑制作用更加明显；而在非国有企业中，开放式基金大股东共享审计师对大股东代理成本的约束作用更加显著，结果符合上述推论。

4.6.2　股权集中度

一方面，相较于分散型股权结构下的“弱监督”，大股东持股比例越集中，所产生的利益协同效应就越显著，其私利侵占动机也随之逐步消失，并且可实现以较低的监督成本有效约束管理层侵害大股东利益的机会主义行为（Jensen，1976；Shleifer and Vishny，1986）。反之，分散的股权结构虽然使股东之间可以相互制衡，但也可能会引发股东之间发生权力争夺，导致对管理层监督失效，容易产生“内部人控制”问题（高雷、宋顺林，2007）。另一方面，股权结构集中也可能会导致大股东的隧道攫取动机增强（Cheung et al.，2006；陆正飞等，2008）。结合前文的理论推导，开放式基金大股东共享审计师所带来的信息优势和网络内的信息流动，可以降低公司的信息不对称，促进开放式基金大股东加强监督以及审计师提高审计质量等外部监督效力，从而约束管理层或大股东的利益侵占行为，实现公司代理成本的降低。而股权集中度主要是通过影响大股东的监督动机和监督成本等从而对公司代理冲突发挥作用，在股权集中度较高的情况下，开放式基金大股东共享审计师所带来的监督效力的增加可能会促进大股东更加履行监督职能，导致二者对公司内部人的监督呈互补效应；但同时当股权集中度较高时，大股东的监督效力也可能已然较强，此时开放式基金大股东共享审计师对公司内部人代理问题的约束作用可能会得到削弱。

鉴于此，采用第一大股东持股比例作为股权集中度的度量指标，按第一大股东持股比例中位数分组重新执行模型（4－1）进行回归，结果如表4－9第（2）列和表4－10第（2）列所示，在低股权集中度样本组，开放式基金大股东共享审计师对第一类代理成本的回归系数在1%的水平上显著为正，并且对第二类代理成本的回归系数在5%的水平上显著为负；而在高股权集中度样本组，开放式基金大股东共享审计师与两类代理成本的关系均不显著。结果说明，在股权集中度较低的情况下，开放式基金大股东共享审计师所带来的开放式基金大股东和审计师监督效力的增加更能约束管理者和大股东的代理冲突，降低代理成本，与股权集中度之间形成了互补效应；但在股权集中度较高的情况下，开放式基金大股东共享审计师带来的约束管理者和大股东的代理问题的增量效应消失，结果验证了上述推论。

4.6.3 市场化程度

上市公司所在的市场化程度不同，会给其带来一定的组织行为差异。这是因为，在市场化进程较快的地区，产品市场和要素市场竞争将更为激烈，这样会促使管理层减少偷懒行为，更努力地提高经营管理效率。同时，当市场化程度较高时，一般企业所面临的法治化水平也随之较高，健全的法律保护制度能够增加管理层或大股东利益侵占的风险和成本，进而对其不当行为起到有效的监督与约束作用。另外在高市场化程度地区，政府对公司运营管理的干预程度通常较低，管理层不会因承受过多的社会性负担而损害股东利益，这也有利于缓解公司代理问题（高雷、宋顺林，2007）。开放式基金大股东共享审计师网络所带来的信息优势和信息流动，能缓解公司的信息不对称，以及加强开放式基金大股东、审计师以及外部监督力量对公司内部人的监督，缓解公司内部人与外部人之间的代理冲突。在市场化程度较高的情况下，更加完善的法制监管体系以及更为规范的公司治理机制，开放式基金大股东共享审计师所产生监督强化效应可能会因内部人自利成本更高而得到促进，但也可能会因市场化程度本身对公司内部人不当行为的抑制作用而得到削弱。

鉴于此，使用樊纲等（2016）发布的《中国分省份市场化指数报告》中各地区市场化总指数作为市场化程度的代理变量，按照市场化总指数中位数进行分组回归，结果如表4－9第（3）列和表4－10第（3）列所示，在高市场化程度地区，开放式基金大股东共享审计师对第一类代理成本的回归系数在1%的水平上显著为正，对第二类代理成本的回归系数在1%的水平上显著为负，而在低市场化程度地区，开放式基金大股东共享审计师与两类代理成本的关系均不显著，组间系数差异在10%的水平上显著。结果说明，开放式基金大股东共享审计师与市场化程度对公司管理者和大股东代理冲突的抑制作用形成互补关系，二者共同发挥出积极的治理效应。

表 4-9　进一步研究：其他治理机制对第一类代理成本影响的回归结果

变量	Cost1					
	(1)		(2)		(3)	
	国有企业	非国有企业	高股权集中度	低股权集中度	高市场化程度	低市场化程度
Shau	0.055** (2.50)	-0.004 (-0.18)	0.009 (0.43)	0.064*** (2.83)	0.064*** (3.05)	-0.000 (-0.01)
Size	-0.023*** (-3.75)	-0.021*** (-3.58)	-0.017*** (-2.75)	-0.033*** (-5.74)	-0.022*** (-3.89)	-0.027*** (-3.85)
Lev	0.541*** (13.30)	0.627*** (20.02)	0.624*** (16.04)	0.577*** (17.92)	0.589*** (17.02)	0.568*** (13.72)
Roa	1.813*** (11.46)	2.093*** (20.50)	1.959*** (14.18)	2.014*** (17.61)	2.017*** (16.61)	1.786*** (12.18)
Cash	-0.414*** (-11.98)	-0.271*** (-9.90)	-0.408*** (-11.69)	-0.322*** (-11.80)	-0.340*** (-11.32)	-0.363*** (-9.99)
PPE	-0.002 (-0.04)	0.172*** (4.78)	0.035 (0.90)	0.091*** (2.68)	0.051 (1.44)	0.043 (1.04)
Growth	0.049*** (3.31)	0.018* (1.73)	0.029** (2.12)	0.031*** (2.77)	0.038*** (3.23)	0.024* (1.70)
Top1	0.360*** (7.44)	0.024 (0.68)	0.143** (2.47)	0.110* (1.68)	0.216*** (5.49)	0.191*** (4.12)
Inssh	0.025 (0.50)	0.142*** (7.06)	0.156*** (5.36)	0.046* (1.77)	0.102*** (3.61)	0.131*** (3.91)
IC	0.035*** (6.71)	0.015*** (3.15)	0.042*** (7.76)	0.009** (2.00)	0.025*** (5.27)	0.023*** (4.08)

续表

变量	Cost1					
	(1)		(2)		(3)	
	国有企业	非国有企业	高股权集中度	低股权集中度	高市场化程度	低市场化程度
Bod	-0.051 (-1.56)	-0.068** (-2.30)	-0.105*** (-3.22)	-0.021 (-0.74)	-0.077*** (-2.58)	-0.030 (-0.83)
Indep	0.033 (0.29)	-0.305*** (-3.04)	-0.215* (-1.96)	-0.110 (-1.11)	-0.170* (-1.68)	-0.174 (-1.42)
Dual	-0.014 (-0.74)	-0.029*** (-3.23)	-0.025* (-1.88)	-0.025** (-2.35)	-0.024** (-1.98)	-0.025* (-1.72)
Soe	0.000 (.)	0.000 (.)	0.027* (1.85)	0.031*** (2.68)	0.035*** (2.81)	0.029** (1.99)
Big10	0.012 (1.01)	-0.001 (-0.11)	-0.003 (-0.27)	0.016* (1.76)	0.011 (1.14)	0.009 (0.78)
Age	0.085*** (7.51)	-0.000 (-0.07)	0.051*** (5.73)	0.023*** (2.95)	0.049*** (5.14)	0.032*** (2.86)
_cons	0.484*** (3.48)	0.694*** (4.81)	0.418*** (2.90)	0.902*** (6.86)	0.591*** (4.55)	0.643*** (4.03)
Year	控制	控制	控制	控制	控制	控制
Industry	控制	控制	控制	控制	控制	控制
N	4828	5987	5363	5452	5727	4235
Adj. R2	0.389	0.330	0.355	0.332	0.344	0.354
组间系数差异	Chi2 = 3.34 * p = 0.068		Chi2 = 2.82 * p = 0.093		Chi2 = 3.56 * p = 0.059	

注：***、** 和 * 分别表示在 1%、5% 和 10% 的显著性水平。变量定义参见表 4-1。回归标准误经过公司水平群调整。

表 4-10　进一步研究：其他治理机制对第二类代理成本影响的回归结果

变量	Cost2					
	(1)		(2)		(3)	
	国有企业	非国有企业	高股权集中度	低股权集中度	高市场化程度	低市场化程度
Shau	-0.068 (-1.09)	-0.190*** (-2.87)	-0.085 (-1.58)	-0.181** (-2.36)	-0.180*** (-2.73)	-0.039 (-0.54)
Size	-0.038** (-2.10)	-0.064*** (-3.49)	-0.073*** (-4.57)	-0.011 (-0.58)	-0.051*** (-2.85)	-0.053*** (-2.68)
Lev	0.681*** (5.86)	0.793*** (8.06)	0.760*** (7.60)	0.668*** (6.09)	0.712*** (6.56)	0.943*** (8.04)
Roa	-2.797*** (-6.19)	-3.058*** (-9.55)	-2.899*** (-8.16)	-3.229*** (-8.28)	-3.925*** (-10.29)	-1.887*** (-4.54)
Cash	0.008 (0.08)	0.094 (1.10)	-0.072 (-0.80)	0.146 (1.57)	-0.051 (-0.54)	0.115 (1.12)
PPE	-0.013 (-0.12)	-0.162 (-1.43)	-0.111 (-1.12)	-0.076 (-0.65)	-0.187* (-1.69)	0.005 (0.04)
Growth	0.067 (1.61)	0.017 (0.53)	0.026 (0.76)	0.056 (1.48)	0.078** (2.09)	-0.025 (-0.64)
Top1	-0.019 (-0.14)	-0.015 (-0.14)	-0.194 (-1.31)	0.620*** (2.77)	-0.031 (-0.25)	-0.068 (-0.52)
Inssh	0.181 (1.26)	0.123* (1.94)	0.159** (2.12)	0.100 (1.12)	0.307*** (3.46)	0.035 (0.36)
IC	-0.061*** (-4.11)	-0.085*** (-5.77)	-0.062*** (-4.43)	-0.077*** (-5.05)	-0.070*** (-4.67)	-0.067*** (-4.30)
Bod	0.081 (0.88)	-0.006 (-0.06)	0.033 (0.40)	0.017 (0.17)	0.059 (0.63)	0.010 (0.09)
Indep	-0.464 (-1.45)	0.512 (1.63)	-0.017 (-0.06)	0.457 (1.35)	-0.094 (-0.29)	0.460 (1.33)

续表

变量	Cost2					
	(1)		(2)		(3)	
	国有企业	非国有企业	高股权集中度	低股权集中度	高市场化程度	低市场化程度
Dual	-0.085 (-1.56)	0.083*** (2.98)	0.032 (0.93)	0.042 (1.15)	0.030 (0.81)	0.065 (1.60)
Soe			-0.143*** (-3.85)	-0.129*** (-3.31)	-0.194*** (-4.92)	-0.050 (-1.21)
Big10	0.061* (1.83)	-0.015 (-0.57)	0.097*** (3.40)	-0.037 (-1.21)	0.022 (0.72)	0.003 (0.09)
Age	0.192*** (5.92)	0.245*** (11.17)	0.251*** (10.86)	0.186*** (6.98)	0.149*** (4.99)	0.128*** (4.05)
_cons	0.804** (2.02)	1.346*** (2.97)	1.785*** (4.82)	0.018 (0.04)	1.362*** (3.34)	1.066** (2.36)
Year	控制	控制	控制	控制	控制	控制
Industry	控制	控制	控制	控制	控制	控制
N	4828	5987	5363	5452	5727	4235
Adj. R2	0.071	0.113	0.108	0.085	0.347	0.092
组间系数差异	Chi2 = 2.85 * p = 0.092		Chi2 = 1.59 p = 0.207		Chi2 = 3.10 * p = 0.078	

注：***、** 和 * 分别表示在1%、5%和10%的显著性水平。变量定义参见表4-1。回归标准误经过公司水平群调整。

4.7 本章小结

两权分离以及信息不对称导致在现代公司治理中普遍存在着管理者偷懒、在职消费、信息操纵等股东与管理者之间的第一类代理冲突，以及大股东资金占用、关联交易、操纵股价等大股东与中小股东之间的第二类代理冲突。在我国上市公司内部治理水平不高以及外部监管环境薄弱的背景下，管理者和大股东的利益侵占行为在我国上市公司中较为突出，这给投资者利益保护和资本市场的高质量发展带来了严重的损害。作为重要的外部治理机制，机构投资者参与公司治理的效应一直是财会领域关注的重要话题。从理论上来说，机构投资者在资金、信息和专业等方面的优势，这使其在参与公司治理的过程中，能比分散投资者更有能力与公司大股东和管理者进行对抗和博弈，对代理问题的缓解可以发挥重要的作用，但是在经验证据上关于机构投资者治理作用依然存在着争议。

以往文献对于机构投资者治理效应的讨论，主要关注机构投资者持股、调研等直接参与公司治理行为所带来的经济影响，很少有研究关注机构投资者通过聘用与被投资上市公司共同的审计机构所形成的共享审计师网络关系这种间接参与公司治理的方式如何发挥治理作用这一话题。开放式基金是机构投资者的重要构成部分，同时也在我国上市公司前十大流通股股东中占据着重要地位，近年来其迅猛发展趋势在资本市场上发挥着愈加重要的影响。作为上市公司大股东的开放式基金与被投资上市公司聘用共同审计机构，即会因审计师执业形成共享审计师网络关系。共享审计师可以为开放式基金大股东参与被投资上市公司的治理行为提供获取信息的便利，同时共享审计师网络关系也使审计师与开放式基金大股东之间的业务联系更加紧密，信息获取的便利以及与审计师业务关系的加强可能影响开放式基金大股东和审计师对公司管理者和大股东的监督动机和监督能力，进而影响公司代理成本。

通过选取 2010—2019 年沪深两市 A 股上市公司为研究对象，对开放式基金大股东与被投资上市公司共享审计师对被投资上市公司代理成本的影响及作用机理进行深入考察。研究结果发现，开放式基金大股东与被投资上市公司共享审计师对上市公司管理者代理成本和大股东代理成本具有显著的抑制作用。作用机制的检验结果表明，开放式基金大股东与被投资上市公司共享审计师显著降低了上市公司的信息不对称程度并且对审计质量具有明显的提升作用。研究结果说明，开放式基金大股东共享审计师网络的信息优势和网络内的信息流动，降低了上市公司的信息不对称，并且促进了审计师加强监督，进而对上市公司管理者和大股东两类代理冲突产生了明显的约束作用。此外还发现，在不同类型企业中，开放式基金大股东共享审计师网络抑制公司代理问题的效应具有明显差异，其中在国有企业中，开放式基金大股东共享审计师对第一类代理成本具有更加显著的降低作用；而在非国有企业，开放式基金大股东共享审计师对第二类代理成本的抑制作用更为明显。同时在股权集中度较低和市场化程度较高的公司中，开放式基金大股东共享审计师网络对公司代理成本的抑制作用也更强。

本章基于公司代理成本视角，深入考察了开放式基金大股东与被投资上市公司这一具有持股关系的两大市场参与主体之间共享审计师的治理效应。一方面，从公司代理成本视角，深入探讨开放式基金大股东选聘与被投资上市公司共同的审计机构形成的共享审计师网络这种间接参与公司治理行为的经济效应及作用机制，对以往从机构投资者持股、调研等直接参与公司治理行为以及正式制度与非正式制度联合治理的影响研究做了进一步的拓展；另一方面，深入分析开放式基金大股东与被投资上市公司这种具有持股关系的两大市场参与主体之间共享审计师对公司管理者代理成本和大股东代理成本的影响，对现有关于供应关系和并购关系共享审计师研究做了有益的补充，同时深入揭示了共享审计师发挥治理作用的代理冲突机制。此外，从开放式基金大股东与独立审计师的基于审计师执业建立起的社会网络联结这一视角丰富了有关公司代理成本影响因素方面的文献。

本章的研究结论能够对从机构投资者共享审计师网络的视角思

考如何约束上市公司管理者和大股东的代理问题，进而对公司管理者完善内部治理、外部投资者识别投资机会、审计师的业务执行以及政策制定者和监管者健全机构投资者和审计师相关制度保证以促进资本市场的有效性具有重要的启示意义。

第 5 章

开放式基金大股东共享审计师网络的治理效应：会计信息视角

5.1　引言

会计信息是企业经营管理和资本市场健康发展的重要基础，高质量的会计信息能有效降低公司内部人与外部利益相关者之间的信息不对称，缓解委托—代理冲突（Watts and Zimmerman，1986），以及为利益相关者的相机决策提供服务，对保障资源有效配置和经济良好运行具有举足轻重的作用。然而，上市公司会计信息质量主要取决于两个重要方面，一是上司公司管理者所提供的会计信息本身的质量；二是审计师对管理者所决定的会计信息中可能出现的错误和漏报进行的审查和监督，而这两方面又会受到公司内部代理人的会计信息产出决策动机以及审计师的独立性的重要影响（Chen et al.，2010；Lennox et al.，2016）。近年来，相继曝光的诸如万福生科、康得新、康美药业等上市公司巨额财务造假案件在我国资本市场上掀起轩然大波，其中的上市公司会计信息质量问题遭到了广泛的质疑，并且极大损害了投资者的信心以及参与资本市场融资的意愿，在很大程度上制约了我国实体经济的高质量发展。因此，如何改进与提升我国上市公司的会计信息质量依然是学术界和实务界值得深入探讨的重要现实问题。

以往文献从多种公司内外部治理机制视角分析了与会计信息质

量有关的影响因素，如管理者权力（Feng，2011；刘启亮等，2013）、高管薪酬激励（Piotroski et al.，2015；唐松、孙铮，2014）、高管个人特征（Amy et al.，2016；姜付秀等，2012）、董事成员特征（Kc ct al.，2020；梁上坤等，2020）、董事高管责任保险（Chung et al.，2015；胡国柳、胡珺，2017）、董事网络（陈运森、郑登津，2017）等内部治理机制，以及政府监督、问询函监管、媒体报道、分析师、机构投资者持股和调研、独立审计（Brown and Pinello，2007；Jiang and Yuan，2018；Kim et al.，2019；李春涛等，2014；吴溪等，2015；李晓溪等，2019；柳光强等，2021）等外部治理因素，其中关于机构投资者的信息效应和治理效应问题一直是该领域经久不衰且颇具争议的热点话题。虽然根据代理理论和信息理论，机构投资者在公开信息处理和私有信息挖掘这两大方面拥有明显优势（Chen et al.，2020），加上其资源和专业运用能力，他们能够有效的约束公司管理者和大股东的代理行为和提高会计信息质量，但相关经验证据并未取得一致结论。

现有经验证据显示，机构投资者参与公司治理能够对会计信息质量发挥积极的作用，例如，更快地分辨会计盈余中的可操纵部分，及时侦查出公司管理者的盈余管理行为和约束其利润操纵（Chung et al.，2002，Mitra and Cready，2005）；促进管理者进行信息披露，提高公司财务报告的可比性（Boone and White，2015；Fang et al.，2015）；并且还有助于提升管理者盈余预告的精确性、及时性和稳健性（Ajinkya et al.，2005）。但也有研究发现，受持股比例及持股动机的影响，机构投资者持股并不总是抑制管理者的盈余管理水平，甚至还起到“推波助澜”的作用，不利于会计信息质量的改善。例如，持股较低的机构投资者会增加公司的盈余管理行为（Koh，2007）；非大股东机构投资者在盈利压力较大时，会放松对管理者盈余管理行为的监督（Chen et al.，2010）；短期机构投资者持股与公司财务错报的可能性及严重程度正相关

(Burns et al.，2010)。以上研究结论呈现的分歧意味着从更多角度挖掘这一问题具有必要性，这些研究主要从机构投资者直接参与公司治理的视角对其信息效应进行了考察，关于机构投资者间接参与公司治理（如通过共享审计师网络）如何发挥信息效应较少关注。

开放式基金是机构投资者的重要组成部分，同时又在我国上市公司前十大流通股股东中扮演着关键角色，近几年其迅猛发展趋势越发凸显出对资本市场运行的重要作用。当作为上市公司大股东的开放式基金与被投资上市公司在年度报表审计中聘用共同的审计机构时，在二者之间就形成了共享审计师网络关系。根据以往关于共享审计师的研究，一种观点认为，共享审计师能够发挥信息中介作用，在审计师联结公司产生信息流动和缓解信息不对称，并由此对审计师联结公司的财务重述、操纵性应计利润、分析师预测偏差，关系专用性投资、成本黏性、并购业绩承诺运用的可能性及可靠性、并购公告收益以及并购交易费用等方面产生作用（Chen et al.，2009；Cai et al.，2016；Chircop et al.，2016；Cai et al.，2019；Dhaliwal et al.，2016；Huang et al.，2014；Johnstone et al.，2014；杨清香等，2015；蔡利等，2018；武恒光等，2020；张宏亮等，2021）。但另一种观点认为，共享审计师出于维护自身业务资源和市场份额以及获得更高审计收入的动机，存在不惜牺牲审计独立性，而选择配合被审计上市公司的控股股东侵占中小股东利益的掏空行为（王春飞等，2010、2013）。那么，开放式基金大股东与被投资上市公司共享审计师会如何影响被投资上市公司的会计信息质量？

共享审计师在同时审计开放式基金大股东与被投资上市公司的过程中能够获取更多的关于被投资上市公司真实经营情况的信息(Cai et al.，2016)，而开放式基金大股东在与共享审计师的频繁往来中，可以通过共享审计师网络实现信息共享，从而便利其及共享审计师的监督行为。但同时，借助共享审计师网络关系，开放式基金大股东也可以根据其监督动机的不同来影响共享审计师的执业行为，影响审计的独立性和审计质量。在这两方面的作用下，被投资上市公司的管理者和大股东的自利动机会随之发生改变，进而体现出会计信息产出决策的差异。鉴于此，本章从公司会计信息质量视角来深入考察开放式基金大股东与被投资上市公司共享审计师对被投资上市公司会计信息质量的影响及相关作用机理等问题。

通过选取2010—2019年沪深两市A股上市公司为研究样本，以盈余管理和财务重述作为两个重要的考察对象，研究结果表明，开放式基金大股东与被投资上市公司共享审计师能够显著提高被投资上市公司的会计信息质量。作用机制的检验结果显示，共享审计师明显降低了信息不对称水平，提高了审计师努力程度，并且对管理者过度自信有显著的抑制作用，从而使被投资上市公司的会计信息质量得以提高。研究结论验证了共享审计师强大的信息获取能力及所产生的信息流动，降低了开放式基金大股东所面临的信息不对称，同时为开放式基金大股东及审计师的监督行为提供了便利，从而促进了对公司内部人的监督和会计信息质量的提高。进一步地，考虑到审计师对于管理者不同方向盈余管理所面临的损失后果的不对称性，区分盈余管理方向的检验结果发现，共享审计师与会计信息质量之间的正相关关系在正向盈余管理样本组中更加显著。此外根据性质和内容对财务重述进行分类后发现，对于经济后果更为严重的欺诈性财务重述和核心财务重述行为，共享审计师能够表现出显著更强的抑制作用。

本章可能的贡献主要体现在以下几个方面：第一，基于代理理论和社会网络理论，从会计信息质量（包括盈余管理和财务重述）视角考察开放式基金大股东通过选聘与被投资上市公司共同的审计机构形成的共享审计师网络这种间接参与公司治理的方式，所发挥的治理影响及作用机制，提供了有别于以往从机构投资者持股、积极主义、调研等直接参与公司治理与公司治理效应方面文献的经验证据，进一步丰富了机构投资者的治理效应以及正式制度与非正式制度的联合治理效应方面的研究。第二，区别于以往基于供应链和并购链共享审计师的研究，基于开放式基金大股东与被投资上市公司这两种市场参与主体之间共享审计师的视角，对持股关系情境下共享审计师如何影响审计师联结主体的行为进行深入探讨，并且从会计信息视角深入分析了共享审计师经济效应的作用机制，进一步拓展了共享审计师方面的研究文献。第三，以往文献从公司内部治理机制以及政府、媒体、机构投资者、审计师等外部治理机制的角度对会计信息质量的影响因素进行了探讨，从开放式基金大股东与独立审计师这两大外部监督主体的网络联结视角探究其如何影响上市公司的会计信息质量，进一步补充了会计信息质量的影响因素研究。第四，本章的研究结论可以为公司管理者、外部投资者、独立审计师以及政策的制定者和监管者从机构投资者共享审计师网络的视角分析影响会计信息质量的相关问题，以及完善决策行为从而促进资本市场的有效性提供有价值的参考。

5.2　理论分析与研究假设

5.2.1　共享审计师与治理效应

关于共享审计师如何发挥治理效用，以往文献基于供应链、并购链、信贷关系等视角，围绕着“知识溢出”“信息共享”和“业务关系”等角度进行了考察，结果发现，一方面，共享审计师能够发挥知识溢出效应，即共享审计师在同时对审计师联结单位执行审计业务的过程中，能够通过更多的途径和方法获取与审计师联结公司业务更相关的关键信息和隐性信息（如供应链业务的往返销售、售后回购等），有助于其进行信息整合和相互印证以及形成业务专长，促使其能更加准确和更为有效地审查专业问题，提高审计执业质量，从而有效抑制供应链上共享审计师公司的操纵财务报表等（Chen et al.，2009；Huang et al.，2014；Johnstone et al.，2014；Ton，2015；杨清香等，2015）。另一方面，共享审计师能在网络内产生信息流动发挥信息中介作用。共享审计师可以在审计师联结单位之间作为非正式的信息传递渠道，如促进客户与供应商在共享审计师网络内的信息共享，减缓客户与供应商之间的信息不对称，使审计师能更有效地进行审计监督，提高审计执业质量，进而对分析师预测偏差、关系专用性投资以及供应商的成本黏性等产生影响（Dhaliwal et al.，2016；Cai et al.，2019；蔡利等，2018）；共享审计师的信息获取和信息流动还能够降低并购过程中的不确定性，从而作用于并购业绩承诺、交易费用、资产回报、并购公告收益等方面（Cai et al.，2016；Chircop et al.，2016；Dhaliwal et al.，2016；武恒光等，2020）。

然而，也有研究发现共享审计师处于与并购公司建立持续的业务关系的需要，相对于被并购方，其在并购过程中更倾向于为并购方提供信息便利，从而导致并购方能够获得更低的并购成本和更高的并购溢价（Dhaliwal et al.，2016）。而执行集团统一审计的审计师也可能出于保持现有审计收益和业务资源的需要，而选择配合控股股东操纵会计信息，进一步加剧公司内部人与外部投资者的信息不对称，导致审计质量下降以及资本成本上升（王春飞等，2013），并且这种情况在低质量审计师的审计执业过程中更容易出现（伍利娜等，2012）。

综上所述，现有文献对于共享审计师与其治理效应的考察主要围绕着供应链关系、并购链关系、信贷关系中共享审计师而展开，较少关注其他资本市场参与主体之间共享审计师行为以及共享审计师的具体作用机制等方面。大股东与被投资上市公司之间的持股关系能够对上市公司的持续运行和资本市场的健康发展发挥重要的作用，目前关于大股东与被投资上市公司共享审计师会如何作用于公司治理尚未得到充分揭示。张宏亮等（2021）虽然基于持股关系考察了共享审计师对审计质量的影响，但在持股关系情境下共享审计师缘何会产生作用、作用机理以及其他方面的经济后果等问题还存在很多待解问题，因此对这些问题进行深入和系统研究具有重要意义。

5.2.2　公司治理与会计信息质量

以往文献从多种视角探讨了公司治理对会计信息质量的影响。例如，在内部治理方面，基于代理理论和最优契约理论的研究表明，两权分离和信息不对称导致股东与管理者之间存在着潜在利益冲突，拥有绝对信息优势的管理者为了攫取个人私利，可能会利用所掌握的权力超越内部控制系统而进行信息操纵等机会主义行为，使代理问题加剧的同时，会计信息质量也大大降低（Feng et al.，2011；刘启亮等，2013）。薪酬激励作为减缓股东与管理者之间代理冲突的关键契约设计，也并不能保障充分的治理效用，甚至反而会引发管理者更为严重的自利行为以追求个人报酬的最大化（Healy，1985；Piotroski et al.，2015；李延喜等，2007）。

基于高层梯队理论的研究发现，CFO作为公司财务报告的直接生产者和负责人，其专业背景、任职经验、性别等特征会对会计信息质量产生更为直接的影响。一般而言，CFO的受教育程度和专业资格认证对公司的会计信息质量具有显著的正效应（Aier et al.，2008；Zang and Liu，2010）。任期较长的CFO更加了解企业的实际经营状况和发展前景，其运用会计政策和会计估计等工具的能力更强，更能够保持会计稳健性。（Yu，2021；邱昱芳等，2011）。女性CFO更加注重遵守会计准则的规定和风险规避，通常会导致更低的操纵性应计利润（Barua et al.，2010；Dong et al.，2020），而倾向于选择不明显违反会计准则且难以与正常生产经营活动相区分的真实盈余管理以维护职业安全（刘笑霞、李明辉，2018）。

基于董事会治理的研究表明，董事会独立性、内部成员背景特征等会影响其对会计信息的监督效率。例如，董事长和CEO兼任容易形成内部人控制，CEO有充分条件运用非正常手段进行盈余管理，使会计信息失真（Gul and Leung，2004；王建新，2007）。独立董事有助于削弱董事会被内部人控制的可能性，降低财务舞弊发生的可能性和提高会计信息质量（Beasley，1996；Peasnell et al.，2005）。另外，董事的会计专业背景、信息技术背景、海外经历等特征对于抑制管理层的盈余管理行为，提高上市公司的财务报告质量发挥着重要作用（Xie et al.，2003；Liao et al.，2022；蔡春等，2017；戴亦一等，2017；袁蓉丽等，2021）。但董事会成员的差异化结构特征使其容易形成董事会断裂带，这会削弱董事会成员的监督意愿与监督能力，使管理者隐藏坏消息的能力和空间增加，会计信息质量受到损害（梁上坤等，2020）。

除此之外，还有文献探讨了董事高管责任保险、政府监督、机构投资者、审计师等多种外部治理因素对公司会计信息质量的作用（Brown and Pinello，2007；Chung et al.，2015；梅丹、高强，2016；袁蓉丽等，2018；柳光强、王迪，2021）。其中在机构投资者以及审计师的治理方面，虽然很多经验证据显示其对公司会计信息质量具有积极的影响（Jiang and Yuan，2018；刘文军等，2010）；但也有研究发现，机构投资者频繁的业绩评估压力、追求短期获利的投资目标以及高昂的监督成本等会削弱机构投资者参与公司治理的积极性，导致对公司内部人监督无效甚至恶化（Ward et al.，2018；杨海燕等，2012）；而审计师能否发挥真正的监督作用还主要受限于其自身独立性的保持（Jiang et al.，2019）。总的来看，以往研究证明了基于不同的研究视角，公司治理机制对会计信息质量的效应具有显著的差异，但较少有文献从大股东与上市公司基于共同审计师执业所形成的共享审计师网络的角度去深入探究公司会计信息产出行为的变化。

5.2.3　机构投资者共享审计师网络与会计信息质量

根据委托—代理理论和信息不对称理论，由于与股东之间存在代理冲突，管理者为牟取私利可能会借助信息优势进行盈余操纵等自利行为（Jensen and Meckling，1976）。尽管独立审计在保障上市公司会计信息质量方面具有积极效用（Jiang and Yuan，2018），但其本质上也是一种委托—代理关系，审计师依然面临着信息不对称性问题，为了保证审计质量需要充分挖掘被审计单位信息。基金股东借助其专业、资源和经验优势，可以在对公司的实地调研等过程中获取私有“软信息”（王怀明、魏珈玮，2021），也可以通过广泛的校友、商业委托等关系网络，与公司管理者、其他同行等交往中获得隐性信息（Butler and Gurun，2012；Firth et al.，2013；Pool et al.，2015），同时由于持股多家公司，其在宏观经济和行业层面信息方面也具有明显优势（Chen et al.，2020；柳建华、季华，2011）。在与被投资上市公司共享审计师的情况下，开放式基金大股东的信息优势可以为共享审计师的信息掌握提供有益的补充，有效缓解审计师与被审计单位之间的信息不对称，使其能更有效地发现财务报告中的异常情况，加强对公司内部人信息操纵等行为的监督，提高会计信息质量。

同时，作为持股比例较大的机构投资者，开放式基金大股东往往具有对公司管理者和大股东进行监督的动机（Aggarwal et al.，2011）。上述共享审计师在网络内所产生的更多信息以及信息流动，能够促进开放式基金大股东的监督动机和监督能力，进而强化其监督行为。同时借助共享审计师网络，开放式基金大股东也能够更加清楚审计师的测试程序、职业判断、审计投入等具体执业行为（Francis and Wang，2021），便于其监督审计师提高独立性和审计质量。此外，共享审计师现象通常会面临来审计师联结各方更大的潜在诉讼压力，并且会受到来自市场上利益相关方的更广泛地关注和监督（Cai et al.，2016；宋云玲、宋衍蘅，2020），这些反过来可以进一步推动审计师提高审计质量。也就是说，共享审计师网络在强化开放式基金大股东和审计师各自监督效力的同时也有利于二者之间的合作监督行为，从而促进公司管理者和大股东约束其激进的会计信息产出行为等代理问题，即对公司会计信息质量产生积极的影响。由此本书提出假设 H5-1a：

H5-1a：开放式基金大股东共享审计师网络会能够提高公司会计信息质量。

由于具有随时可赎回、基金业绩与薪酬回报相挂钩等特点，我国开放式基金通常面临来自投资者退出和同行业竞争者的威胁，在此压力下，其可能为了追求短期业绩消极参与公司治理，甚至出现为了确保自身利益与公司内部人合谋侵占中小股东利益等问题（Ward et al.，2018）。另外，已有研究表明，作为券商客户的机构投资者会对关联分析师施压，阻止对其重仓股发表负面意见或调低评级（Firth et al，2013；Huang et al.，2016），关联分析师屈从于该类客户的意愿，“保护”客户持有的股票已成为业内的潜规则。类似地，审计师的审计意见决策通常能给上市公司股价带来显著的部负面影响（Chow and Rice，1982；Chen et al.，2016），一旦被出具非标准审计意见，开放式基金大股东将会面临巨大的经济损失。因此，在与被投资上市公司共享审计师的情况下，共享审计师网络所获取的更多信息以及信息流动，反而为具有消极监督动机的开放式基金大股东干涉审计师的监督行为提供了一条便利的途径，开放式基金大股东可能会在网络内借助与共享审计师的业务联系和信息掌握向其施压以寻求有利的审计意见，甚至会鼓动审计师共同参与为公司内部人的谋私行为进行掩盖和协助的行为中。

同时，作为营利性组织并且面临着审计市场激烈竞争的压力，会计师事务所有维持与现有客户关系和拓展市场份额的动机。当前我国开放式基金规模体量大幅增长，并且这类特殊的金融实体在我国设有诸多投资限制，使基金审计业务操作相对简单，审计成本也会相对更低，现已成为会计师事务所争抢的重要目标市场，同时开放式基金大股东身份还可以影响持股公司的审计师聘任决策（张敏等，2011）。因此，当面临开放式基金大股东借助共享审计师网络向其施加压力以寻求支持性审计意见时，其可能会选择顺从开放式大股东，此时开放式基金大股东和共享审计师的监督流于形式，公司内部人进行信息操纵等机会主义行为不能得到有效控制，会计信息质量将会下降。由此本书提出假设 H5－1b：

H5－1b：开放式基金大股东共享审计师网络会降低提高公司会计信息质量。

5.3 研究设计

5.3.1 研究样本

选取2010—2019年我国沪深两市A股上市公司作为研究对象，并对样本进行如下处理：①考虑到金融、保险行业财务数据计算的特殊性，剔除金融、保险行业的上市公司；②考虑特别处理公司的会计数据调整可能会影响研究结论的可靠性，剔除ST、*ST、PT及退市整理的上市公司；③刚上市的公司当年信息披露缺乏完整性，并且可能出现为迎合上市需求进行处理的情况，故剔除当年上市的公司数据；④对数据缺失的样本予以剔除；⑤为降低异常值的影响，对所有连续变量在1%和99%分位进行了Winsorize处理。最终共得到11741个公司—年度观测值。其中内部控制质量数据来自迪博内部控制与风险管理数据库（DIB），开放式基金大股东的审计机构数据来自万得数据库（Wind），开放式基金大股东与被投资上市公司共享审计师数据通过手工收集和比对而得到，其余财务数据均来自国泰安数据库（CSMAR），数据处理与分析采用 Stata 16 完成。

5.3.2 模型与变量

为检验开放式基金大股东共享审计师网络对公司会计信息质量的影响，构建如下模型（5-1）：

$$DA_{i,t}/Restate_{i,t} = \alpha_0 + \alpha_1 Shau_{i,t} + \sum \alpha_k Controls_{i,t} + \sum Industry + \sum Year + \varepsilon_{i,t} \quad (5-1)$$

被解释变量为会计信息质量。关于上市公司会计信息质量，选取两个指标进行衡量：盈余管理（DA）和财务重述次数（Restate）。其中盈余管理（DA）是基于扩展的 Jones 模型（陆建桥，1999）测算得出的可操纵性应计利润的绝对值。当 DA 越大时，即盈余管理程度越大，上市公司会计信息质量越低。同时借鉴蒋德权等（2018）的研究，采用财务报告重述次数（Restate）以度量会计信息质量，当上市公司年度内财务重述次数越多时，其会计信息质量便越低。

解释变量为共享审计师（Shau）。借鉴 Cai et al.（2016）和杨清香等（2015）的研究，如果上市公司与其任一开放式基金大股东聘任的会计师事务所是相同的，则定义为共享审计师，并且赋值为 1，否则赋值为 0。除非特别指出，这里的共享审计师是指聘用相同的会计师事务所，而开放式基金大股东是指上市公司的前十大流通股股东中的开放式基金大股东。

借鉴以往研究（Liao et al.，2022；蔡春等，2017），控制变量主要包括企业规模（Size）、财务杠杆（Lev）、净资产净利率（Roe）、企业成长（Growth）、内部控制质量（IC）、审计业务复杂性（RecInv）、股权集中度（Top10）、账面市值比（Mb）、董事会规模（Bod）、独董比例（Indep）、两职兼任情况（Dual）、企业年龄（Age）、年报审计意见类型（OP）、事务所规模（Big10）、产权性质（Soe），同时控制了年份（Year）和行业（Industry）固定效应和行业效应。变量界定见表5-1。

表5-1　变量定义

变量类型	变量名称	变量代码	定义及说明
被解释变量	应计盈余管理	DA	使用扩展的Jones模型得到的公司操控应计的绝对值
	财务重述	Restate	上市公司在一年中财务重述的次数总和
解释变量	共享审计师	Shau	当上市公司与其开放式基金股东聘任的会计师事务所有一家是相同的，则取值为1，否则为0
控制变量	企业规模	Size	总资产的自然对数
	财务杠杆	Lev	总负债/总资产
	净资产收益率	Roe	净利润/总资产
	企业成长	Growth	主营业务收入增长率
	内部控制质量	IC	内部控制指数/100
	审计业务复杂性	RecInv	（存货+应收账款）/总资产
	股权集中度	Top10	前十大股东持股比例
	账面市值比	Mb	账面市值/总资产
	董事会规模	Bod	董事会人数
	独董比例	Indep	独董人数/董事会人数
	两职兼任情况	Dual	若董事长与总经理两职由一人担任，则取值为1，否则为0
	企业年龄	Age	上市年限
	年报审计意见类型	OP	若当年审计意见为非标准审计意见，则赋值1，否则为0
	事务所规模	Big10	若上市公司由国内“十大”审计时，取值为1，否则为0
	产权性质	Soe	若控制权为国有设为1，否则为0
	年份	Year	年份虚拟变量
	行业	Industry	行业虚拟变量

5.4 实证结果与分析

5.4.1 描述性统计与单变量分析

表5-2报告了主要变量的描述性统计结果。由表5-2可知，盈余管理（DA）的均值为0.055，最小值为0.001，最大值为0.308，反映出中国上市公司间盈余管理程度有所差别，且部分上市公司之间相差很大。财务报告重述（Restate）的最大值是4，最小值为0，这表明样本公司财务报告重述次数最大为4次，最小为0次，标准差为0.383，说明我国上市公司之间的财务报告重述程度存在一定区别。共享审计师（Shau）的均值为0.052，表明大约有5.2%的上市公司与其开放式基金大股东在当年聘任了相同的会计师事务所。其他控制变量的描述结果与以往研究基本一致。单变量检验结果显示，不共享审计师组（Shau=0）上市公司DA、Restate的均值分别为0.055、0.222，而共享审计师组（Shau=1）上市公司DA、Restate的均值仅为0.049、0.141，单变量T检验均在1%水平上显著，这说明了与开放式基金大股东共享审计师的样本公司其会计信息质量要显著优于未与开放式基金大股东共享审计师的样本公司，初步验证了H5-1a。

表5-2 描述性统计结果

变量	数量	均值	中位数	标准差	最小值	最大值	均值(Shau=0)	均值(Shau=1)	均值差异T检验
							N=11130	N=611	
DA	11741	0.055	0.037	0.056	0.001	0.308	0.055	0.049	2.634***
Restate	11741	0.217	0.000	0.383	0.000	4.000	0.222	0.141	3.805***

续表

变量	数量	均值	中位数	标准差	最小值	最大值	均值 (Shau = 0)	均值 (Shau = 1)	均值差异 T检验
							N = 11130	N = 611	
Shau	11741	0.052	0.000	0.222	0.000	1.000	0.000	1.000	
Size	11741	22.354	22.177	1.277	20.084	26.181	22.298	23.360	-20.361***
Lev	11741	0.436	0.435	0.207	0.054	0.864	0.433	0.495	-7.219***
Roe	11741	0.086	0.083	0.096	-0.358	0.367	0.085	0.109	-6.125***
Growth	11741	0.435	0.156	1.109	-0.634	7.748	0.438	0.385	1.153
IC	11741	6.631	6.791	1.126	0.000	8.850	6.617	6.883	-5.699***
RecInv	11741	0.115	0.091	0.103	0.000	0.473	0.115	0.111	0.912
Top10	11741	0.590	0.598	0.149	0.221	0.953	0.587	0.643	-9.061***
MB	11741	0.519	0.483	0.258	0.097	1.154	0.515	0.600	-7.988***
Bod	11741	2.264	2.303	0.176	1.792	2.773	2.263	2.285	-3.071***
Indep	11741	0.374	0.333	0.054	0.333	0.571	0.373	0.383	-4.542***
Dual	11741	0.238	0.000	0.426	0.000	1.000	0.241	0.177	3.651***
Age	11741	2.169	2.303	0.736	0.693	3.258	2.159	2.360	-6.591***
OP	11741	0.015	0.000	0.120	0.000	1.000	0.015	0.013	0.329
Big10	11741	0.557	1.000	0.497	0.000	1.000	0.541	0.854	-15.342***
Soe	11741	0.440	0.000	0.496	0.000	1.000	0.433	0.570	-6.643***

注：*** 表示1%的显著性水平。变量定义参见表5-1。

5.4.2　基本回归结果

表5-3报告了开放式基金大股东共享审计师网络与公司会计信息质量的回归结果。如表5-3所示，当以操纵性应计利润（DA）为被解释变量时，开放式基金大股东共享审计师网络（Shau）的回归系数为-0.005，并且在5%的水平上显著；当以财务重述（Restate）为被解释变量时，开放式基金大股东共享审计师网络（Shau）的回归系数为-0.056，并且在1%的水平上显著。

回归结果表明，与开放式基金大股东共享审计师能够显著抑制上市公司的盈余管理程度和财务重述行为，即显著提高了上市公司的会计信息质量，H5－1a 得以验证。原因可能是在开放式基金共享审计师网络内，开放式基金大股东的信息优势可以为共享审计师的信息掌握提供有益的补充，帮助审计师更好的执行审计监督；同时，网络内的信息流动也有助于开放式基金大股东更好的掌握被投资上市公司的实际情况，有助于促进开放式基金大股东的监督行为；此外，具有监督动机的开放式基金大股东也可以借助共享审计师网络向审计师施加压力使其严格审计，从而强化二者的监督合力，这些抑制了公司管理者和大股东的不当会计信息产出行为，因而公司会计信息质量得以提高。

表 5－3　开放式基金大股东共享审计师与公司会计信息质量的回归结果

变量	(1)	(2)
	DA	Restate
Shau	－0.005**	－0.056***
	(－2.03)	(－3.30)
Size	－0.001	－0.011*
	(－1.36)	(－1.71)
Lev	0.052***	0.143***
	(14.00)	(4.31)
Roe	－0.007	－0.141**
	(－0.71)	(－2.09)
Growth	0.006***	0.014***
	(7.14)	(2.77)
IC	0.000	－0.032***
	(0.36)	(－4.78)
RecInv	0.017***	－0.050
	(2.60)	(－0.91)

续表

变量	(1)	(2)
	DA	Restate
Top10	0.015***	-0.035
	(3.61)	(-0.90)
MB	-0.035***	-0.008
	(-9.70)	(-0.23)
Bod	-0.014***	0.059*
	(-4.06)	(1.70)
Indep	-0.023**	0.122
	(-2.13)	(1.16)
Dual	0.001	0.010
	(1.12)	(0.91)
Age	0.003***	0.038***
	(3.19)	(4.20)
OP	0.028***	0.249***
	(4.75)	(3.78)
Big10	-0.002*	-0.026***
	(-1.65)	(-2.68)
Soe	-0.006***	-0.052***
	(-4.21)	(-4.35)
_cons	0.100***	0.447***
	(6.05)	(3.03)
Year	控制	控制
Industry	控制	控制
N	11741	11741
Adj. R2	0.094	0.052

注：***、** 和 * 分别表示 1%、5% 和 10% 的显著性水平。变量定义参见表 5-1。回归标准误经过公司水平群调整。

5.4.3 作用机制检验

为了更好地理解共享审计师对公司会计信息质量的作用机制，沿用基本模型，进一步实证检验了与其开放式基金股东共享审计师对上市公司的信息不对称性、审计师努力程度以及管理层过度自信的影响，以强化上述理论推测。

1. 信息不对称性

信息不对称性的客观存在为管理者进行盈余信息操纵创造了便利条件，这是导致我国上市公司会计信息质量低下的关键原因。通过前文的理论推测可知，当上市公司与其开放式基金股东共享审计师时，共享审计师从开放式基金大股东处可以获得与被审计客户有关的增量信息，同时共享审计师网络所带来的信息流动可以促进开放式基金大股东对被投资上市公司真实情况的掌握，这些能够有效降低上市公司的信息不对称程度，有利于审计师及时发现财务报表粉饰和造假行为，提高审计监督效力，强化开放式基金大股东的监督行为以及开放式基金大股东与审计师的合作监督效力，在这种情况下，公司内部人的不当会计信息产出行为会得到抑制，会计信息质量得以提高。为证明这一推测，构建模型（5－2）来检验开放式基金大股东共享审计师网络与信息不对称之间的关系：

$$INF\_ASY_{i,t} = \alpha_0 + \alpha_1 Shau_{i,t} + \sum \alpha_k Controls_{i,t} + \sum Industry + \sum Year + \varepsilon_{i,t} \quad (5-2)$$

被解释变量 INF_ASY 为公司的信息不对称，参考王化成等（2017）的研究，分别选用分析师盈余预测误差（Ferror）和分析师盈余预测分歧度（Fdisp）两个变量作为信息不对称的代理变量。其中，分析师盈余预测误差的计算是：用分析师每股收益预测均值减当年个股实际每股收益取绝对值再除以实际每股收益的绝对值；分析师盈余预测分歧度的计算是：用分析师每股收益预测的标准差除以每股收益预测的均值取绝对值。控制变量与模型（5－1）一致。

回归结果如表5－4第（1）列所示，在控制其他因素的影响之后，共享审计师（Shau）对分析师盈余预测误差（Ferror）、分析师盈余预测分歧度（Fdisp）的回归系数分别在10%和5%水平上显著为负，结果验证了上述推论，即与其开放式基金大股东共享审计师降低了公司的信息不对称，从而可以提高公司会计信息质量。

2. 审计师努力程度

独立审计作为一项重要的公司外部治理机制，其主要职责是为上市公司会计信息的真实性和可靠性进行鉴证（Kellpgg，1984；Dye，1993），因而其审计质量的高低将直接关乎企业会计信息质量的好坏。值得注意的是，审计质量的提高与审计师的主观努力程度密不可分。若审计师在审计过程中付诸的努力程度越高，其收集得到的审计证据就越充分适当，相应地更容易发现被审计单位的盈余管理等不当行为，并且能够显著降低财务重述概率（Hillegeist，1999；Lobo and Zhao，2013）。开放式基金大股东共享审计师网络这一非正式沟通渠道可以加强审计师的信息获取以及信息流动，另外还会影响开放式基金大股东对共享审计师的审计职业监督，信息获取的便利以及开放式基金大股东的监督压力，能够促使审计师增加努力程度以尽可能减少上市公司有意或无意的会计信息错报和遗漏行为，进而改善上市公司的会计信息质量水平。为验证这一推测，检验开放式基金大股东共享审计师网络与审计师努力程度之间的关系，构建如下检验模型（5－3）：

$$ABfee_{i,t} = \alpha_0 + \alpha_1 Shau_{i,t} + \sum \alpha_k Controls_{i,t} + \sum Industry + \sum Year + \varepsilon_{i,t} \quad (5-3)$$

参考高瑜彬等（2017）提出的审计定价模型，将该模型拟合后的残差所反映的异常审计费用作为审计师努力程度的代理变量。控制变量与模型（5-1）一致。

回归结果如表5-4第（2）列所示，共享审计师（Shau）对审计师努力程度（ABfee）的回归系数在10%的水平上显著为正，结果支持了上述推论，即开放式基金大股东与被投资上市公司共享审计师提高了审计师努力程度，因此促进了公司会计信息质量的改善。

3. 管理层过度自信

根据高层梯队理论，管理者的人口特征和心理特征均会对上市公司的会计信息质量产生重大影响，这是因为，过度自信的管理层基于手中掌握的重大决策权容易产生控制幻觉，“膨胀”的心理使管理层往往低估风险而高估收益，进而推动及实施一系列激进冒险的投融资决策，最终损害会计信息质量（Ahmed and Duellman，2013；孙光国、赵健宇，2014）。此时外部治理机制的监督和干预可以在一定程度上缩小了管理层的自由决策空间，由此有助于抑制管理层过度自信倾向（周杰、薛有志，2011；梁上坤，2015）。如前文所述，开放式基金大股东共享审计师网络能够促进审计师和开放式基金大股东各自的监督效力以及二者的合作监督行为，来自外部审计和基金股东这两大外部治理主体的双重监督预期会对上市公司管理层的过度自信倾向起到抑制作用，最终有助于约束其从事破坏公司会计信息质量的决策行为。为验证以上推论，检验开放式基金大股东共享审计师网络与管理层过度自信之间的关系，构建如下检验模型（5-4）：

$$Overcof_{i,t} = \alpha_0 + \alpha_1 Shau_{i,t} + \sum \alpha_k Controls_{i,t} + \sum Industry + \sum Year + \varepsilon_{i,t} \quad (5-4)$$

参考梁上坤（2015）的研究，以管理者持股变化来衡量管理层过度自信（Overcof）。如果管理层在当年增持本公司股票，且该增持不包括转股和送股在内，则管理层过度自信（Overcof）取值为1，否则为0，控制变量与模型（1）一致。

回归结果如表5-4第（3）列所示，共享审计师（Shau）对管理层过度自信（Overcof）的回归系数在10%的水平上显著为负，结果支持了上述推论，即与开放式基金大股东共享审计师能够有效抑制管理层的过度自信，因此促进了公司会计信息质量的改善。

表5-4 共享审计师与信息不对称性、审计师努力程度、管理层过度自信的回归结果

变量	(1)		(2)	(3)
	Ferror	Fdisp	ABfee	Overcof
Shau	-0.269* (-1.76)	-0.194** (-2.03)	0.022* (1.70)	-0.193* (-1.94)
Size	-0.070 (-1.16)	-0.025 (-0.69)	-0.010*** (-2.70)	0.410*** (13.05)
Lev	0.390 (1.29)	0.440** (2.47)	-0.030* (-1.70)	-0.466*** (-3.26)
Roe	-12.132*** (-19.19)	-6.583*** (-16.98)	-0.419*** (-12.00)	1.583*** (5.58)
Growth	0.019 (0.51)	0.042 (1.63)	-0.016*** (-5.58)	-0.008 (-0.41)
IC	-0.275*** (-4.12)	-0.086** (-2.27)	-0.009*** (-2.86)	-0.002 (-0.07)
RecInv	0.234 (0.44)	-0.594* (-1.94)	0.004 (0.14)	1.556*** (6.56)
Top10	-1.074*** (-3.15)	-0.482** (-2.41)	-0.043** (-2.16)	-2.041*** (-12.18)

续表

变量	(1)		(2)	(3)
	Ferror	Fdisp	ABfee	Overcof
MB	1.135***	0.488**	-0.007	-0.782***
	(3.52)	(2.56)	(-0.42)	(-5.24)
Bod	-0.326	-0.096	0.005	0.399***
	(-1.01)	(-0.49)	(0.27)	(2.62)
Indep	2.082**	1.263**	0.024	0.236
	(2.18)	(2.20)	(0.45)	(0.52)
Dual	-0.012	0.045	-0.016**	0.117**
	(-0.12)	(0.79)	(-2.55)	(2.32)
Age	-0.089	-0.053	0.022***	-0.361***
	(-1.24)	(-1.27)	(4.06)	(-9.02)
OP	0.329	-0.050	0.067**	-0.282
	(0.44)	(-0.12)	(2.49)	(-1.41)
Big10	0.042	0.040	-0.005	-0.065
	(0.47)	(0.78)	(-1.06)	(-1.49)
Soe	-0.278***	-0.157**	0.015**	-1.118***
	(-2.61)	(-2.55)	(2.34)	(-20.52)
_cons	6.892***	2.892***	0.224***	-8.355***
	(4.88)	(3.37)	(2.85)	(-11.77)
Year	控制	控制	控制	控制
Industry	控制	控制	控制	控制
N	10861	10861	11283	11741
Adj_R2 /Pseudo R2	0.115	0.097	0.072	0.119

注：***、**和*分别表示1%、5%和10%的显著性水平。变量定义参见表5-1。回归标准误经过公司水平群调整。

5.5　稳健性测试

5.5.1　工具变量法

上市公司内部人可能会为了信息操纵而对其审计师聘用决策做出调整，即与开放式基金大股东共享审计师对会计信息质量的提高作用可能存在内生性问题，采用工具变量法来解决。为缓解共享审计师与公司会计信息质量之间的潜在内生性问题，借鉴张瑞君、徐鑫（2017）的做法，选取相同年度相同行业其他上市公司与开放式基金大股东共享审计师的均值（Mean1）和相同年度相同地区其他上市公司与其开放式基金大股东共享审计师的均值（Mean2）作为工具变量。同行业或同地区上市公司的市场竞争环境相似，相互之间容易产生模仿行为（万良勇等，2016），同年度同行业或同年度同地区其他上市公司选聘审计师的行为可能会影响所观测公司的审计师聘用决策，但无证据显示同年度同行业或同年度同地区其他上市公司的审计师聘用决策会影响所观测公司的会计信息质量。上述两个工具变量均通过了弱工具变量和过度识别检验。

采取2SLS、LIML、GMM三种工具变量法回归，结果见表5-5。Panel A（第一阶段）的结果显示，工具变量Mean1和Mean2的系数均在1%的水平上显著为正，这说明工具变量对共享审计师（Shau）的解释力较好。Panel B（第二阶段）的结果显示，在三种工具变量法下，共享审计师（Shau）与盈余管理（DA）的回归系数在10%的水平上显著为负，并且与财务重述（Restate）的回归系数在1%的水平上显著为负。上述结果说明在控制了内生性问题后，共享审计师依然能够显著降低公司盈余管理程度和财务重述次数，即共享审计师提高了上市公司的会计信息质量，进一步支持了假设 H5 - 1a。

表 5 - 5　　　　工具变量法检验结果

Panel A（第一阶段）		Panel B（第二阶段）						
变量	Shau	变量	DA			Restate		
			2SLS	LIML	GMM	2SLS	LIML	GMM
Mean1	8.583*** (10.36)	Shau	-0.020* (-1.77)	-0.020* (-1.77)	-0.019* (-1.69)	-0.365*** (-3.05)	-0.365*** (-3.05)	-0.364*** (-3.04)
Mean2	7.356*** (13.53)	Size	-0.000 (-0.44)	-0.000 (-0.43)	-0.000 (-0.46)	0.001 (0.17)	0.001 (0.17)	0.001 (0.16)
Size	0.312*** (10.63)	Lev	0.051*** (13.83)	0.051*** (13.83)	0.051*** (13.81)	0.135*** (4.01)	0.135*** (4.01)	0.135*** (4.00)
Lev	-0.035 (-0.24)	Roe	-0.006 (-0.68)	-0.006 (-0.68)	-0.006 (-0.67)	-0.135** (-2.00)	-0.135** (-2.00)	-0.133** (-1.98)
Roe	0.560** (2.02)	Growth	0.006*** (7.11)	0.006*** (7.11)	0.006*** (7.10)	0.013*** (2.61)	0.013*** (2.61)	0.013*** (2.62)
Growth	-0.032 (-1.40)	IC	0.000 (0.41)	0.000 (0.41)	0.000 (0.36)	-0.031*** (-4.69)	-0.031*** (-4.69)	-0.031*** (-4.72)
IC	-0.001 (-0.03)	RecInv	0.018*** (2.72)	0.018*** (2.72)	0.018*** (2.72)	-0.033 (-0.58)	-0.033 (-0.58)	-0.032 (-0.58)
RecInv	0.522** (2.26)	Top10	0.016*** (3.76)	0.016*** (3.76)	0.016*** (3.75)	-0.015 (-0.37)	-0.015 (-0.37)	-0.015 (-0.37)
Top10	0.405** (2.35)	MB	-0.037*** (-9.67)	-0.037*** (-9.67)	-0.037*** (-9.68)	-0.034 (-0.98)	-0.034 (-0.98)	-0.034 (-0.97)
MB	-0.693*** (-4.40)	Bod	-0.014*** (-4.10)	-0.014*** (-4.10)	-0.014*** (-4.10)	0.056 (1.61)	0.056 (1.61)	0.057 (1.62)
Bod	-0.067 (-0.43)	Indep	-0.022* (-1.95)	-0.022* (-1.95)	-0.022** (-1.98)	0.158 (1.47)	0.158 (1.47)	0.160 (1.48)
Indep	0.873** (1.96)	Dual	0.001 (1.05)	0.001 (1.05)	0.001 (1.02)	0.009 (0.76)	0.009 (0.76)	0.009 (0.75)

续表

Panel A（第一阶段）		Panel B（第二阶段）						
变量	Shau	变量	DA			Restate		
			2SLS	LIML	GMM	2SLS	LIML	GMM
Dual	-0.054 (-0.92)	Age	0.004*** (3.32)	0.004*** (3.32)	0.004*** (3.28)	0.041*** (4.48)	0.041*** (4.48)	0.041*** (4.48)
Age	0.109** (2.51)	OP	0.028*** (4.77)	0.028*** (4.77)	0.028*** (4.73)	0.253*** (3.83)	0.253*** (3.83)	0.253*** (3.83)
OP	0.059 (0.30)	Big10	-0.001 (-0.80)	-0.001 (-0.79)	-0.001 (-0.89)	-0.010 (-0.91)	-0.010 (-0.91)	-0.010 (-0.93)
Big10	0.640*** (11.69)	Soe	-0.006*** (-4.20)	-0.006*** (-4.20)	-0.006*** (-4.21)	-0.051*** (-4.28)	-0.051*** (-4.28)	-0.051*** (-4.30)
Soe	-0.077 (-1.31)	_cons	0.086*** (4.33)	0.086*** (4.33)	0.087*** (4.38)	0.158 (0.82)	0.158 (0.82)	0.159 (0.83)
_cons	-10.455*** (-15.42)							
Year	控制	Year	控制	控制	控制	控制	控制	控制
Industry	控制	Industry	控制	控制	控制	控制	控制	控制
N	11560	N	11741	11741	11741	11741	11741	11741
Pseudo R2	0.212	Adj. R2	0.091	0.091	0.091	0.035	0.035	0.035

注：***、**和*分别表示1%、5%和10%的显著性水平。Cragg - Donald Wald F为117.18，Hansen J统计量为0.14（p=0.706），表明工具变量符合相关性和外生性要求。变量定义参见表5-1。回归标准误经过公司水平群调整。

5.5.2 Heckman两阶段法

为了使上述结论更加稳健，同时采用Heckman两阶段法来解决潜在的样本自选择问题，选取相同年度相同行业其他上市公司与其基金股东共享审计的均值（Mean1）作为外生变量，第一阶段构建共享审计师的 Probit 估计方程，估算逆米尔斯比率 IMR。在第二阶段，将逆米尔斯比率 IMR 作为控制变量加入模型（5 - 1）中进行回归，结果如表 5 - 6 所示，IMR 系数为正且不显著，证明研究样本不存在自选择问题。共享审计师（Shau）对盈余管理（DA）的回归系数依旧在 10% 的水平上显著为负，对财务重述（Restate）的回归系数在 1% 的水平上显著为负，进一步验证了 H5 - 1a。

表 5 - 6　　Heckman 两阶段法第二阶段检验结果

变量	DA	Restate
Shau	-0.004*	-0.047***
	(-1.94)	(-2.72)
Size	-0.001	0.004
	(-1.02)	(0.44)
Lev	0.052***	0.128***
	(13.77)	(3.81)
Roe	-0.006	-0.116*
	(-0.67)	(-1.71)
Growth	0.006***	0.012**
	(6.90)	(2.46)
IC	0.000	-0.032***
	(0.44)	(-4.74)
RecInv	0.018***	-0.029
	(2.71)	(-0.51)
Top10	0.015***	-0.019
	(3.54)	(-0.48)
MB	-0.035***	-0.038
	(-9.25)	(-1.08)
Bod	-0.014***	0.050
	(-4.02)	(1.43)

续表

变量	DA	Restate
Indep	-0.022** (-1.99)	0.147 (1.38)
Dual	0.001 (0.88)	0.007 (0.58)
Age	0.003*** (3.07)	0.044*** (4.67)
OP	0.028*** (4.81)	0.253*** (3.82)
Big10	-0.001 (-1.02)	0.001 (0.05)
Soe	-0.006*** (-4.36)	-0.054*** (-4.50)
IMR	0.001 (0.34)	0.050*** (2.88)
_cons	0.096*** (4.17)	-0.011 (-0.05)
Year	控制	控制
Industry	控制	控制
N	11560	11560
Adj. R2	0.094	0.053

注：***、**和*分别表示在1%、5%和10%的显著性水平。变量定义参见表5-1。回归标准误经过公司水平群调整。

5.5.3 PSM倾向得分匹配法

借鉴杨清香等（2015）和张宏亮等（2021）的研究，为进一步控制样本选择性偏差问题，采用半径匹配法和核匹配法为共享审计师样本寻找配对样本，对匹配后的样本重新采用模型（5-1）

进行回归。结果如表5-7所示，共享审计师（Shau）与盈余管理（DA）的回归系数在5%的水平上显著为负，而与财务重述（Restate）的回归系数在1%的水平上显著为负，说明在用PSM控制了样本选择性偏差问题后，共享审计师仍然能够显著降低公司的盈余管理程度和财务重述，再次验证了基本回归结果是稳健的。

表5-7　　PSM倾向得分匹配法检验结果

变量	DA		Restate	
	半径匹配	核匹配	半径匹配	核匹配
Shau	-0.004**	-0.005**	-0.056***	-0.055***
	(-2.02)	(-2.05)	(-3.31)	(-3.24)
Size	-0.001	-0.001	-0.010	-0.012*
	(-1.45)	(-1.62)	(-1.57)	(-1.76)
Lev	0.052***	0.052***	0.136***	0.137***
	(13.86)	(13.62)	(4.04)	(4.03)
Roe	-0.007	-0.000	-0.140**	-0.126*
	(-0.70)	(-0.04)	(-2.07)	(-1.85)
Growth	0.006***	0.006***	0.014***	0.013***
	(6.91)	(6.65)	(2.72)	(2.60)
IC	0.000	0.000	-0.032***	-0.032***
	(0.43)	(0.42)	(-4.79)	(-4.75)
RecInv	0.018***	0.019***	-0.056	-0.065
	(2.70)	(2.81)	(-1.01)	(-1.17)
Top10	0.015***	0.015***	-0.038	-0.037
	(3.55)	(3.59)	(-0.98)	(-0.93)
MB	-0.035***	-0.034***	-0.009	-0.003
	(-9.57)	(-9.08)	(-0.26)	(-0.10)
Bod	-0.014***	-0.014***	0.055	0.042
	(-4.01)	(-3.95)	(1.56)	(1.20)

续表

变量	DA		Restate	
	半径匹配	核匹配	半径匹配	核匹配
Indep	-0.022**	-0.021*	0.116	0.079
	(-2.03)	(-1.93)	(1.09)	(0.74)
Dual	0.001	0.001	0.009	0.008
	(0.90)	(0.96)	(0.77)	(0.66)
Age	0.003***	0.003***	0.039***	0.038***
	(3.07)	(3.06)	(4.27)	(4.15)
OP	0.028***	0.026***	0.251***	0.242***
	(4.81)	(4.30)	(3.78)	(3.59)
Big10	-0.002	-0.002	-0.026***	-0.028***
	(-1.61)	(-1.48)	(-2.67)	(-2.85)
Soe	-0.006***	-0.006***	-0.052***	-0.051***
	(-4.36)	(-4.34)	(-4.34)	(-4.29)
_cons	0.101***	0.103***	0.447***	0.525***
	(6.09)	(6.08)	(3.02)	(3.52)
Year	控制	控制	控制	控制
Industry	控制	控制	控制	控制
N	10607	10374	10607	10374
Adj. R2	0.349	0.350	0.091	0.090

注：***、** 和 * 分别表示在 1%、5% 和 10% 的显著性水平。变量定义参见表 5-1。回归标准误经过公司水平群调整。

5.5.4　替换变量衡量方式

为保证主要问题研究结果的稳定性，本章进一步做了如下稳健性检验，包括：

1. 替换被解释变量衡量方式

替代采用修正琼斯模型（Dechow et al.，1995）重新计算可操纵性应计利润的绝对值（DA1）。同时借鉴杨清香等（2015）的研究，使用上市公司当年是否发生财务重述（Restate1）这一虚拟变量来替代财务重述次数（Restate），若上市公司当年发生财务重述，则赋值1，否则为0。回归结果如表5-8第（1）列、第（2）列所示，结果未发生实质性变化。

2. 替换解释变量衡量方式

借鉴蔡利等（2018）的研究，采用共享审计师的程度（Shau_num）作为共享审计师（Shau）的替代变量，重新采用模型（5-1）进行回归。共享审计师的程度是指上市公司当年与其开放式基金大股东共享审计师的数量，如上市公司当年与其三个开放式基金大股东聘请相同的会计师事务所，则Shau_num为3。回归结果如表5-8第（3）列、第（4）列所示，共享审计师的程度（Shau_num）与盈余管理（DA）、财务重述（Restate）的系数分别在5%和1%的水平上显著为负，结论依然保持稳健。

表5-8　替换变量衡量方式的检验结果

变量	替换被解释变量		替换解释变量	
	(1)	(2)	(3)	(4)
	DA1	Restate1	DA	Restate
Shau	-0.010*	-0.346***		
	(-1.84)	(-2.61)		
Shau_num			-0.005**	-0.056***
			(-2.03)	(-3.30)
Size	-0.002	-0.077**	-0.001	-0.011*
	(-1.07)	(-2.09)	(-1.36)	(-1.71)
Lev	0.020**	0.767***	0.052***	0.143***
	(2.50)	(4.43)	(14.00)	(4.31)
Roe	0.043***	-0.610**	-0.007	-0.141**
	(2.64)	(-2.04)	(-0.71)	(-2.09)

续表

变量	替换被解释变量		替换解释变量	
	(1)	(2)	(3)	(4)
	DA1	Restate1	DA	Restate
Growth	0.008 ***	0.072 ***	0.006 ***	0.014 ***
	(3.67)	(3.14)	(7.14)	(2.77)
IC	0.000	-0.130 ***	0.000	-0.032 ***
	(0.41)	(-5.71)	(0.36)	(-4.78)
RecInv	0.011	-0.345	0.017 ***	-0.050
	(0.78)	(-1.20)	(2.60)	(-0.91)
Top10	0.050 ***	0.020	0.015 ***	-0.035
	(5.19)	(0.10)	(3.61)	(-0.90)
MB	-0.041 ***	-0.050	-0.035 ***	-0.008
	(-5.50)	(-0.29)	(-9.70)	(-0.23)
Bod	-0.030 ***	0.288	-0.014 ***	0.059 *
	(-3.68)	(1.62)	(-4.06)	(1.70)
Indep	0.014	0.731	-0.023 **	0.122
	(0.57)	(1.33)	(-2.13)	(1.16)
Dual	-0.000	0.092	0.001	0.010
	(-0.08)	(1.52)	(1.12)	(0.91)
Age	0.004	0.233 ***	0.003 ***	0.038 ***
	(1.62)	(4.79)	(3.19)	(4.20)
OP	0.008	0.606 ***	0.028 ***	0.249 ***
	(0.78)	(3.22)	(4.75)	(3.78)
Big10	-0.001	-0.149 ***	-0.002 *	-0.026 ***
	(-0.28)	(-2.88)	(-1.65)	(-2.68)
Soe	-0.009 ***	-0.252 ***	-0.006 ***	-0.052 ***
	(-2.90)	(-4.00)	(-4.21)	(-4.35)

续表

变量	替换被解释变量		替换解释变量	
	(1)	(2)	(3)	(4)
	DA1	Restate1	DA	Restate
_cons	0.122***	-0.608	0.100***	0.447***
	(3.68)	(-0.75)	(6.05)	(3.03)
Year	控制	控制	控制	控制
Industry	控制	控制	控制	控制
N	10454	10325	11741	11741
Pseudo R2/Adj. R2	0.163	0.0481	0.094	0.052

注：***、** 和 * 分别表示在 1%、5% 和 10% 的显著性水平。变量定义参见表 5-1。回归标准误经过公司水平群调整。

5.6 进一步研究

5.6.1 区分正负向盈余管理

通常情况下，上市公司会出于不同目的而相机选择正向或者负向盈余管理方式，由此给审计师带来的诉讼压力也是不同的（徐浩萍，2004）。其中正向盈余管理往往以调高利润为目的，更能满足管理层追求个人利益最大化的动机。但未来如果没有足够的营业利润作为保证，必然会引致经营业绩的下滑，误导开放式基金大股东等投资者的相关决策。相反，负向盈余管理则主要是通过延迟确认收入或者提前确认费用等方式来调低利润，将当期的会计盈余平滑到未来各期，符合会计稳健性原则（申慧慧，2010）。并且现已有充分证据表明，一旦上市公司被发现夸大利润，审计师的声誉会因此受损，但当上市公司低报利润时，审计师通常不会受到惩罚

（Kellogg，1984；Caramanis and Lennox，2008）。鉴于这一不对称的损失后果，审计师可能会对被审计单位的正向盈余管理行为更为敏感。为此，根据操控性应计利润的符号将全样本划分为正向盈余管理（DA +）和负向盈余管理（DA -）两个子样本，以进一步探讨开放式基金大股东共享审计师网络对正负向盈余管理程度的影响。由表5 - 6 第（1）列可知，当被解释变量为正向盈余管理（DA +）时，共享审计师（Shau）的系数在5%的水平上显著为负，而当被解释变量为负向盈余管理（DA -）时，共享审计师（Shau）的系数并不显著，这表明与开放式基金大股东共享审计师可以显著抑制上市公司的正向盈余管理行为，而对负向盈余管理行为则相对不敏感，结果符合上述推论。

5.6.2　区分财务重述的性质和内容

上市公司财务重述通常涉及信息披露不实、重大遗漏和一系列违规操作等行为，其会计信息质量低下已成既定事实，然而不同类型的财务重述所造成的经济后果会存在一定差异。相较于企业的无意错报，资本市场会对涉嫌欺诈的故意错报产生更强烈的负面股价反应（Palmrose et al.，2004；Hennes et al.，2008）。并且这类欺诈性财务重述公司在债务融资上也往往面临着更高的贷款利差和更短的还款期限（Graham et al.，2008）。而作为企业内部会计信息的直接生产者和提供者，CEO 和 CFO 在欺诈性财务重述公司的离职率会显著高于其他财务重述公司（Hennes et al.，2008）。此外，当财务重述的内容涉及营业收入、成本费用和利润等核心财务指标时，会直接或间接影响投资者对上市公司的价值判断，其市场反应要比非核心财务重述表现得更加糟糕（Palmrose et al.，2004；魏志华等，2009；戴亦一等，2011）。结合表5 - 3 的结论，开放式基金大股东共享审计师网络对财务重述具有抑制作用，考虑到不同类型的财务重述行为对股东财富的损害和对投资者的敏感程度不同，那么开放式基金大股东共享审计师网络对不同类型财务重述的抑制效果也可能会出现差异。

基于此，借鉴何威风、刘启亮（2010）的研究，从性质和内容两个方面将财务重述类型分别划分为：欺诈性财务重述与非欺诈性财务重述，核心财务重述与非核心财务重述，进一步探讨共享审计师对不同类型财务重述行为的监督效用。关于欺诈性财务重述的界定，以国泰安（CSMAR）违规处理数据库中2010—2019年因违规而受到中国证监会处罚的上市公司为欺诈样本，如果上市公司当年度既发生财务重述又有财务欺诈行为，则将其定义为欺诈性财务重述，用虚拟变量Restate3表示，取值为1，否则取值为0；当上市公司仅发生财务重述而未涉及财务欺诈时，用虚拟变量Restate4表示，取值为1，否则取值为0。另外，根据财务重述的内容是否涉及营业收入、成本费用和利润等核心财务指标，上市公司财务重述可分为核心财务重述与非核心财务重述，设置虚拟变量Restate5和Restate6表示，当财务重述为核心财务重述时Restate5取值为1，否则取值为0；当财务重述为非核心财务重述时Restate6取值为1，否则取值为0。

表5-9第（2）列是共享审计师与不同性质财务重述行为的回归结果。当被解释变量为欺诈性财务重述（Restate3）时，共享审计师（Shau）的回归系数在5%的水平上显著为负，但当被解释变量为非欺诈性财务重述（Restate4）时，共享审计师（Shau）的回归系数不显著，这说明与开放式基金大股东共享审计师仅对上市公司欺诈性财务重述行为起到显著的监督约束作用。表5-9第（3）列则是共享审计师与涉及不同内容的财务重述行为的回归结果。当被解释变量为核心财务重述（Restate5）时，共享审计师（Shau）的回归系数在1%的水平上显著为负，但当被解释变量为非核心财务重述（Restate6）时，共享审计师（Shau）的回归系数不显著，这说明与开放式基金大股东共享审计师能够有效减少上市

公司涉及核心财务指标的重述行为。综上所述，开放式基金大股东共享审计师网络对不同类型财务重述行为的影响会产生较大差异，当涉及与开放式基金大股东等投资者切身利益联系更为紧密的欺诈性财务重述、核心财务重述行为时，开放式基金大股东共享审计师网络可以发挥出更为明显的监督效用。

表5-9　进一步分析：区分盈余管理方向、财务重述的性质及内容

变量	(1)		(2)		(3)	
	DA +	DA -	Restate3	Restate4	Restate5	Restate6
Shau	-0.008**	-0.001	-0.553**	-0.224	-0.669***	-0.063
	(-2.32)	(-0.33)	(-2.19)	(-1.51)	(-3.11)	(-0.40)
Size	-0.002**	0.003***	0.109*	-0.159***	-0.044	-0.089*
	(-2.24)	(3.17)	(1.69)	(-3.79)	(-0.83)	(-1.87)
Lev	0.037***	-0.053***	0.487	0.764***	0.488**	0.811***
	(6.73)	(-13.11)	(1.56)	(3.97)	(1.97)	(3.68)
Roe	0.144***	0.089***	-1.411***	-0.151	-0.954**	-0.371
	(10.70)	(9.88)	(-3.05)	(-0.45)	(-2.39)	(-0.99)
Growth	0.006***	-0.004***	0.069*	0.063**	0.051	0.077***
	(5.89)	(-4.49)	(1.68)	(2.49)	(1.57)	(2.73)
IC	0.001	-0.001	-0.209***	-0.037	-0.099***	-0.102***
	(0.55)	(-1.59)	(-6.66)	(-1.49)	(-3.27)	(-3.93)
RecInv	0.045***	0.055***	-0.599	-0.225	-0.838*	0.062
	(4.79)	(8.05)	(-1.20)	(-0.69)	(-1.86)	(0.18)
Top10	0.006	-0.018***	-0.260	0.121	0.035	-0.035
	(1.04)	(-3.96)	(-0.74)	(0.54)	(0.12)	(-0.14)
MB	-0.011**	0.033***	-0.283	0.093	0.116	-0.218
	(-2.13)	(7.95)	(-0.93)	(0.48)	(0.46)	(-1.00)
Bod	-0.014***	0.009**	0.155	0.321	0.281	0.227
	(-2.65)	(2.26)	(0.51)	(1.57)	(1.07)	(0.99)

续表

变量	(1)		(2)		(3)	
	DA +	DA -	Restate3	Restate4	Restate5	Restate6
Indep	0.003	0.023 *	-0.315	1.134 *	1.077	0.063
	(0.16)	(1.95)	(-0.31)	(1.85)	(1.39)	(0.09)
Dual	0.002	-0.001	0.171 *	0.046	0.120	0.048
	(1.05)	(-0.40)	(1.66)	(0.66)	(1.35)	(0.63)
Age	-0.000	-0.006 ***	0.181 **	0.221 ***	0.397 ***	0.082
	(-0.20)	(-4.89)	(2.07)	(4.05)	(5.30)	(1.37)
OP	0.011	-0.027 ***	0.930 ***	0.001	0.725 ***	0.098
	(1.61)	(-4.61)	(3.86)	(0.01)	(3.06)	(0.42)
Big10	-0.003 *	0.001	0.021	-0.198 ***	-0.058	-0.167 **
	(-1.67)	(0.62)	(0.24)	(-3.39)	(-0.78)	(-2.56)
Soe	-0.006 ***	0.004 **	-0.602 ***	-0.073	-0.309 ***	-0.173 **
	(-2.96)	(2.40)	(-5.35)	(-1.03)	(-3.45)	(-2.15)
_cons	0.117 ***	-0.110 ***	-4.262 ***	-0.343	-2.857 **	-0.596
	(4.68)	(-6.02)	(-3.07)	(-0.37)	(-2.43)	(-0.57)
Year	控制	控制	控制	控制	控制	控制
Industry	控制	控制	控制	控制	控制	控制
N	5698	6043	11700	11741	11704	11737
Pseudo R2/Adj. R2	0.142	0.145	0.0686	0.0326	0.0678	0.0277

注：***、** 和 * 分别表示在 1%、5% 和 10% 的显著性水平。变量定义参见表 5-1。回归标准误经过公司水平群调整。

5.7 本章小结

近年来，频频发生的上市公司巨额财务造假案件引发了对上市公司会计信息质量问题的广泛质疑，也极大损害了投资者的信心以及参与资本市场融资的意愿，对我国实体经济的高质量发展造成了很大程度的破坏。如何提升上市公司的会计信息质量以促进资本市场的良好运转依然是值得深入探讨的重要现实问题。以往文献基于多种内外部治理机制视角对影响公司会计信息质量的因素进行了考察，如管理者权力、高管薪酬激励、高管和董事个人特征、董事网络等内部治理因素，以及政府监督、问询函监管、媒体报道、机构投资者、独立审计等外部治理因素。其中关于机构投资者的信息效应和治理效应问题一直是该领域的热点话题，相关经验证据呈现出不同的观点，有些认为机构投资者参与公司治理能够对会计信息质量发挥积极的作用，但也有学者发现受持股比例以及持股动机的影响，机构投资者持股并不总是能够抑制管理者的盈余管理行为，甚至还会起到“推波助澜”的作用，从而破坏会计信息质量。然而，这些研究主要从机构投资者直接参与公司治理的视角进行了考察，较少关注机构投资者间接参与公司治理的方式（如通过共享审计师网络）如何对上市公司的会计信息产出质量发挥影响。

作为机构投资者的重要组成部分，开放式基金在我国上市公司前十大流通股股东中发挥着重要角色，近几年其迅猛发展趋势越发凸显出对资本市场运行的重要作用。当作为上市公司大股东的开放式基金与被投资上市公司在年度报表审计中聘用共同的审计机构时，在二者之间就形成了共享审计师网络关系。共享审计师在同时审计开放式基金大股东与被投资上市公司的过程中能够从更多途径获取更多的关于被投资上市公司真实经营情况的大量信息，并且可以在共享审计师网络内带来信息共享，便利开放式基金大股东及共享审计师的监督行为，但同时也可能产生开放式基金大股东借助共享审计师网络干扰审计师独立性和审计质量的不利影响。这些能够影响开放式基金大股东和审计师对上市公司管理者和大股东的监督效力，使公司管理者和大股东的机会主义动机发生改变，从而对其会计信息产出等行为产生影响。

鉴于此，通过选取2010—2019年沪深两市A股上市公司为研究样本，以盈余管理和财务重述作为两个重要的考察对象，基于公司会计信息质量视角来深入考察开放式基金大股东与被投资上市公司共享审计师对上市公司会计信息质量的影响及作用机理。研究结果表明，开放式基金大股东与被投资上市公司共享审计师对上市公司的会计信息质量具有明显的促进作用。另外，作用机制的检验结果显示，共享审计师能够显著抑制上市公司的信息不对称和管理者的过度自信，并且显著提高了审计师的努力程度。这些研究结论说明开放式基金大股东共享审计师网络带来的信息优势以及信息流动，降低了开放式基金大股东和审计师所面临的信息不对称，同时为开放式基金大股东及审计师的各自监督行为以及合作监督行为提供了便利，强化了其对公司内部人的监督及对会计信息产生行为的约束，因而提高了会计信息质量。此外还发现，开放式基金大股东共享审计师网络对上市公司的正向盈余管理行为，以及经济后果更为严重的欺诈性财务重述和核心财务重述行为能够发挥出显著更强的抑制作用。

本章基于公司会计信息产出视角，深入考察了开放式基金大股东与被投资上市公司这一具有持股关系的两大市场参与主体之间共享审计师的治理效应。一方面，与以往从机构投资者持股、调研等直接参与公司治理与公司治理效应方面的研究不同，从会计信息质量（包括盈余管理和财务重述）视角，深入分析开放式基金大股东通过选聘与被投资上市公司共同的审计机构形成的共享审计师网络这种间接参与公司治理方式的影响，对机构投资者的治理效应以及正式制度与非正式制度的联合治理效应研究做了进一步的补充。另一方面，基于会计信息视角，深入探究开放式基金大股东与被投资上市公司这种持股关系情境下两大市场参与主体之间共享审计师的作用机制，对以往着重关注供应链和并购链共享审计师方面的研究做了进一步的拓展。此外，为会计信息质量的影响因素研究进一步补充了开放式基金大股东与审计师这两大外部监督主体网络联结这一方面的经验证据。

本章的研究结论能够对从机构投资者共享审计师网络的视角思考如何完善监督机制和改善上市公司的会计信息质量，进而对公司管理者决定和产出会计信息、外部投资者配置资源、审计师的执业选择以及政策制定者和监管者完善公司治理保障具有重要的决策参考意义。

第6章 开放式基金大股东共享审计师网络的治理效应：公司创新视角

6.1 引言

我国“十四五”规划和2035年远景目标纲要明确提出，要把创新提升到我国现代化建设全局中的核心地位，把科技自立自强作为国家发展的战略支撑，并且要着力提升企业的技术创新能力。党的二十大进一步强调要把高质量发展明确作为全面建设社会主义现代化国家的首要任务，并且对如何推动高质量发展作出战略部署，其中包括要坚定实施创新驱动发展战略，向创新要动力。可见，“创新”“高质量发展”是我国未来经济发展的全局部署和战略方向。在创新驱动和高质量发展理念的引领下，我国近些年出台了一系列鼓励和支持企业自主创新的政策和措施，在推动企业技术创新方面也给予了大量的资源支撑。尽管如此，目前我国企业的技术创新能力还是相对薄弱，尤其是自主创新能力依然不足。因而，在当前背景下，深入探讨如何促进企业创新对增强企业自身核心竞争力以及推动我国经济高质量发展具有重大的理论与现实意义。

近些年，在我国创新和高质量发展的全局战略框架下，学术界围绕着如何促进公司创新展开了广泛的研究，并已取得一系列成果，就研究视角而言，相关研究涵盖了单一正式制度视角包括公司的股权结构（Chen et al.，2014；朱冰等，2018）董事会特征

（Balsmeier et al.，2017；林雁等，201）、管理者特质（Zhang et al.，2017；权小锋等，2019）等内部治理机制，以及机构投资者（Zhao et al.，2017；彭秋萍等，2022）、证券分析师（He and Tian，2013；陈钦源等，2017）、独立审计（Lobo et al.，2018；李姝等，2021）、卖空机制（权小锋、尹洪英，2017）等外部治理因素，以及社会关系网络等非正式制度视角如董事联结、高管联结、董事与高管关系、连锁股东、共同机构所有权等（Faleye et al.，2014；Helmers et al.，2017；He and Huang，2017；Gao et al.，2019；王营、张光利，2018；王会娟等，2020；陈建林，2021；李世刚等，2022；闫伟宸、高思悦，2022）对公司创新活动所产生的影响，但其中对资本市场参与主体由审计师执业所形成的社会关系网络如何影响上市公司的创新活动较少关注。审计师执业网络对公司的监督和风险进而对其信息环境状况会产生重要的影响，而这些是决定公司创新的重要方面，因此从这一视角探讨公司创新行为的变化很有必要。

开放式基金近些年来在我国增长迅猛，同时在我国上市公司前十大流通股股东中占据着重要地位，对上市公司的稳定经营和资本市场的健康发展愈加凸显出重要的作用。作为上市公司大股东的开放式基金与被投资上市公司在年度审计中聘用的共同审计机构，二者之间就由共同审计师执业形成了共享审计师网络关系。以往研究发现，共享审计师能够发挥信息中介作用，能够在审计师联结主体之间实现信息共享，并且有助于减缓公司的信息不对称，降低公司的财务重述和操纵性应计利润（Chen et al.，2009；Huang et al.，2014；Johnstone et al.，2014；杨清香等，2015），同时信息环境的改善也会影响分析师预测偏差、关系专用性投资和供应商的成本黏性，提高并购业绩承诺运用的可能性及可靠性等（Cai et al.，2016；Chircop et al.，2016；Cai et al.，2019；Dhaliwal et al.，2016；蔡利等，2018；武恒光等，2020；张宏亮等，2021）。但还有研究发现，共享审计师存在着为了维护自身的业务资源和获得更高的审计收入而牺牲审计独立性的情况，从而导致对公司内部人的监督无效，外部利益相关者所面临的不确定性更大（王春飞等，2010、2013）。信息环境是公司创新的重要影响因素，那么开放式基金大股东与被投资上市公司共享审计师会如何影响被投资上市公司的创新行为？

在同时审计开放式基金大股东与被投资上市公司的情况下，共享审计师能够通过优秀的信息获取能力以及开放式基金大股东的资源获取关于被投资上市公司真实经营情况的更多信息（Cai et al.，2016），在共享审计师网络内开放式基金大股东可以通过与共享审计师的频繁往来共享这些信息，从而有助于改善其与被投资上市公司之间的信息不对称，并且强化其与共享审计师对被投资上市公司的监督行为。但也可能存在另一种情况，受不同监督动机的影响，开放式基金大股东借助共享审计师网络关系来干扰共享审计师的执业行为，从而破坏审计质量和对公司内部人的监督效力。由于这两方面的作用，机构投资者共享审计师网络可能会影响对被投资上市公司内部人的监督效力和创新失败的容忍度以及创新不确定性的风险补偿要求，而这些是影响公司创新的重要方面（Jiang and Yuan，2018）。由此，本章从公司创新视角来深入考察开放式基金大股东与被投资上市公司共享审计师对公司创新的影响及作用机理等问题。

以2010—2019年沪深两市A股上市公司为研究对象，通过实证检验发现，开放式基金大股东与被投资上市公司共享审计师能够显著促进公司创新。另外，作用机制检验结果显示，共享审计师显著缓解了公司所面临的外部融资约束，并且降低了公司内部盈余管理程度，说明共享审计师通过这两条路径促进了公司的创新活动。研究结果证明了共享审计师强大的信息获取能力以及所带来的信息共享，降低了被投资上市公司的信息不对称，同时促进了开放式基金大股东及审计师的监督效力，从而使公司面临的融资约束和不确定性下降，进而推动了公司的创新行为。进一步研究发现，在国有企业、高新技术企业以及市场化进程较高的样本组中，共享审计师对公司创新的促进作用更为显著。

本章可能的贡献主要体现在以下几个方面：

第一，继“十四五”规划和2035年远景目标纲要之后，党的二十大进一步强调要坚定实施创新驱动和高质量发展的战略发展目标，在我国“关系”型社会背景下，以共享审计师网络能够影响开放式基金大股东所面临的信息环境为切入点，深入分析其对公司创新的影响，提供了有别于以往关于机构投资者持股、积极主义、调研（Aghion et al.，2013；Jiang and Yuan，2018；温军、冯根福，2012）等信息获取活动与公司创新研究的经验证据，同时也从理论上为切实贯彻党的二十大精神和促进实施创新驱动和经济高质量发展战略提供了另一种思路。

第二，不同于以往从机构投资者持股、调研等直接参与公司治理行为方面的文献，从开放式基金大股东通过聘用与被投资上市公司共同的审计机构形成的共享审计师网络这种间接参与公司治理方式的视角，深入分析其对公司创新行为的影响及作用机制，进一步补充了机构投资者治理作用以及正式制度与非正式制度的联合治理效应方面的文献。

第三，基于开放式基金大股东与被投资上市公司这两种市场参与主体之间共享审计师的视角，对持股关系情境下共享审计师如何影响审计师联结主体的创新行为进行深入探讨，进一步拓展了共享审计师的经济效应以及公司创新的影响因素方面的研究。

第四，本章的研究结论可以为公司管理者、外部投资者、独立审计师以及政策的制定者和监管者从机构投资者共享审计师网络视角分析影响公司创新的相关问题，以及调整决策行为进而促进我国经济的创新转型和高质量发展提供一定的参考。

6.2 理论分析与研究假设

6.2.1 共享审计师与公司治理

共享审计师的治理效用近年来引发了相关学者的热烈讨论，目前主要存在有效监督和负面监督两种假说。正面监督假说认为，基于“信息共享”效应和“知识溢出”效应，共享审计师在供应关系、并购关系以及信贷关系中在审计师联结各方作为非正式信息传递渠道，如基于信息共享效应的研究发现，客户与供应商共享审计师有利于共享审计师的信息获取优势以及信息流动，减缓审计师联结单位的信息不对称，这能够促进审计师更精确的执行审计程序和实施审计监督，提高审计质量，从而降低分析师预测偏差、提高关系专用性投资以及影响供应商的成本黏性（Dhaliwal et al.，2016；Cai et al.，2019；蔡利等，2018）；并购公司与目标公司共享审计师有助于降低并购过程中的不确定性，抑制并购业绩承诺的运用并且提高业绩承诺的可靠性，还可以降低并购过程中的交易费用，产生更大的资产回报率、并购公告收益以及促进并购完成的可能性（Cai et al.，2016；Chircop et al.，2016；Dhaliwal et al.，2016；武恒光等，2020）。基于知识溢出效应的研究显示，共享审计师能够促进审计师掌握审计师联结公司的关键信息和隐性信息，促进其在审计执业过程中更为专业地审核相关专业问题，有助于降低财务错报和操纵性应计利润，以及促进对银行及其信贷客户审计质量的提高，发挥知识溢出作用（Chen et al.，2009；Huang et al.，2014；Johnstone et al.，2014；Ton，2015；杨清香等，2015）。

然而，负面监督假说则认为，共享审计师为了能够与并购公司建立持续的业务关系，更倾向于在并购过程中为并购公司提供信息便利并且帮助其获得更低的并购成本和较高的并购溢价，严重损害了被并购公司的利益（Dhaliwal et al.，2016）。类似地，还有研究发现，集团统一审计下的会计师事务所为维护集团公司业务资源而选择配合控股股东操纵会计信息，这使审计质量受损的同时也进一步加剧了信息不对称，从而导致资本成本上升（王春飞等，2013）。并且相较于高质量的审计师而言，低质量的审计师更容易受到企业集团的干预进而审计师的独立判断受到严重破坏，主要表现为实现审计意见的购买，如小所执行统一审计更可能存在牺牲独立性而获得更多审计收费的情形（伍利娜等，2012）。

综上所述，现有文献关于共享审计师的治理效用并未形成一致的结论，并且有关研究主要探讨了供应链关系、并购链关系中共享审计师对企业并购绩效、财务重述、盈余管理、资本成本等的影响，较少关注其他资本市场参与主体之间共享审计师行为以及共享审计师的其他治理后果等方面。张宏亮等（2021）基于持股关系考察了共享审计师对审计质量的影响。但关于持股关系情境下共享审计师的作用机制和更多经济后果等问题还存在很大的探讨空间。大股东与被投资上市公司之间的持股关系对上市公司的经营管理和资本市场的良好运行具有重要影响，目前对于大股东与被投资上市公司共享审计师与公司治理相关问题还有必要进行深入揭示和系统探究。

6.2.2　社会关系网络与公司创新

社会网络理论认为，市场经济中各个经济体是相互依存的，他们的行为镶嵌在社会网络之中，即网络中的任何经济体的决策行为会受到其他经济体的态度、信念、行为等的影响（Granovetter，1985）。当经济体必须经常做出他们并不了解成本和收益的相关决策时，最经常的做法不是通过研究或试验进行理性选择，而是依赖于从社会网络内的互动中获取信息（Ellison and Fudenberg，

1995）。以往研究普遍认为，社会关系网络对公司的信息不对称和信息环境、公司内部人的监督以及融资约束等方面具有重要影响，从而影响外部人对公司创新失败的容忍度以及资源支持，进而影响公司创新。

基于管理层连锁关系的研究发现，因董事兼任所构成的董事联结网络作为跨公司的多元化信息传播渠道，能够促进董事联结公司相互学习，为公司创新带来增量知识。同时还可以拓宽融资渠道，提供有力的资金支持。即董事网络对于公司创新具有“引智”和“引资”的双重作用（Helmers et al.，2017；王营、张光利，2018）。然而也有相反观点认为，董事联结产生的资源共享会损害企业战略的保密性，导致创新信息扩散和创新模仿行为的出现，使企业应有的创新收益遭到稀释，不利于管理者的创新意愿（顾海峰、卞雨晨，2020）。类似地，高管兼任所形成的联结网络可以增强高管联结企业之间的信任程度，促进技术创新信息的沟通和共享，有助于降低创新项目的事前风险，从而抑制高管的风险规避倾向和更高质量的创新活动（Faleye et al.，2014；陈建林，2021）。此外，部分学者也从高管其他的社会关系考察了对公司创新的影响，如校友关系、本家关系等，这些关系能够影响对公司内部人的监督或者信息不对称，进而对公司的创新水平和能力产生作用（许荣，2020；王会娟等，2020；闫伟宸、高思悦，2022）。

基于投资连锁关系的研究发现，连锁股东可以促进其投资组合内企业间的信息交流和提高风险承担水平，降低股权融资成本和缓解融资约束，增强企业的创新投入能力（李世刚等，2022）。另外还可以协调关联企业合作过程中的矛盾冲突，有效抑制合作方的机会主义行为，进而促进协同创新行为。尤其是机构投资者网络关系，如共同机构可以充当关联企业的信息传递中介，促进彼此之间的研发合作，提高创新产出水平（He and Huang，2017；Kostovetsky and Manconi，2020）。共同机构除了能够促进资源共享、提高公司信息透明度和缓解外部融资约束进而增强企业的创新能力之外，还可通过强化外部的监督作用，有效抑制公司内部人与外部人之间的代理冲突，进而促进管理者的创新动力和行为（Gao et al，2019）。

由前文可知，除了董事联结、高管联结、连锁股东、共同机构等社会关系网络之外，因共同审计师执业所形成的共享审计师网络也会作用于公司监督和信息环境等进而影响企业的经济决策，但鲜少有文献深入探讨共享审计师网络对公司创新行为的影响。

6.2.3　开放式基金大股东共享审计师网络与公司创新

信息不对称引起的外部融资约束和委托—代理冲突是阻碍公司创新的重要因素。共享审计师在对公司的信息不对称、信息环境以及对公司内部人监督等方面具有重要影响，进而可能对公司的创新行为产生作用，具体来看：

1. 共享审计师对公司创新的促进作用

第一，共享审计师有助于降低公司的信息不对称和降低对公司创新失败的容忍度。包括开放式基金在内的机构投资者具有价值投资、长线投资的动机，针对公司的研发创新这类长期价值投资活动，其会主动通过实地调研、社会关系网络等多种渠道来收集和获取更多的私有“软信息”（Firth et al.，2013；Pool et al.，2015；王怀明、魏珈玮，2021）。与此同时，由于往往持股多家上市公司，他们在宏观经济层面和行业政策层面也拥有明显的信息优势（Chen et al.，2020）。在开放式基金大股东与被投资上市公司共享审计师的情况下，一方面，共享审计师在网络内通过与开放式基金大股东的频繁往来可以获取关于上市公司经营情况的更加准确和专业的信息，这有助于审计师更有效地执行审计程序和发现相关错报信息，提高审计质量和财务报告质量（杨清香等，2015），缓解公司内外部之间的信息不对称，使公司更容易从外部获取资源，从而推动公司创新；另一方面，共享审计师所拥有的信息在网络内会产生信息流动（Cai et al.，2016），开放式基金大股东由此也可以获得与持股公司相关的更多增量信息，使其能够对公司创新情况更加了解以及对创新失败更具容忍度，从而给予更多的资金、技术和专业支持，同时也会带动其他投资者的跟随（肖欣荣等，2012），进而促进公司创新。

第二，共享审计师能够强化对公司内部人的监督以及改善公司的会计信息环境。根据上述分析，共享审计师除了能够提高审计师的监督效力以外，还能够借助共享审计师网络为开放式基金大股东提供更多信息。由于具有资金、专业和经验优势，作为持股比例较大的机构投资者，开放式基金大股东往往具有较强的动机对公司管理者和大股东进行监督（Aggarwal et al.，2011）。共享审计师带来的更多信息优势能够有效提高开放式基金大股东的监督动机和能力，促进其监督行为。同时，开放式基金大股东通过共享审计师网络能够更加清楚审计师的执业行为（Francis and Wang，2021），在这一过程中可以向审计师施加压力促使其严格审计。此外，共享审计师会面临来审计师联结各方更大的潜在诉讼压力以及利益相关方更广泛的关注和外部监督（Cai et al.，2016），这些有助于推动审计师进一步提高审计质量。即共享审计师网络能够强化开放式基金大股东和审计师各自的监督行为以及二者之间的监督合作，有效缓解公司管理者和大股东的代理问题，促进公司会计信息环境和风险的改善，在这种情况下，外部资金提供者的信息和支持会相应增加，从而对公司创新起到激励作用。由此提出假设H6-1a：

H6-1a：开放式基金大股东共享审计师网络能够促进公司创新。

2. 共享审计师对公司创新的抑制作用

一方面，就开放式基金大股东来说，随时可赎回、基金业绩与经理薪酬和职业发展挂钩、定期披露业绩要求等特征，以及国内短期业绩排名关注的压力，会削弱机构投资者参与公司治理的积极性，甚至会出现为了获得短期收益而与公司内部人合谋侵占中小股东利益等情况（Agarwal and Vashishtha，2018；温军、冯根福，2012）。尤其是面对公司创新这种失败风险高、收益期长、资金需求大的公司决策（Manso，2011），机构投资者选择“用脚投票”的短视动机可能更加强烈。此时，共享审计师网络所带来的更多私有信息和网络内的信息共享，反而能够加剧开放式基金大股东与其他投资者之间的信息不对称，使开放式基金大股东与公司内部人合谋的收益空间更大。并且，审计师的报告决策一般会给上市公司股价带来显著的负面影响（Chow and Rice，1982；Chen et al.，2016），开放式基金大股东会因此承受相当的经济损失。在这种情况下，共享审计师网络可以为开放式基金大股东干涉审计师的报告决策提供一条便利的途径，为了避免非标准审计意见给其私人利益带来的不利影响，开放式基金大股东可能会寻求支持性审计意见而干扰审计师的独立性，甚至会出现其鼓励审计师共同与公司管理者和大股东合谋来实现各自的利益目标等问题。

另一方面，就审计师来说，共享审计师网络强化了审计师与开放式基金大股东之间的业务关系。由于审计市场竞争激烈，除非所面临的审计风险很高，审计师一般不会主动的失去其现有的审计客户（Mai et al.，2012）。因此，在开放式基金大股东与被投资上市公司共享审计师的情况下，当开放式基金大股东为了自身利益与公司管理者和大股东合谋并借助共享审计师网络向审计师施压时，审计师可能会为了维持现有的业务收益和市场份额，选择“顺从”开放式基金大股东的要求而出具支持性的审计意见，此时开放式基金大股东和审计师的监督效力遭到严重损害。

上述两方面效应会加剧公司管理者和大股东的代理问题，恶化公司的会计信息环境和不确定性（王春飞等，2013），这会严重损害市场上资金提供者的信心，导致资源支持降低，公司面临的融资约束加重，从而不利于公司创新。因此提出假设 H6-1b：

H6-1b：开放式基金大股东共享审计师网络能够抑制公司创新。

6.3 研究设计

6.3.1 研究样本

选取2010—2019年我国沪深两市A股上市公司作为研究对象，并对样本进行如下处理：①考虑到金融、保险行业财务数据计算的特殊性，剔除金融、保险行业的上市公司；②考虑到研究结论的可靠性，剔除ST、*ST、PT及退市整理上市公司；③刚上市的公司当年信息披露缺乏完整性，且可能为迎合上市需求进行过处理，故剔除当年上市的公司数据；④对数据缺失的样本予以剔除；⑤为降低异常值的影响，对所有连续变量在1%和99%分位进行了Winsorize处理。最终共得到11939个公司—年度观测值。其中上市公司专利数据来自中国研究数据服务平台（CNRDS），开放式基金大股东的审计机构数据来自万得数据库（Wind），并通过手工收集和比对获得开放式基金大股东与被投资上市公司共享审计师的数据，其余财务数据均来自国泰安数据库（CSMAR），数据处理与分析采用Stata 16完成。

6.3.2 模型与变量

为检验开放式基金大股东共享审计师网络对公司创新的影响，

构建模型（6－1）：

$$Patent_{i,t} = \alpha_0 + \alpha_1 Shau_{i,t} + \sum \alpha_k Controls_{i,t} + \sum Industry + \sum Year + \varepsilon_{i,t} \quad (6-1)$$

被解释变量为公司创新（Patent）。借鉴 He and Tian（2013）和凌鸿程等（2022）的研究，使用专利申请数量（包括发明、实用新型、外观设计三种类型）加1的自然对数来衡量公司创新。

借鉴 Cai et al.（2016）和杨清香等（2015）的研究，如果上市公司与其任一开放式基金大股东聘任相同的会计师事务所，则定义为共享审计师，并且赋值为1，否则赋值为0。除非特别指出，这里的共享审计师是指聘用相同的会计师事务所，而开放式基金大股东是指上市公司的前十大流通股股东中的开放式基金大股东。

参考以往研究（He and Huang，2017；陈建林，2021），选取的控制变量包括企业规模（Size）、财务杠杆（Lev）、资产收益率（Roa）、经营活动现金流（Cash）、固定资产比例（PPE）、企业成长（Growth）、股权集中度（Big）、账面市值比（MB）、董事会规模（Bod）、独董比例（Indep）、两职兼任情况（Dual）、企业年龄（Age）、行业竞争程度（HHI）、产权性质（Soe），同时控制了年份（Year）和行业（Industry）固定效应。变量界定见表6－1。

表6－1　变量定义

变量类型	变量名称	变量代码	定义及说明
被解释变量	公司创新	Patent	ln（1＋专利申请数量）
解释变量	共享审计师	Shau	当上市公司与其开放式基金股东聘任的会计师事务所有一家是相同的，则取值为1，否则为0

续表

变量类型	变量名称	变量代码	定义及说明
控制变量	企业规模	Size	员工人数的自然对数
	财务杠杆	Lev	总负债/总资产
	资产收益率	Roa	净利润/总资产
	经营活动现金流	Cash	经营活动产生的现金流量净额/总资产
	固定资产比例	PPE	固定资产净额/总资产
	企业成长	Growth	主营业务收入增长率
	股权集中度	Top1	第一大股东持股比例
	账面市值比	MB	账面市值/总资产
	董事会规模	Bod	董事会人数
	独董比例	Indep	独董人数/董事会人数
	两职兼任情况	Dual	若董事长与总经理两职由一人担任，则取值为1，否则为0
	企业年龄	Age	上市年限
	行业竞争程度	HHI	赫芬达尔指数
	产权性质	Soe	若控制权为国有设为1，否则为0
	年份	Year	年份虚拟变量
	行业	Industry	行业虚拟变量

6.4 实证结果与分析

6.4.1 描述性统计与单变量分析

表6-2报告了主要变量的描述性统计结果。由表6-2可知，公司创新（Patent）的最小值（0.000）与最大值（7.229）之间相差较大，表明样本公司在创新产出方面存在着较大差距。共享审计

师（Shau）的均值为0.052，表明大约有5.2%的上市公司与其开放式基金大股东在当年聘任了相同的会计师事务所。其他控制变量的描述结果与以往研究基本一致。单变量检验结果显示，没有与开放式基金大股东共享审计师组（Shau = 0）公司创新的均值为3.220，而与开放式基金大股东共享审计师组（Shau = 1）公司创新的均值为3.740，单变量T检验结果在1%的水平上显著，这说明与开放式基金大股东共享审计师的样本公司，其创新产出水平要显著高于没有与开放式基金大股东共享审计师的样本公司，初步验证了H6 - 1a。

表6 - 2　　　　描述性统计结果

变量	数量	均值	中位数	标准差	最小值	最大值	均值(Shau = 0)	均值(Shau = 1)	均值差异T检验
							N = 11319	N = 620	
Patent	11939	3.247	3.258	1.528	0.000	7.229	3.220	3.740	-8.277***
Shau	11939	0.052	0.000	0.222	0.000	1.000	0.000	1.000	
Size	11939	7.976	7.893	1.207	4.977	11.277	7.932	8.795	-17.572***
Lev	11939	0.419	0.413	0.199	0.054	0.864	0.415	0.492	-9.374***
Roa	11939	0.049	0.044	0.050	-0.153	0.197	0.048	0.053	-2.179**
Cash	11939	0.051	0.049	0.066	-0.145	0.242	0.051	0.061	-3.700***
PPE	11939	0.217	0.185	0.153	0.002	0.710	0.216	0.229	-2.046**
Growth	11939	0.214	0.142	0.397	-0.487	2.673	0.215	0.195	1.208
Top1	11939	0.360	0.343	0.147	0.092	0.757	0.357	0.401	-7.258***
MB	11939	0.522	0.482	0.263	0.096	1.157	0.518	0.603	-7.900***
Bod	11939	2.258	2.303	0.175	1.792	2.773	2.257	2.282	-3.446***
Indep	11939	0.375	0.333	0.054	0.333	0.571	0.374	0.384	-4.513***
Dual	11939	0.264	0.000	0.441	0.000	1.000	0.268	0.194	4.077***
Age	11939	2.107	2.197	0.741	0.693	3.258	2.097	2.294	-6.452***
HHI	11939	0.071	0.041	0.086	0.012	0.550	0.070	0.090	-5.618***
Soe	11939	0.390	0.000	0.488	0.000	1.000	0.382	0.540	-7.874***

注：***、**分别表示1%、5%的显著性水平。变量定义参见表6 - 1。

6.4.2 基本回归结果

表6－3报告了开放式基金大股东共享审计师网络与公司创新的基本回归结果。由表6－3第（1）列可知，开放式基金大股东共享审计师网络（Shau）的回归系数为0.125，并且在5%的水平上显著，说明与开放式基金大股东共享审计师能够显著促进公司的创新行为，H6－1a得以验证。如前文的理论推测，这可能是因为共享审计师网络所产生的信息优势和信息流动有助于降低公司的信息不对称，并且能够提高审计师和开放式基金大股东对公司内部人的监督力度和促进二者的合作监督行为，有效缓解公司管理者和大股东的代理问题，约束其不当的会计信息产出行为，从而改善公司的会计信息环境，同时还可以降低公司外部人对创新失败的容忍度，因而获得更多的资金、技术和专业支持，这些都有助于促进公司创新。

现有文献发现，公司创新行为可按照动机的不同划分为实质性创新和策略性创新两种类型。其中实质性创新是一种以获取竞争优势和推动企业技术发展为目的的高质量创新行为，而策略性创新则是以谋求其他利益为目的，企图通过提高创新的“速度”和“数量”来迎合监管机构和外部投资者（黎文靖、郑曼妮，2016）。参照已有的做法，本书将企业申请发明专利的行为认定为实质性创新（Subs_patent），把企业申请实用新型和外观设计专利的行为认定为策略性创新（Stra_patent），以探讨不同创新动机下共享审计师对公司创新的影响。表6－3第（2）列的结果显示，开放式基金大股东共享审计师网络（Shau）对实质性创新（Subs_patent）的回归系数为0.223，并且在1%的水平上显著；而表6－3第（3）列的结果则显示，开放式基金大股东共享审计师网络（Shau）对实质性创新（Stra_patent）的回归系数为负但不显著。上述结果说明相对于策略性创新，与开放式基金大股东共享审计师更能促进公司的实质性创新行为，即开放式基金大股东共享审计师网络更能够带动利益相关者关注上市公司能够获取竞争优势和推动企业技术发展的高质量创新行为，进一步验证了开放式基金大股东共享审计师网络的积极治理效应。

表6-3　开放式基金大股东共享审计师与公司创新的回归结果

变量	(1)	(2)	(3)
	Patent	Subs_patent	Stra_patent
Shau	0.125** (2.36)	0.223*** (4.27)	-0.015 (-0.28)
Size	0.570*** (41.72)	0.523*** (39.27)	0.514*** (38.37)
Lev	0.303*** (3.81)	0.150* (1.93)	0.416*** (5.25)
Roa	1.923*** (6.30)	1.095*** (3.72)	2.028*** (6.60)
Cash	0.077 (0.36)	0.051 (0.24)	-0.042 (-0.20)
PPE	-1.607*** (-16.56)	-1.499*** (-16.26)	-1.302*** (-13.76)
Growth	0.010 (0.34)	0.013 (0.46)	0.009 (0.31)
Top1	-0.088 (-1.04)	-0.214*** (-2.58)	0.076 (0.91)
MB	0.256*** (3.84)	0.018 (0.27)	0.482*** (7.22)
Bod	0.195** (2.34)	0.308*** (3.71)	0.039 (0.47)
Indep	0.461* (1.87)	0.834*** (3.35)	0.177 (0.72)

续表

变量	(1)	(2)	(3)
	Patent	Subs_patent	Stra_patent
Dual	0.027 (1.04)	0.011 (0.42)	-0.003 (-0.11)
Age	-0.044** (-2.27)	-0.015 (-0.82)	-0.056*** (-2.86)
HHI	-0.684*** (-3.98)	-1.189*** (-6.59)	-0.185 (-1.16)
Soe	0.059** (2.02)	0.183*** (6.32)	-0.030 (-1.01)
_cons	-3.465*** (-12.16)	-3.809*** (-13.61)	-3.174*** (-11.38)
Year	控制	控制	控制
Industry	控制	控制	控制
N	11939	11939	11939
Adj_R2	0.402	0.348	0.407

注：***、**和*分别表示在1%、5%和10%的显著性水平。变量定义参见表6-1。回归标准误经过公司水平群调整。

6.4.3 作用机制检验

为了更好地理解共享审计师对公司创新的作用机制，沿用基本模型（6-1），进一步实证检验了与开放式基金大股东共享审计师对上市公司融资约束和盈余管理的影响，以强化前文的理论推测。

1. 融资约束

公司创新活动的顺利开展离不开充足的资金支持，然而由信息不对称导致的外部融资约束问题却成为阻碍企业创新的“绊脚石”。一方面，鉴于公司创新活动具有投入周期长、失败概率高、结果不可预测等特质，外部投资者往往会要求较高的风险溢价

（Lambert et al.，2012）。加之创新信息的高度保密性，使企业对外披露的信息较为有限，这会进一步加剧资金供求双方的信息不对称性（Hottenrott and Peters，2012）。另一方面，公司的创新产出一般为无形资产，难以对其进行准确的价值评估，债权人通常不愿意给这类企业贷款（余明桂等，2019），故而企业的融资渠道受到限制。通过前文理论推测可知，基于"信息共享"效应和"知识溢出"效应的发挥，开放式基金大股东共享审计师改善公司的信息不对称，同时能够带来开放式基金大股东和审计师更高强度的监督效力，能够进一步改善公司的会计信息环境和降低企业与外部投资者之间的信息不对称程度，从而有利于缓解外部融资约束以促进公司创新。为证明上述分析，构建模型（6－2）来验证开放式基金大股东共享审计师网络与融资约束的关系：

$$SA_{i,t} = \alpha_0 + \alpha_1 Shau_{i,t} + \sum \alpha_k Controls_{i,t} + \sum Industry + \sum Year + \varepsilon_{i,t} \quad (6-2)$$

被解释变量SA为融资约束，参照吴秋生和黄贤环（2017）的研究，采用SA指数的绝对值来衡量。SA指数的计算公式具体为：$SA = -0.737Size + 0.043Size^2 - 0.04Age$，其中Size = ln（企业资产总额/1000000），Age为公司的上市年限。SA指数的绝对值越大，代表该企业的融资约束越严重。控制变量与模型（6－1）一致。

回归结果如表6－4第（1）列所示，在控制其他因素的影响之后，共享审计师（Shau）对融资约束（SA）的回归系数在1%的水平上显著为负（回归系数为－0.030），结果验证了上述推论，即与开放式基金股东共享审计师缓解了上市公司的外部融资约束，从而可以促进公司的创新行为。

2. 盈余管理

基于经理人职业生涯假说的研究表明，管理层在其任职期间为维护自身职业声望，倾向于规避研发创新这种高风险投资以提高短期业绩，谋求在职利益最大化（温军、冯根福，2012）。在实际的经营活动中，管理层的上述短视行为主要是通过实施盈余管理实现的（Brochet et al.，2012；张嘉伟等，2022）。随着我国证监会和证券交易所对上市公司的信息披露质量要求趋于严格，上市公司的应计盈余管理行为得到了一定程度的抑制，但却转向实施与真实经营活动类似且隐蔽性更强的真实盈余管理（张岩，2020），其中削减研发投入便是管理层实施真实盈余管理行为的常用手段之一。这一行为虽然有助于提高企业的短期利润，但会导致未来创新产出数量的减少（朱红军等，2016；Bereskin et al.，2018），进而严重制约企业的长期发展。已有文献发现，外部监督是缓解管理层职业担忧和短视主义的重要机制（Rong etal.，2017）。鉴于此，结合表6－3的研究结果，预测开放式基金大股东共享审计师网络所产生的信息优势和信息流动，改善了公司的信息不对称，能够促进开放式基金大股东与审计师对上市公司的监督行为以及二者的合作监督效力，这些能够有效抑制管理层的盈余管理等自利行为，最终促进了公司的创新活动。为了检验以上推论，检验开放式基金大股东共享审计师网络与盈余管理之间的关系，并构建如下检验模型（6－3）：

$$REM_{i,t} = \alpha_0 + \alpha_1 Shau_{i,t} + \sum \alpha_k Controls_{i,t} + \sum Industry + \sum Year + \varepsilon_{i,t} \quad (6-3)$$

被解释变量REM为盈余管理，参照Roychowdhury（2006）和张嘉伟等（2022）的研究，从上市公司销售操控、生产操控和费用操控三个方面出发，分别计算出异常现金流量、异常生产成本以及异常酌量费用指标，再将上述三个指标进行加总计算得到真实盈余管理变量，而后将这一变量取绝对值得到REM，用以衡量其变化程度，其值越大，意味着真实盈余管理程度越强。控制变量与模型（6－1）一致。

回归结果如表6－4第（2）列所示，在控制其他因素的影响之后，开放式基金大股东共享审计师（Shau）对真实盈余管理（REM）的回归系数在10%的水平上显著为负（回归系数为 -0.011），结果验证了上述推论，即与开放式基金大股东共享审计师有效抑制了管理层的真实盈余管理行为，因此有助于提升上市公司的创新水平。

表6-4　共享审计师与融资约束、盈余管理的回归结果

变量	(1)	(2)
	SA	REM
Shau	-0.030***	-0.011*
	(-3.28)	(-1.92)
Size	-0.039***	0.005***
	(-17.44)	(3.08)
Lev	0.058***	0.074***
	(4.70)	(7.49)
Roa	0.325***	0.514***
	(6.72)	(13.02)
Cash	-0.025	0.111***
	(-0.80)	(3.35)
PPE	0.024	-0.085***
	(1.63)	(-8.40)
Growth	-0.003	0.051***
	(-0.76)	(9.05)
Top1	-0.134***	0.018*
	(-9.86)	(1.75)
MB	-0.054***	-0.097***
	(-5.16)	(-12.46)
Bod	-0.032**	0.005
	(-2.55)	(0.53)

续表

变量	(1)	(2)
	SA	REM
Indep	-0.303***	0.014
	(-7.63)	(0.51)
Dual	-0.009**	0.004
	(-2.10)	(1.14)
Age	0.161***	0.013***
	(47.15)	(4.61)
HHI	-0.038	-0.055***
	(-1.21)	(-2.78)
Soe	0.002	-0.015***
	(-0.46)	(-4.13)
_cons	3.795***	0.071**
	(88.12)	(2.35)
Year	控制	控制
Industry	控制	控制
N	11939	10920
Adj_R2	0.387	0.167

注：***、** 和 * 分别表示在 1%、5% 和 10% 的显著性水平。变量定义参见表 6-1。回归标准误经过公司水平群调整。

6.5 稳健性测试

6.5.1 工具变量法

考虑到上市公司内部人可能会为了追求短期业绩等不利于创新活动的便利而调整审计师聘用决策，即开放式基金大股东共享审计师对公司创新的提高作用可能存在内生性问题，这里采用工具变量法来解决。为缓解开放式基金大股东共享审计师与公司创新之间的潜在内生性问题，借鉴张瑞君和徐鑫（2017）的做法，选取相同年度相同行业其他上市公司与开放式基金大股东共享审计师的均值（Mean1）和相同年度相同地区其他上市公司与其开放式基金大股东共享审计师的均值（Mean2）作为工具变量。同行业或同地区上市公司的市场竞争环境相似，相互之间容易产生模仿行为（万良勇等，2016），同年度同行业或同年度同地区其他上市公司选聘审计师的行为可能会影响所观测公司的审计师聘用决策，但无证据显示同年度同行业或同年度同地区其他上市公司的审计师聘用决策会影响所观测公司的创新行为。上述两个工具变量均通过了弱工具变量和过度识别检验。

进一步地，采取2SLS、LIML、GMM三种工具变量法回归，结果列示于表6－5。Panel A（第一阶段）的结果显示，工具变量Mean1的系数在1%的水平上显著为正，工具变量Mean2的系数在1%的水平上显著为负，这说明工具变量对开放式基金大股东共享审计师网络（Shau）的解释力较好。Panel B（第二阶段）的结果显示，在三种工具变量法下，开放式基金大股东共享审计师网络（Shau）与公司创新（Patent）的回归系数均在1%的水平上显著为正。上述结果说明在控制了内生性问题后，开放式基金大股东共享审计师依然能够显著促进公司的创新行为，进一步支持了H6－1a。

表6－5　　　　　　　工具变量法检验结果

Panel A（第一阶段）		Panel B（第二阶段）			
变量	Shau	变量	Patent		
			2SLS 回归	LIML 回归	GMM 回归
Mean1	9.402*** (19.05)	Shau	1.928*** (5.97)	1.927*** (5.97)	1.928*** (5.97)

续表

Panel A（第一阶段）		Panel B（第二阶段）			
变量	Shau	变量	Patent		
			2SLS 回归	LIML 回归	GMM 回归
Mean2	-2.193*** (-2.83)	Size	0.526*** (32.24)	0.526*** (32.25)	0.526*** (32.24)
Size	0.220*** (9.26)	Lev	0.245*** (2.95)	0.245*** (2.95)	0.245*** (2.95)
Lev	0.518*** (3.46)	Roa	1.592*** (4.90)	1.593*** (4.91)	1.592*** (4.90)
Roa	2.245*** (3.37)	Cash	0.018 (0.08)	0.018 (0.08)	0.018 (0.08)
Cash	0.114 (0.28)	PPE	-1.585*** (-15.41)	-1.585*** (-15.41)	-1.585*** (-15.41)
PPE	-0.026 (-0.15)	Growth	0.025 (0.81)	0.025 (0.82)	0.025 (0.81)
Growth	-0.119** (-1.96)	Top1	-0.139 (-1.55)	-0.138 (-1.54)	-0.139 (-1.55)
Top1	0.135 (0.91)	MB	0.279*** (3.92)	0.279*** (3.92)	0.279*** (3.92)
MB	-0.263** (-2.09)	Bod	0.177** (2.05)	0.178** (2.06)	0.177** (2.05)
Bod	0.138 (0.96)	Indep	0.153 (0.58)	0.153 (0.58)	0.153 (0.58)
Indep	1.174*** (2.89)	Dual	0.035 (1.31)	0.035 (1.32)	0.035 (1.31)
Dual	-0.063 (-1.15)	Age	-0.044** (-2.15)	-0.044** (-2.15)	-0.044** (-2.15)
Age	0.027 (0.69)	HHI	-0.760*** (-4.32)	-0.760*** (-4.32)	-0.760*** (-4.32)

续表

Panel A（第一阶段）		Panel B（第二阶段）			
变量	Shau	变量	Patent		
			2SLS 回归	LIML 回归	GMM 回归
HHI	0.027 (0.10)	Soe	0.055* (1.77)	0.055* (1.77)	0.055* (1.77)
Soe	-0.078 (-1.34)	_cons	-2.987*** (-9.76)	-2.988*** (-9.76)	-2.987*** (-9.76)
_cons	-5.479*** (-10.87)				
Year	控制	Year	控制	控制	控制
Industry	控制	Industry	控制	控制	控制
N	11652	N	11927	11927	11927
Pseudo R2	0.144	Adj. R2	0.336	0.336	0.336

注：***、**和*分别表示1%、5%和10%的显著性水平。Cragg - Donald Wald F 为126.61，Hansen J统计量为0.02（p = 0.889），表明工具变量符合相关性和外生性要求。变量定义参见表6-1。回归标准误经过公司水平群调整。

6.5.2　Heckman 两阶段法

为进一步验证研究结论的稳健性，采用 Heckman 两阶段法来解决潜在的样本自选择问题，选取相同年度相同行业其他上市公司与其基金股东共享审计的均值（Mean1）作为外生变量，第一阶段构建共享审计师的 Probit 估计方程，估算逆米尔斯比率 IMR。在第二阶段，将逆米尔斯比率 IMR 作为控制变量加入模型（6-1）中进行回归，结果如表6-6所示，在控制了样本自选择偏差以后，开放式基金大股东共享审计师网络（Shau）对公司创新（Patent）的回归系数依旧在5%的水平上显著为正，进一步表明基本回归的研究结论是稳健的。

表 6-6　　Heckman 两阶段法第二阶段检验结果

变量	Patent	
	回归系数	T 值
Shau	0.124**	(2.33)
Size	0.564***	(10.47)
Lev	0.240*	(1.77)
Roa	1.679***	(-0.20)
Cash	0.088	(0.39)
PPE	-1.619***	(-15.89)
Growth	0.016	(0.42)
Top1	-0.087	(-0.83)
MB	0.251***	(3.29)
Bod	0.232***	(2.76)
Indep	0.493	(1.29)
Dual	0.027	(0.88)
Age	-0.041**	(-1.99)
HHI	-0.757**	(-4.05)
Soe	0.052*	(1.70)
IMR	-0.061	(-0.21)
_cons	-3.319**	(-2.52)
Year	控制	
Industry	控制	
N	11652	
Adj. R2	0.403	

注：***、** 和 * 分别表示在 1%、5% 和 10% 的显著性水平。变量定义参见表 6-1。回归标准误经过公司水平群调整。

6.5.3　PSM 倾向得分匹配法

借鉴杨清香等（2015）和张宏亮等（2021）的研究，为进一步避免样本选择性偏差问题，按照 1:1 最近邻匹配法、半径匹配法和核匹配法为共享审计师样本寻找配对样本，对匹配后的样本采用模型（6－1）进行回归。结果如表 6－7 所示，开放式基金大股东共享审计师网络（Shau）与公司创新（Patent）的回归系数均显著为正，即用 PSM 控制了样本选择性偏差后，共享审计师仍然能够显著促进企业创新，与基本回归结果保持一致。

表 6－7　　PSM 倾向得分匹配法检验结果

变量	Patent		
	1:1 最近邻匹配	半径匹配	核匹配
Shau	0.183*** (2.60)	0.124** (2.34)	0.118** (2.23)
Size	0.598*** (14.70)	0.575*** (41.78)	0.584*** (41.81)
Lev	0.177 (0.59)	0.262*** (3.25)	0.280*** (3.42)
Roa	1.337 (1.15)	1.791*** (5.81)	1.883*** (5.86)
Cash	0.863 (1.24)	0.099 (0.46)	0.040 (0.18)
PPE	−2.204*** (−7.82)	−1.625*** (−16.53)	−1.633*** (−16.35)
Growth	−0.114 (−1.02)	0.011 (0.36)	0.006 (0.20)
Big	0.165 (0.61)	−0.074 (−0.87)	−0.056 (−0.65)
MB	0.207 (0.95)	0.243*** (3.62)	0.240*** (3.53)
Bod	−0.056 (−0.22)	0.233*** (2.77)	0.226*** (2.68)

续表

变量	Patent		
	1:1 最近邻匹配	半径匹配	核匹配
Indep	0.665 (0.85)	0.554** (2.22)	0.562** (2.24)
Dual	0.175* (1.86)	0.024 (0.91)	0.021 (0.81)
Age	-0.139** (-2.19)	-0.040** (-2.04)	-0.040** (-2.03)
HHI	1.207** (2.29)	-0.747*** (-4.18)	-0.793*** (-4.40)
Soe	0.291*** (3.08)	0.053* (1.81)	0.059** (2.00)
_cons	-4.835*** (-5.49)	-3.583*** (-12.50)	-3.659*** (-12.55)
Year	控制	控制	控制
Industry	控制	控制	控制
N	1240	11652	11430
Adj. R2	0.469	0.403	0.402

注：***、** 和 * 分别表示在 1%、5% 和 10% 的显著性水平。变量定义参见表 6-1。回归标准误经过公司水平群调整。

6.5.4 替换变量衡量方式

除上述之外，为保证研究结论的稳健性，还进一步展开了如下稳健性检验，包括：

1. 替换被解释变量衡量方式

在基本回归检验中，Patent 侧重于衡量公司的创新产出水平。在稳健性检验中，借鉴李世刚等（2022）的研究，采用公司研发投入与营业收入之比（RD_Sale）来衡量企业的创新投入水平。另外考虑到专利申请的时滞效应（朱红军等，2016；刘宝华、王雷，2018），在稳健性检验中先后分别使用前导一期、前导二期和前导三期的专利申请数作为被解释变量代入模型（6－1）进行回归。回归结果如表6－8第（1）列至第（4）列所示，开放式基金大股东共享审计师网络（Shau）的系数依然显著为正，结果未发生变化。

2. 替换解释变量衡量方式

借鉴蔡利等（2018）的研究，采用共享审计师的程度（Shau_num）作为共享审计师（Shau）的替代变量，重新采用模型（6－1）回归。共享审计师的程度是指与开放式基金大股东共享审计师的数量，如上市公司与其三个开放式基金大股东聘请相同的会计师事务所，则Shau_num为3。回归结果如表6－8第（5）列所示，共享审计师的程度（Shau_num）与公司创新（Patent）的系数在5%的水平上显著为正，结论依然稳健。

表6－8　　　　替换变量衡量方式

变量	替换被解释变量				替换解释变量
	(1)	(2)	(3)	(4)	(5)
	RD_Sale	$Patent_{t+1}$	$Patent_{t+2}$	$Patent_{t+3}$	Patent
Shau	0.002**	0.238***	0.182***	0.205***	
	(2.07)	(2.73)	(3.30)	(3.40)	
Shau_num					0.125**
					(2.36)
Size	0.001***	0.898***	0.575***	0.562***	0.570***
	(4.19)	(42.37)	(37.48)	(33.86)	(41.72)
Lev	−0.045***	0.306**	0.295***	0.245**	0.303***
	(−19.42)	(2.48)	(3.31)	(2.48)	(3.81)
Roa	−0.115***	4.840***	3.924***	3.817***	1.923***
	(−11.81)	(10.57)	(10.62)	(8.99)	(6.30)

续表

变量	替换被解释变量				替换解释变量
	(1)	(2)	(3)	(4)	(5)
	RD Sale	$Patent_{t+1}$	$Patent_{t+2}$	$Patent_{t+3}$	Patent
Cash	0.007	-0.633**	-0.321	0.263	0.077
	(1.35)	(-2.00)	(-1.32)	(1.00)	(0.36)
PPE	-0.022***	-2.462***	-1.319***	-1.306***	-1.607***
	(-9.57)	(-16.56)	(-12.26)	(-11.17)	(-16.56)
Growth	-0.004***	0.025	0.020	-0.007	0.010
	(-4.66)	(0.53)	(0.58)	(-0.18)	(0.34)
Top1	-0.019***	-0.179	-0.225**	-0.268***	-0.088
	(-9.51)	(-1.33)	(-2.42)	(-2.69)	(-1.04)
MB	-0.032***	0.557***	0.119	0.105	0.256***
	(-18.01)	(5.30)	(1.51)	(1.18)	(3.84)
Bod	0.002	0.458***	0.229**	0.226**	0.195**
	(0.88)	(3.52)	(2.55)	(2.27)	(2.34)
Indep	0.031***	1.312***	0.587**	0.532*	0.461*
	(4.84)	(3.43)	(2.14)	(1.78)	(1.87)
Dual	0.002***	-0.000	-0.006	-0.019	0.027
	(3.06)	(-0.00)	(-0.21)	(-0.63)	(1.04)
Age	-0.005***	-0.056*	-0.112***	-0.131***	-0.044**
	(-9.67)	(-1.89)	(-5.25)	(-5.62)	(-2.27)
HHI	-0.067***	-1.339***	-0.656***	-0.486**	-0.684***
	(-14.15)	(-5.00)	(-3.41)	(-2.41)	(-3.98)
Soe	0.000	0.316***	0.124***	0.160***	0.059**
	(0.19)	(6.89)	(3.87)	(4.60)	(2.02)
_cons	0.048***	-6.527***	-3.381***	-3.040***	-3.465***
	(6.82)	(-15.08)	(-11.13)	(-9.07)	(-12.16)
Year	控制	控制	控制	控制	控制

续表

变量	替换被解释变量				替换解释变量
	(1)	(2)	(3)	(4)	(5)
	RD_Sale	$Patent_{t+1}$	$Patent_{t+2}$	$Patent_{t+3}$	Patent
Industry	控制	控制	控制	控制	控制
N	11939	11939	10430	9090	11939
Adj. R2	0.402	0.395	0.389	0.386	0.442

注：***、** 和 * 分别表示在1%、5%和10%的显著性水平。变量定义参见表6-1。回归标准误经过公司水平群调整。

6.6　进一步研究

6.6.1　产权性质的影响

与国有企业相比，非国有企业受到的政府干预较少，所处的经营环境更加市场化，管理层的激励与约束体系也较为完善，更愿意进行自主创新以获得竞争优势（唐跃军、左晶晶，2014），因此受共享审计师影响形成的差异可能较小。反之，国有企业存在严重的所有者缺位和内部人控制等问题，缺乏有效监督的管理层为实现在职期间的业绩最大化，倾向于将内部资源投资于能够为企业带来短期利润的项目（程承坪、陈志，2021）。并且国有企业管理层有动机通过寻租获取垄断经营权和谋求更好的职业晋升机会，但是这些寻租费用会占用企业有限的资源，进而抑制企业的创新活动（Hou et al.，2017）。已有研究表明，加强监督是缓解国有企业上述固有缺陷，促进国有企业创新的重要举措（郭檬楠等，2021）。因而预期在国有企业中，来自开放式基金大股东共享审计师的监督效用可能会对公司创新产生较大的影响。

基于此，按照产权性质将样本分为非国有企业和国有企业两组，重新执行模型（6－1）进行检验。回归结果如表6－9第（1）列所示，在非国有企业组中，开放式基金大股东共享审计师（Shau）的系数为负但不显著，而在国有企业组中，开放式基金大股东共享审计师（Shau）的系数在1%的水平上显著为正，表明当上市公司为国有企业时，共享审计师对企业创新的促进作用更为明显，结果符合上述推论。

6.6.2 企业类型的影响

根据前文可知，共享审计师对于企业创新的促进作用主要是通过缓解融资约束程度和抑制盈余管理行为这两条机制来实现的。就高新技术企业而言，国家近年来为鼓励创新实施了一系列针对高新技术企业的税收优惠和政府补助政策，并且凭借其高新技术企业的身份，还可以获得更多的外源融资以有效缓解企业的融资约束程度，从而激发企业的创新行为（李世刚等，2022）。另外政府需根据《高新技术企业认定管理办法》对已认定的高新技术企业进行严格监管，通过定期检查、复审等方式来规范企业的研发创新活动（雷根强、郭玥，2018），这在一定程度上压缩了管理层实施盈余管理的空间，使其更加专注于提升企业创新绩效。但对于非高新技术企业而言，企业创新投入的多少通常是其自主决策的结果，此时则需要更加关注公司内外部治理机制的影响。据此，预期开放式基金大股东共享审计师网络所带来的信息优势和信息流动，能够强化的开放式基金大股东给和审计师监督效力，进而给公司创新所产生的促进作用在非高新技术企业中会更为明显。

基于此，按照是否是高新技术企业将样本分为非高新技术企业和高新技术企业两组，重新执行模型（6－1）进行检验。结果如表6－9第（2）列所示，在非高新技术企业组，开放式基金大股东共享审计师（Shau）对公司创新（Patent）的回归系数在1%的水平上显著为正，而在高新技术企业组不显著，结果证明了上述推论。

6.6.3 市场化程度的影响

已有研究证实，非正式制度与正式制度之间通常存在着互补或替代性关系（Shleifer and Vishny，1994）。开放式基金大股东共享审计师网络与市场化程度之间在对公司创新的影响方面可能存在互补关系。这主要是由于：一方面，市场化程度较高的地区拥有更加完善的金融和法制监管体系，各种生产要素的流动性也更强，能够显著提高创新资源的配置效率（余明桂等，2019）；另一方面，处于高市场化程度地区的上市公司，其内外部治理机制更加规范（王会娟等，2021），对公司创新等决策行为的反应也会更为敏感。开放式基金大股东共享审计师网络所带来的信息优势和信息流动，能缓解公司的信息不对称，以及加强开放式基金大股东、审计师以及外部监督力量对公司内部人的监督，缓解公司内部人与外部人之间的代理冲突，在市场化程度较高的情况下，这些有助于上市公司能更容易获得创新资源的支持，并且带动其他利益相关者对公司创新积极的反应，提升企业的创新意愿和创新能力。另外，高市场化程度也意味着公司将面临着更加充分和激烈的市场竞争，在高市场化程度下，开放式基金大股东共享审计师网络所带来的监督压力也会迫使管理层更加努力工作，追求创新以提高产品的竞争力（Sheikh，2018）。但同时，开放式基金大股东共享审计师所产生监督强化效应可能会因市场化程度本身对公司内部人自利行为的抑制作用而得到削弱，进而不利于开放式基金大股东共享审计师网络对公司创新的促进作用。

鉴于此，使用樊纲等发布的《中国分省份市场化指数报告》中各地区市场化总指数作为市场化程度的代理变量，按照市场化总指数中位数进行分组采用模型（6－1）进行回归，结果如表6－9

第（3）列所示，在高市场化程度下，开放式基金大股东共享审计师（Shau）对公司创新的回归系数在5%的水平上显著为正，而在低市场化程度下，开放式基金大股东共享审计师（Shau）与公司创新的关系则不显著，组间系数差异在10%的水平上显著，说明开放式基金大股东共享审计师与市场化程度二者对公司创新的促进作用呈相互补充关系。

表6-9　　进一步研究：截面检验结果

变量	(1)		(2)		(3)	
	非国有企业	国有企业	非高新技术	高新技术	低市场化程度	高市场化程度
Shau	-0.014 (-0.18)	0.240*** (3.19)	0.144*** (2.58)	-0.016 (-0.10)	-0.043 (-0.58)	0.153** (2.17)
Size	0.574*** (31.64)	0.544*** (25.98)	0.573*** (39.11)	0.550*** (14.54)	0.557*** (27.49)	0.564*** (30.38)
Lev	0.454*** (4.51)	0.077 (0.58)	0.323*** (3.71)	0.279 (1.39)	0.348*** (3.12)	0.437*** (3.87)
Roa	1.317*** (3.49)	2.943*** (5.66)	1.979*** (5.93)	1.827** (2.42)	2.130*** (4.97)	1.734*** (4.04)
Cash	-0.064 (-0.24)	0.379 (1.08)	-0.119 (-0.51)	1.042** (1.97)	0.074 (0.25)	0.008 (0.03)
PPE	-1.285*** (-10.00)	-1.787*** (-12.00)	-1.632*** (-15.47)	-1.293*** (-5.29)	-1.888*** (-14.44)	-0.968*** (-6.94)
Growth	-0.020 (-0.55)	0.039 (0.80)	0.008 (0.25)	0.024 (0.32)	-0.019 (-0.51)	0.077* (1.63)
Top1	-0.271*** (-2.58)	0.055 (0.39)	-0.104 (-1.14)	0.142 (0.63)	-0.356*** (-3.09)	0.078 (0.64)
MB	0.050 (0.56)	0.508*** (4.85)	0.243*** (3.39)	0.331* (1.78)	0.155* (1.73)	0.351*** (3.52)
Bod	0.164 (1.51)	0.142 (1.11)	0.163* (1.80)	0.276 (1.44)	0.077 (0.68)	0.359*** (2.99)

续表

变量	(1)		(2)		(3)	
	非国有企业	国有企业	非高新技术	高新技术	低市场化程度	高市场化程度
Indep	-0.145	1.295***	0.682***	-0.778	0.148	0.868**
	(-0.44)	(3.53)	(2.56)	(-1.21)	(0.44)	(2.49)
Dual	0.082***	-0.067	0.018	0.068	0.059	-0.006
	(2.91)	(-1.11)	(0.62)	(1.17)	(1.55)	(-0.17)
Age	0.006	-0.176***	-0.052**	0.038	-0.045*	0.001
	(0.26)	(-5.27)	(-2.48)	(0.74)	(-1.72)	(0.05)
HHI	-0.670***	-1.056***	-0.729***	-0.444	-1.354***	-0.543***
	(-2.83)	(-4.08)	(-3.89)	(-1.15)	(-5.23)	(-2.46)
Soe			0.067**	0.051	0.052	0.110**
			(2.13)	(0.67)	(1.33)	(2.59)
_cons	-2.989***	-3.565***	-3.493***	-2.736***	-2.706***	-3.917***
	(-7.72)	(-8.20)	(-11.40)	(-3.65)	(-7.28)	(-8.23)
Year	控制	控制	控制	控制	控制	控制
Industry	控制	控制	控制	控制	控制	控制
N	7277	4662	10175	1764	6172	5767
Adj. R2	0.350	0.473	0.415	0.319	0.379	0.456
组间系数差异（Shau）	Chi2 = 5.79 ** p = 0.0162		Chi2 = 0.84 p = 0.3581		Chi2 = 3.65 * p = 0.0559	

注：***、** 和 * 分别表示在1%、5%和10%的显著性水平。变量定义参见表6-1。回归标准误经过公司水平群调整。

6.7 本章小结

“创新”“高质量发展”是我国未来经济发展的战略方向，这在我国“十四五”规划、2035年远景目标纲以及党的二十大报告中有着明确的体现。坚定实施创新驱动发展战略，向创新要动力，是增强企业核心竞争能力以及推动我国经济持续高质量发展的必然选择。关于如何促进公司创新，以往研究分别从股权结构、管理者特质等内部治理机制，机构投资者、证券分析师、独立审计等外部治理因素，以及董事或高管联结、连锁股东、共同机构等非正式制度角度进行了探讨，但关于市场参与主体之间（如股东与上市公司）由审计师执业所形成的社会关系网络会对公司的创新行为会产生怎样的影响较少关注。监督效力、风险程度以及信息环境状况是影响公司创新的重要因素，而市场参与主体的审计师执业网络能够对这些方面产生有力的影响，因此从审计师执业网络视角探讨激发公司创新的可能机制具有重要的现实意义。

开放式基金在我国上市公司前十大流通股股东中扮演着重要角色。作为上市公司大股东的开放式基金与被投资上市公司在年度审计中聘用共同的审计机构，二者之间就由共同审计师执业形成了共享审计师网络关系。当同时审计开放式基金大股东与被投资上市公司时，共享审计师能够通过优秀的信息获取能力以及开放式基金大股东的资源获取关于上市公司真实经营情况的更多信息，并且这些信息在共享审计师网络内可以发生流动，有助于改善上市公司的信息不对称，强化开放式基金大股东与共享审计师对上市公司内部人的监督效力，同时能够进一步促进公司会计信息环境的改善。然而由于受不同监督动机的影响，开放式基金大股东也可能借助共享审计师网络关系去干扰共享审计师的审计执业过程，破坏审计师的独立性和监督效力。这些会影响资本市场上利益相关者的资源支持、对创新失败的容忍度以及创新不确定性的风险补偿要求，进而对公司的创新行为产生影响。

通过选取 2010—2019 年沪深两市 A 股上市公司为研究对象，本章考察开放式基金大股东与被投资上市公司共享审计师对公司创新的影响及作用机理。研究结果发现，开放式基金大股东与被投资上市公司共享审计师对公司创新有显著的促进作用。作用机制的检验结果发现，共享审计师能够显著改善上市公司所面临的外部融资约束以及内部管理者的盈余管理程度。研究结果说明了开放式基金大股东共享审计师网络内的信息获取以及所产生的信息共享，有效地缓解了上市公司内部人与外部人之间的信息不对称，并且显著强化了开放式基金大股东和审计师对上市公司内部人的监督效力以及合作监督行为，公司所面临的融资约束和不确定性出现明显下降，这些给公司的创新行为带来了促进作用。此外还发现，开放式基金大股东共享审计师对创新活动的提升作用，在国有企业、高新技术企业以及市场化进程较高的上市公司中更为明显。

本章基于公司创新以及开放式基金大股东与被投资上市公司这两种市场参与主体之间共享审计师的视角，考察了该持股关系情境下共享审计师对上市公司创新活动的影响及作用机制。一方面从开放式基金大股东和被投资上市公司这两种市场参与主体之间由审计师执业形成的社会关系网络视角，阐明了对公司创新行为有重大影响的非正式机制，为促进我国的创新驱动和经济高质量发展战略提供了另一种理论思路；另一方面，机构投资者持股、调研等直接参与公司治理相关问题以往文献关注较多，从公司创新视角进一步探察开放式基金大股东通过聘用与被投资上市公司共同的审计机构形成的共享审计师网络这种间接参与公司治理方式的治理效应，对机构投资者治理效应以及正式制度与非正式制度的联合治理效应研究做了有益的补充。此外，以公司创新为对象，深入探讨了开放式基金大股东与被投资上市公司这种具有持股关系的市场参与主体之间共享审计师的经济效应及作用机制，对共享审计师研究以及公司创新的影响因素研究做了拓展。

在我国“十四五”规划、2035 年远景目标纲要以及党的二十大一再强调坚定创新驱动和高质量发展战略目标的背景下，本章的研究结论对从机构投资者共享审计师网络视角思考如何激励公司创新相关问题，以及对公司管理者的创新决策、外部投资者的价值投资决策、审计师提高监督效率以及政策制定者和监督者构建多维度协同治理机制以促进我国经济的创新转型和高质量发展提供重要的参考意义。

第 7 章

开放式基金大股东共享审计师网络的治理溢出效应

7.1　引言

及时性作为会计信息质量的重要特征之一，及时有效的会计信息在缓解信息不对称，提高信息使用者的决策效率以及强化资本市场的健康运行等方面具有重要意义。然而，由于两权分离和委托—代理问题，上市公司的信息不对称情况普遍存在，为了保障利益相关者的会计信息质量需求，监管机构要求上市公司的年度报告必须经会计师事务所审计后才能对外披露。因此，审计师在年报审计中所花费的时间长短成为影响上市公司会计信息能否及时对外披露的重要因素之一（Givoly and Palmon，1982）。根据我国《公司法》和《证券法》的规定，上市公司应当在会计年度结束之日起 4 个月内提交经会计师事务所审计的财务报告①，而美国在《萨班斯—奥克斯利法案（SOX）》颁布后，年报的披露期限缩短至 75 天②，

① 2021 年 3 月 4 日证监会发布的《上市公司信息披露管理办法》、2022 年 1 月 7 日上海证券交易所发布的《上海证券交易所股票上市规则》明确规定上市公司的年度报告应当在每个会计年度结束之日起 4 个月内编制完成并披露。

② 美国证券交易委员会要求流通股大于 7 亿的美国本土上市公司应当在财年结束 60 天内披露年报；流通股在 7500 万以上但小于 7 亿的美国本土上市公司，应当在财年结束 75 天内披露年报。而流通股小于 7500 万的美国本土上市公司，则应当在财年结束 90 天内披露年报。搜狐网：https：//business. sohu. com/a/454407172_380091。

可见我国对上市公司年报的审计时间已然考虑了充分的缓冲空间。即便如此，我国相当数量的上市公司在年报披露时间上依旧表现出“前松后紧”，披露延迟现象普遍，严重制约了利益相关者的有效决策和市场资源的配置效率。如何提高审计师的决策效率以确保会计信息的及时性，是值得深入探讨的重要话题。

审计效率通常被认为是在一定审计产出水平下，为完成审计工作所实现的审计投入成本最小化（DeFond and Zhang，2014）。以往文献主要从审计客体特征如被审计客户的规模、内部控制质量、业务复杂度等（Leventis et al.，2005；Ettredge et. al，2011；程小可等，2004；张国清，2010；刘亚莉等，2011；顿巧玲、李勇，2014），或者审计主体特征如会计师事务所的规模、合并、行业专长、提供非审计服务、内部知识共享等（Lee et al.，2009；Habib and Bhuiyan，2011；Adzrin et al.，2014；Durand，2019；余玉苗，2004；李明辉、刘笑霞，2012）单一层面考察了影响审计效率的因素，一般认为这些因素通过作用于审计师的业务工作量、业务熟练程度等方面进而对审计效率产生影响。总体来看，被审计客户之间（尤其具有业务联系的被审计客户）因审计师执业形成的关系网络，同时结合了审计客体与审计主体两个方面，其会如何影响审计师在执业过程中的投入与效果，现有文献对此较少关注。

据权威统计数据显示，截至 2021 年 6 月底，我国开放式基金持股市值已达 6.1 万亿元，较 2019 年初增长了 314.7%，并且持有 A 股流通股市值达 5.5 万亿元，占 A 股流通总市值的 7.8%。开放式基金规模体量在实现跨越式增长的同时，也在上市公司前十大流通股股东中扮演者愈加重要的角色。作为上市公司大股东的开放式基金与被投资上市公司聘用共同的审计机构，二者就由共同审计师执业形成共享审计师网络关系。以往文献发现，共享审计师能够在审计师联结公司的审计执业中获得知识专长，从而更准确地理解专业审计问题和做出更合理的职业判断（Johnstone et al.，2014；杨清香等，2015）；并且还可以从更多途径获取关于被审计客户真实经营情况的信息，有助于改善公司的信息环境，提高审计质量，促进对公司内部人的监督，并且作用于分析师预测偏差，关系专用性投资、并购公告收益等方面（Cai et al.，2016；Dhaliwal et al.，2016；武恒光等，2020）。知识溢出、信息获取以及信息环境是影响审计师具体执业过程的重要因素（Habib and Bhuiyan，2011），因此开放式基金大股东与被投资上市公司共享审计师会对共享审计师的执业行为产生什么影响？这种影响是否会在其他与开放式基金大股东不具有共享审计师网络关系，但是被相同的开放式基金大股东持股并且相同的审计师审计（开放式基金大股东且审计师联结）的上市公司中具有溢出效应？

开放式基金和审计师的信息掌握对其决策行为具有重要作用（Bushee and Goodman，2007；Cai et al.，2016）。首先，开放式基金大股东所拥有的专业、资源和经验优势，使其具备独特的信息搜寻和处理能力（Baker et al.，2010；李志辉等，2021）。同时由于持股多家公司，他们往往掌握着更多有关宏观经济和行业层面的信息，借助共享审计师网络，其可以为共享审计师提供信息获取和信息解读的便利，这无疑有助于审计师更专业地评估客户风险、更合理地设计审计程序以及更有效配置审计资源（Chen et al.，2020）。其次，共享审计师在审计师执业网络内所获取的更多信息可以在网络内流动，进而影响同时作为重要的外部监督中介的开放式基金大股东和共享审计师各自的监督行为以及合作监督行为，促进公司内外部信息环境发生变化，进而影响审计工作效率。最后，共享审计师网络对开放式基金大股东和审计师二者行为选择的影响，可能会在二者继续同时出现但非审计业务合作的其他上市公司持续，即产生溢出效应。鉴于此，本章进一步考察开放式基金大股东共享审计师网络对被投资上市公司审计效率的影响以及对开放式基金大股东且审计师联结上市公司的溢出效应。

以2010—2019年沪深两市A股上市公司为研究对象，通过实证研究发现，开放式基金大股东与被投资上市公司共享审计师不但能提高共享审计师网络联结的上市公司的审计效率，还能提高其他不具有共享审计师网络关系，但被相同的开放式基金大股东持股并且使用相同的审计师审计（开放式基金大股东且审计师联结）的上市公司的审计效率。作用机制的检验结果显示，共享审计师显著降低了上市公司的信息不对称程度，提高了信息透明度，并且降低了审计师对诉讼风险感知，说明共享审计师通过这些途径对审计效率产生了影响。研究结果验证了共享审计师强大的信息获取能力及所产生的信息流动，改善了共享审计师所面临的信息不对称和信息环境，促进了审计资源投入的降低，并且这些影响在开放式基金大股东且审计师联结上市公司中得以持续。进一步的研究发现，开放式基金大股东与被投资上市公司共享审计师有效抑制了共享审计师网络联结上市公司以及与开放式基金大股东且审计师联结上市公司的盈余管理行为，并且提高了会计信息质量，结果说明，共享审计师在提高的审计效率的同时依然保证了较高的审计质量，从而验证了共享审计师积极的治理效应和溢出效应。

本章可能的贡献主要体现在以下几个方面：

第一，以往文献主要考察了供应链和并购链共享审计师对审计师联结单位治理效应，如财务重述、操纵性应计利润、分析师预测、关系专用性投资、成本黏性以及并购公告收益等方面的影响（Chen et al.，2009；Cai et al.，2016；Dhaliwal et al.，2016；杨清香等，2015；武恒光等，2020），基于开放式基金大股东与被投资上市公司这两种市场参与主体之间共享审计师和治理溢出效应的视角，考察该持股关系情境下共享审计师对开放式基金大股东且审计师联结的上市公司的治理影响，提供了有别于以往供应链和并购链共享审计师研究的另一种研究情境及其治理效应的经验证据，拓宽了共享审计师方面的研究。

第二，基于代理理论和社会网络理论，深入探讨开放式基金大股东选聘与被投资上市公司共同的审计机构形成的共享审计师网络这种间接参与公司治理的方式，对审计效率的影响及溢出效应，提供了有别于以往从机构投资者持股、调研等直接参与公司治理研究的另一种经验证据，进一步丰富了机构投资者的治理效应以及正式制度与非正式制度的联合治理效应方面的研究。

第三，从开放式基金大股东与独立审计师这两大外部监督主体的网络联结的视角，深入考察其如何影响审计师的资源投入以及审计质量后果，进一步补充了审计效率的影响因素研究。

第四，本章的研究结论可以为公司管理者、外部投资者、独立审计师以及政策的制定者和监管者从机构投资者共享审计师网络的视角分析影响审计效率的相关问题，以及从审计师资源投入视角探索促进资本市场的有效性提供一定的决策参考。

7.2　理论分析与研究假设

7.2.1　共享审计师与经济效应

现有文献关于共享审计师的研究主要集中在供应链、并购链、信贷关系等领域方面，并且主要从知识溢出效应和信息中介效应两个角度进行了研究。

首先，基于知识溢出视角研究发现，客户与供应商共享审计师能够促进审计师掌握二者之间往返销售、售后回购等关键信息和相关隐性信息，从而在对审计师链接单位的执业过程中能够更为专业地理解和判断供应链审计相关问题，促进审计质量的提高，进而降低财务错报的可能性和操纵性应计利润，发挥知识溢出作用（Chen et al.，2009；Huang et al.，2014；Johnstone et al.，2014；

杨清香等，2015）。类似地，银行与信贷客户共享审计师时，共享审计师可以从同时审计银行和其信贷客户的过程中获得专长知识并产生知识溢出效应，促进对银行及其信贷客户审计质量的提高（Ton，2015）。

其次，从信息中介效应视角，基于客户与供应商共享审计师的研究显示，共享审计师的信息获取优势及其所产生的信息流动，能在审计师联结单位之间充当非正式的信息传递渠道，有助于减轻信息不对称，促进审计师更有效地获取审计证据以及采取更恰当的审计程序，提高审计质量，从而降低分析师预测偏差（蔡利等，2018）、提高关系专用性投资（Dhaliwal et al.，2016），以及修正审计师联结公司管理者预期的准确性进而影响其成本黏性（Cai et al.，2019）；基于并购公司与目标公司共享审计师的研究结果发现，在并购实施之前，为节约并购公司高额的信息搜索成本和目标公司的选择成本，与并购公司存在共享审计关系的公司成为目标公司的可能性更大（Dhaliwal et al.，2016）。在并购实施和整合阶段，共享审计师有助于降低并购过程中的不确定性，导致跨国并购中产生更低的交易费用和更大的资产回报率（Chircop et al.，2016）；并且能够提高并购公告收益和并购交易的完成率（Cai et al.，2016；Dhaliwal et al.，2016）；还可以抑制并购业绩承诺运用的可能性，促进业绩承诺可靠性的提高（武恒光等，2020）。

综上所述，现有文献主要基于知识溢出和信息共享两个视角，对共享审计师在供应链、并购链以及信贷关系中的治理后果进行了研究，而较少关注其他资本市场参与主体之间共享审计师的情况。大股东与被投资上市公司之间的持股关系对上市公司的经营管理和资本市场的良好运行具有重要影响，目前对于大股东与被投资上市公司共享审计师如何影响公司治理还有待深入揭示。张宏亮等（2021）发现持股关系情境下共享审计师能够发挥信息效应，提高审计质量。但关于持股关系情境下共享审计师的作用机制和更多经济后果（如对审计师的投入与效果、对其他公司的治理溢出效应）等还存在诸多待解谜题，因此对这些问题进行进一步的挖掘具有重要意义。

7.2.2　审计特征与审计效率

审计效率通常被认为是在一定审计产出水平下，为完成审计工作所实现的审计投入成本最小化（DeFond and Zhang, 2014; Pincus et al., 2017）。而审计延迟，即资产负债表日至审计报告签署日之间的间隔天数，作为审计效率为数不多且可被直接观察的表征变量（Ashton et al., 1987; Bamber et al., 1993），在审计效率研究中被普遍采用。

审计师对上市公司年报的审计效率受到诸多因素的影响，就现有文献来看，一部分学者主要从上市公司的规模、内部控制质量、业务复杂度等审计客体特征对审计效率的影响因素进行探讨。例如，规模越大的上市公司，业务量也相对越多，这会导致年报审计的时间较长（Givoly and Palmon, 1982；程小可等，2004）。但是大公司的内部控制质量往往也较高，而内部控制质量是审计师设计和确定审计程序的重要依据之一，高质量的内部控制可以显著抑制财务报告出现错报的可能性，审计师在执业过程中可以更大限度地依赖有效的内部控制，从而有利于审计效率的提升（张国清，2010; Ettredge et al., 2011；刘亚莉等，2011；顿巧玲、李勇，2014）。此外，被审计单位的业务复杂性，也是审计师收集和处理审计证据难度程度重要决定因素，业务复杂性越高，意味着审计师想要获取充分的审计证据需要花费更多的时间，因此更可能产生审计延迟问题（Ng and Tai, 1994; Leventis et al., 2005）。

另一部分学者则主要分析了审计师的规模、合并、行业专长、非审计服务等审计主体特征对审计效率的影响。结果发现，国际大所由于具有更有效的审计计划、更好的人力资源以及更丰富的审计经验，因而能够更快地完成审计工作（Gilling，1977；Adzrin et al.，2014）。具有互补性的会计师事务所合并所产生的协同效应，有助于其在合并后发展成为行业专家，促进审计效率的提升（Kaplan ct al.，1990；Lawrence and Glover，1998；李明辉、刘笑霞，2012）。会计师事务所内部的知识共享也能够促进审计师的工作效率（Ruey et al.，2019），行业专家能够发展行业的特定和专业知识，基于行业审计资源共享所产生的规模经济，行业专家可以更快地完成审计工作（Habib and Bhuiyan，2011；余玉苗，2004）。此外，审计师向被审计客户所提供的管理咨询服务、税务服务等非审计服务，与审计服务之间存在一定的协同关系，可以产生知识溢出，对审计效率也具有提升作用（Knechel and Payne，2001；Lee et al.，2009；Durand，2019）。

综上所述，尽管学者们从多个角度考察了审计特征因素对审计效率的影响，但大都是从审计客体（被审计客户）或审计主体（审计师）单一层面进行考察，较少有文献同时结合了审计客体与审计主体比如从被审计客户之间（尤其具有业务联系的被审计客户）因审计师执业形成的关系网络这一角度进行探讨，并且就审计师的知识效应而言，已有研究关注了审计师的内部知识共享以及非审计服务所产生的知识溢出效应对审计效率的影响，很少关注共享审计师这类审计师执业网络内的知识溢出和信息传递如何影响审计师在执业过程中的投入与相关效果。这些为从开放式基金大股东与被投资上市公司共享审计师网络视角深入探讨审计师的投入行为及其效果提供了契机。

7.2.3 机构投资者共享审计师网络与审计效率

1. 共享审计师的直接审计效率效应

开放式基金和审计师的信息掌握对其决策行为具有重要作用（Bushee and Goodman，2007；Cai et al.，2016）。在开放式基金大股东与被投资上市公司共享审计师的情况下，共享审计师可以通过两个方面对审计效率产生影响：

第一，目前已有充分证据表明开放式基金在公开信息处理和私有信息挖掘这两大方面拥有明显优势（柳建华、季华，2011），如凭借其专业、资源和经验优势，在解读年报或实地调研的过程中获取私有“软信息”（王怀明、魏珈玮，2021）；以及基于校友、同乡、同事、商业委托等关系网络，在与上市公司管理者、其他基金经理、分析师等的往来中获得信息优势（Butler and Gurun，2012；Firth et al.，2013；Pool et al.，2015）。同时由于持股多家公司，他们往往还掌握着更多宏观经济和行业层面的信息（Chen et al.，2020）。在与被投资上市公司共享审计师的情况下，其可以借助共享审计师网络为审计师提供信息获取和解读的便利，有助于审计师的知识溢出以及更专业地评估客户风险和更有效配置审计资源，提升审计工作效率（Chen et al.，2020）。

第二，如前所述，当开放式基金大股东与被投资上市公司共享审计师时，共享审计师在审计师执业网络内可以通过更多途径掌握有关上市公司的更多详细信息和前沿消息（张宏亮等，2021），并且这些信息可以在网络内与开放式基金大股东共享（Cai et al.，2016），有效缓解信息不对称程度。

一方面，这可以为开放式基金大股东和共享审计师对被投资上市公司的监督行为提供便利，同时具有监督动机的开放式基金大股东也可以通过共享审计师网络向审计师施加压力，使其更为注重保持独立性和提高审计质量。此外共享审计师会面临来审计师联结各方更大的潜在诉讼压力，并且共享审计师现象也会受到市场上利益相关方的更多关注，引发更广泛的外部监督（Cai et al.，2016），也会迫使审计师提高审计质量。这些会相应约束公司内部人的盈利管理等不当行为，促进公司会计信息环境的改善，从而减轻审计师的工作难度和提升审计效率。

另一方面，审计师所出具非标准审计意见可以给上市公司股价带来大幅波动（Chen et al.，2016），开放式基金大股东会因此承受巨大损失。并且以往文献发现，机构投资者有消极参与公司治理的动机，甚至会为了确保自身利益与公司内部人合谋侵占中小股东利益（Ward et al.，2018）。当与被投资上市公司共享审计师时，共享审计师网络所获取的更多信息以及信息流动，为具有消极监督动机的开放式基金大股东干涉审计师的报告决策提供了一条便利的途径，为了防止非标准审计意见给其带来的不利影响，开放式基金大股东可能会向共享审计师施压以寻求有利的审计意见，甚至会鼓励审计师共同与公司内部人合谋来实现各自的利益目标。同时共享审计师网络强化了开放式基金大股东与共享审计师的业务联系，在当前我国审计市场竞争较为激烈以及基金业务审计成本相对较低的背景下（Chen et al.，2020），审计师出于维护自身业务资源和市场份额的动机（王春飞等，2018），可能会选择顺从开放式大股东，导致对公司内部人的监督效力降低，公司的会计信息环境恶化，同时为了配合开放式基金大股东和公司内部人的会计信息披露需求，审计工作时间会相应延长，审计效率降低。

基于上述讨论，开放式基金大股东共享审计师网络可能会给被投资上市公司的审计效率带来正负两方面的影响，因此本书提出竞争性假设：

假设 H7－1a：开放式基金大股东共享审计师网络会提高被投资上市公司的审计效率。

假设 H7－1b：开放式基金大股东共享审计师网络会降低被投资上市公司的审计效率。

2. 共享审计师的审计效率溢出效应

共享审计师除对审计师联结公司的审计效率产生直接影响以外，可能还会对与审计师联结公司具有某种“关系”但不存在共享审计师网络的其他上市公司的审计效率产生溢出效应。这里聚焦其他不具有共享审计师网络关系，但是被与开放式基金大股东共享审计师的上市公司共同的开放式基金大股东持股以及共同的审计师审计的上市公司，即开放式基金大股东且审计师联结的上市公司。开放式基金大股东与被投资上市公司共享审计师可能对开放式基金大股东且审计师联结上市公司的审计效率产生如下影响：

一方面，审计师对基金审计的一个重要目标就是确定基金所持资产净值的计算和报告是否可靠（Goldie et al.，2018），而这主要取决于基金所持投资组合中标的资产估值的准确性。为此，审计师通常需要与基金公司保持沟通，主动了解对基金所持资产净值计算有重大影响的证券的实际经营情况（Hope et al.，2020）。因此，当审计师同时为开放式基金大股东与被投资上市公司提供审计服务时，前述的共享审计师的信息获取与信息传递作用，尤其是从开放式基金大股东处获取的信息优势，很可能会溢出到审计师对基金持股的其他上市公司的审计服务上，从而有利于促进审计师在风险可接受范围内适当减少审计投入，提高审计效率。

另一方面，基金公司为了获得更高的基金业绩，往往会利用其在特定行业中所拥有的信息资源，持有更为集中的投资组合（Kacperczyk et al.，2005）。在开放式基金大股东与被投资上市公司共享审计师的情况下，共享审计师在与开放式基金大股东的频繁往来中能够获取更多的行业或宏观方面的特定信息，这些信息能够对共享审计师需要掌握的被审计客户信息形成有益补充（陈玥、江轩宇，2017）。同时基金所持股上市公司通常具备某些相似特征，这意味着审计师可以高效地获取同类或同质的审计证据（孙龙渊等，2021），即审计师在具备开放式基金大股东共享审计师网络的上市公司中所积累的知识、信息以及行为模式可以具体应用到对开放式基金大股东且审计师联结上市公司的审计服务中。因此，结合H7－1的理论分析，共享审计师在具备开放式基金大股东共享审计师网络的上市公司中的知识效应，以及与开放式基金大股东合作监督或共同谋私行为度审计师投入的影响，也可能延续到开放式基金大股东且审计师联结的上市公司。

鉴于此，开放式基金大股东共享审计师网络可能会对开放式基金大股东且审计师联结上市公司的审计效率产生正负两方面的影响，因此本书提出竞争性假设：

假设 H7－2a：开放式基金大股东共享审计师网络会提高开放式基金大股东且审计师联结上市公司的审计效率。

假设 H7－2b：开放式基金大股东共享审计师网络会降低开放式基金大股东且审计师联结上市公司的审计效率。

7.3　研究设计

7.3.1　研究样本

本章的主要研究目的是以 2010—2019 年沪深两市 A 股上市公司为考察对象，考察开放式基金大股东与被投资上市公司共享审计师对被投资上市公司审计效率的直接影响及对开放式基金大股东且审计师联结上市公司审计效率的溢出效应。为此，本章的研究样本筛选及设计如下：

首先，选取开放式基金大股东与被投资上市公司共享审计师的样本，并将其定义为第一组实验样本（G1）。具体过程是：从 2010—2019 年沪深两市 A 股上市公司前十大流通股股东名单中识别出所有的开放式基金大股东；在此基础上，分别合并上市公司与开放式基金大股东当年所聘请的审计机构；对比和识别上市公司与开放式基金大股东是否聘请相同的审计机构，如果上市公司与任一开放式基金大股东聘任相同的审计机构，那么即被定义为开放式基金大股东与被投资上市公司共享审计师，否则为不共享审计师。开放式基金大股东与被投资上市公司共享审计师的样本即为第一组实验样本，共涉及 2010—2019 年的 838 个公司—年度观测。

其次，选取被共享审计师样本（G1）中相同的开放式基金大股东持股的样本、相同的审计师执行年报审计，并且与开放式基金大股东不存在共享审计师网络关系的上市公司样本，并将其定义为第二组实验样本（G2）。具体过程中：在开放式基金大股东与被投资上市公司共享审计师的样本中，识别出所有的开放式基金大股东以及执行年报审计业务的审计机构；在所有开放式基金大股东与被投资上市公司没有共享审计师的样本中，识别出由上述开放式基金大股东（G1 样本中的开放式基金大股东）持股并且由上述共享审计机构（G1 样本中的审计机构）执行年报审计的上市公司，该类上市公司即为开放式基金大股东且审计师联结上市公司。开放式基金大股东且审计师联结上市公司样本即为第二组实验样本，共涉及 2010—2019 年的 10039 个公司—年度观测。

最后，选取与第一组和第二组实验样本做对比的样本组，并将其定义为控制样本（G3）。控制样本有如下要求：①年报审计由 G1 样本组中的共享审计机构审计，使实验组和控制组具备审计师联结关系；②不被实验组 G1 中所涉及的开放式基金大股东持股，使实验组和控制组不具备开放式基金大股东联结关系；③不属于实验组 G1 和 G2 中的观测。基于此，共识别出 2010—2019 年 5739 个公司—年度观测。

在如上识别的实验样本和控制样本基础上，对所有样本做了如下处理：①剔除金融保险类上市公司的样本；②剔除了 ST、* ST、PT 及退市整理的样本；③剔除当年上市的样本；④剔除变量存在缺失值的样本；⑤为降低异常值的影响，对所有连续变量进行了 1% 的缩尾处理。本书的相关财务数据来自国泰安（CSMAR）数据库、开放式基金数据来自 WIND 数据库。开放式基金大股东与被投资上市公司是否共享审计师的数据通过手工收集、识别和整理得到。最终样本中，实验组 G1、实验组 G2、控制组 G3 的观测分别为 766 个、8075 个和 3596 个。

7.3.2 模型与变量

为检验开放式基金大股东与被投资上市公司共享审计师对审计效率的直接影响（H1）和溢出效应（H2），设定实证模型（7－1）：

$$Delay = \alpha_0 + \alpha_1 \mathrm{Shau} + \alpha_2 Falock + \sum \alpha_k Controls + \sum Industry + \sum Year + \varepsilon \quad (7-1)$$

模型（7－1）中的被解释变量为审计效率（Delay），借鉴刘慧等（2018）和李世辉等（2021）的研究，采用资产负债表日至审计师签署审计报告日间隔天数加 1 的自然对数来进行衡量。主要解释变量 Shau 为虚拟变量，取 1 时表示为实验样本 G1 的观测（即与开放式基金大股东共享审计师的上市公司），否则取 0。如果 H7－1a 成立，预期 $\alpha_1 < 0$。主要解释变量 Falock 也为虚拟变量，取 1 时表示为实验样本 G2 的观测（即开放式基金大股东且审计师联结上市公司），否则取 0。如果 H7－2a 成立，预期$\alpha_2 < 0$。

参照 Ettredge et al.（2006）的研究，选取的控制变量包括企业规模（Size）、财务杠杆（Lev）、总资产净利率（Roa）、企业成长（Growth）、应收账款比例（Rec）、存货比例（Inv）、股权集中度（Big）、企业年龄（Age）、产权性质（Soe）、董事会规模（Bod）、独董比例（Indep）、审计费用（Infee）、事务所规模（Top10）、审计意见类型（Op）。此外，同时控制了年份固定效应（Year）和行业固定效应（Industry）。具体变量界定见表 7－1。

表 7－1　　变量定义

变量类型	变量名称	变量符号	变量定义
被解释变量	审计效率	Delay	资产负债表日至审计师签署审计报告日间隔天数加 1 的自然对数

续表

变量类型	变量名称	变量符号	变量定义
解释变量	共享审计师	Shau	上市公司为实验样本 G1 的观测（即与任一开放式基金大股东聘任的年报审计机构相同）时为1，否则为0
	开放式基金大股东且审计师联结	Falock	上市公司为实验样本 G2 的观测（即由 G1 样本中的开放式基金大股东持股且共享审计机构审计，但与开放式基金大股东不具有共享审计师）的时为1，否则为0
控制变量	企业规模	Size	年末资产总额的自然对数
	财务杠杆	Lev	年末负债总额/年末资产总额
	总资产收益率	Roa	净利润/年末资产总额
	企业成长	Growth	营业收入增长率
	应收账款比例	Rec	应收账款/年末资产总额
	存货比例	Inv	存货/年末资产总额
	股权集中度	Top1	第一大股东持股比例
	企业年龄	Age	（年份－企业上市年份＋1）的自然对数
	产权性质	Soe	控股股东为国有取值为1，否则为0
	董事会规模	Bod	董事总人数的自然对数
	独董比例	Indep	独董人数与董事总人数的比值
	审计费用	Infee	上市公司当年度审计费用的自然对数
	事务所规模	Big10	若上市公司由国内“十大”审计时，取值为1，否则为0
	审计意见	Op	当公司审计意见为非标准无保留意见时取值为1，否则为0
	年份	Year	年份虚拟变量
	行业	Industry	行业虚拟变量

7.4 实证结果与分析

7.4.1 描述性统计与单变量分析

表7－2列示了模型（7－1）中主要变量的描述性统计结果。由表7－2可知，在全样本下，审计效率（Delay）的均值为4.551，中位数为4.615，转化为天数分别约为94天和100天，表明平均来说，审计师发布审计报告的时间大概为会计年度结束之后的94天左右。这与近期关于审计效率的研究结论基本一致（岳世忠、祝小溪，2021；李世辉等，2021），可见我国上市公司年报披露时间整体较晚。G1、G2、G3各组审计效率（Delay）的均值分别为4.502、4.545和4.576。未列示的组间差异分析显示，G1组审计效率（Delay）的均值显著小于G2组（$t=5.293$，$p=0.008$）和G3组（$t=8.546$，$p=0.009$），并且G2组的均值也显著小于G3组的均值（$t=6.886$，$p=0.004$）。初步支持了开放式基金大股东与被投资上市公司共享审计师降低被投资上市公司的审计效率以及开放式基金大股东且审计师联结上市公司的审计效率，即开放式基金大股东共享审计师具有积极的直接审计效率效应以及审计效率溢出效应的结论。

表7－2　　　　描述性统计

变量	全样本（N＝12437）		G1（N＝766）		G2（N＝8075）		G3（N＝3596）	
	均值	中位数	均值	中位数	均值	中位数	均值	中位数
Delay	4.551	4.615	4.502	4.477	4.545	4.605	4.576	4.663
Shau	0.062	0.000						

续表

变量	全样本 (N = 12437)		G1 (N = 766)		G2 (N = 8075)		G3 (N = 3596)	
	均值	中位数	均值	中位数	均值	中位数	均值	中位数
Falock	0.649	1.000						
Size	22.278	22.088	23.303	23.162	22.511	22.323	21.538	21.405
Lev	0.426	0.417	0.488	0.493	0.432	0.422	0.401	0.386
Roa	0.041	0.038	0.052	0.044	0.047	0.043	0.026	0.029
Growth	0.418	0.144	0.403	0.121	0.419	0.152	0.419	0.135
Rec	0.120	0.096	0.112	0.087	0.117	0.093	0.129	0.108
Inv	0.150	0.115	0.152	0.113	0.150	0.113	0.151	0.118
Top1	0.357	0.340	0.406	0.398	0.360	0.345	0.338	0.319
Age	2.145	2.197	2.319	2.485	2.190	2.303	2.006	2.079
Soe	0.376	0.000	0.556	1.000	0.394	0.000	0.295	0.000
Bod	2.139	2.197	2.174	2.197	2.150	2.197	2.105	2.197
Indep	0.374	0.333	0.380	0.364	0.374	0.333	0.375	0.333
Big10	0.806	1.000	0.875	1.000	0.797	1.000	0.812	1.000
Lnfee	13.870	13.764	14.555	14.457	13.939	13.816	13.570	13.528
OP	0.022	0.000	0.012	0.000	0.015	0.000	0.039	0.000

7.4.2　基本回归结果

模型（7－1）的实证结果列示于表 7－3。回归结果显示，在控制了其他因素之后，开放式基金大股东与被投资上市公司共享审计师（Shau）的系数在 1% 的水平上显著为负，表明与开放式基金大股东共享审计师显著提高了上市公司的审计效率，H7－1a 得到验证。并且，开放式基金大股东且审计师联结（Falock）的系数在 1% 的水平上也显著为负，表明共享审计师也显著抑制了开放式基金大股东且审计师联结上市公司的审计延迟，验证了 H7－2a 得到验证。此外还可以看到，Falock 系数明显小于 Shau 的系数，说明与开放式基金大股东且审计师联结上市公司相比，共享审计师对与开放式基金大股东共享审计师的上市公司实现了更为快速的审计。总的来看，这些结果的呈现，可能是因为在开放式基金大股东与被投资上市公司共享审计师的情况下，开放式基金大股东借助共享审计师网络为审计师提供了信息获取的便利，促进了审计师的知识溢出和审计资源的有效配置。与此同时，共享审计师网络带来的信息流动，减缓了信息不对称，有助于促进开放式基金大股东和审计师对上市公司内部人的监督，改善了公司的会计信息会计环境，从而促进了审计工作效率的提升。并且共享审计师在与开放式基金大股东共享审计师的上市公司中所积累的知识、信息以及行为模式延续到了其对开放式基金大股东且审计师联结上市公司的审计服务中。

表 7-3　　开放式基金大股东共享审计师的直接审计效率效应及溢出效应的回归结果

变量	Delay	
	估计系数	t 统计量
Shau	-0.060***	-7.34
Falock	-0.018***	-3.76
Size	0.012***	3.85
Lev	-0.030**	-2.16
Roa	-0.507***	-13.76
Growth	-0.000	-0.01
Rec	0.042	1.93
Inv	0.022	1.23
Top1	0.006	0.40
Age	-0.004	-1.22
Soe	-0.038***	-7.66
Bod	0.014	1.23

续表

变量	Delay	
	估计系数	t 统计量
Indep	0.015	0.35
Big10	0.016 ***	3.04
Lnfee	0.009 **	2.15
Op	0.071 ***	5.79
_cons	4.171 ***	78.37
Year	控制	
Industry	控制	
N	12437	
Adj. R2	0.121	

注：***、** 分别表示 1%、5% 的显著性水平。变量定义参见表 7－1。回归标准误经过公司水平群调整。

控制变量的回归结果如下：Size 的系数在 1% 的水平上显著为正，说明公司规模越大，业务量就越多，会计师事务所需要付出的时间和精力也就越多，从而导致审计延迟越长；Top10 和 Op 的系数在 1% 的水平上均显著为正，说明“十大”在审计上会投入更多的资源，用更长的时间来保证审计完整性和较高的审计质量，当审计师出具非标准审计意见，公司管理层可能会和审计师交涉或者给审计师施加压力去改变审计意见，因此在签署审计报告的时间上可能会有所推后；lnfee 的系数在 5% 的水平上显著为正，通常情况下审计风险是影响审计定价的关键因素之一，审计师往往通过加大审计投入来控制风险，适当扩大审计范围，实施更多的审计程序以获取更加充分适当的审计证据来降低检查风险，由此导致审计报告签署时间较晚；Roa、Lev 的系数分别在 1% 和 5% 的水平上显著为负，说明在盈利状况较差，财务风险较大的上市公司，审计迟相对较长，审计效率相对较低。Soe 的系数在 1% 的水平上显著为负，可能是因为相比于民营企业，国有企业的“预算软约束”使其进行盈余管理、操纵会计信息的动机较小，审计师评估的重大错报风险较低，其需要付出的时间和精力越少，因而审计延迟也较低。

7.4.3 作用机制检验

为了更好地理解开放式基金大股东共享审计师网络对审计效率的作用机制，沿用基本模型（7－1），实证检验了与开放式基金大股东共享审计师对上市公司的信息不对称、信息透明度和审计风险感知的影响。

1. 信息不对称

基金这类机构投资者相较于个人投资者而言，拥有更为雄厚的资金实力、丰富的专业知识以及投资管理经验，能以较低的信息搜寻成本实现更大的投资收益，因而具有强烈的信息搜寻动机（Schmidt and Fahlenbrach，2017）。在信息获取过程中，基金公司可以通过实地调研或者借助社会关系网络等方式以获取上市公司的私有“软信息”（王怀明、魏珈玮，2021）。此外由于通常持股多家公司，基金在宏观层面和行业层面也拥有显著的信息优势。当上市公司与其开放式基金大股东共享审计师时，开放式基金共享审计师网络有助于审计师获取大量有关上市公司经营情况的信息，有效缓解信息不对称，审计师作为增量信息的接收者能够更为准确地判断上市公司风险的情况，进而更合理地安排审计资源和提高审计效率，并且这种影响能够持续到开放式基金大股东且审计师联结上市公司的审计服务中。为了检验以上推论，检验开放式基金大股东共享审计师网络、开放式基金大股东且审计师联结与信息不对称程度的关系，构建模型（7－2）：

$$ILL = \beta_0 + \beta_1 \mathrm{Shau} + \beta_2 Falock + \sum \beta_k Controls + \sum Industry + \sum Year + \varepsilon \qquad (7-2)$$

本书参照 Amihud（2002）、李莉等（2014）的研究，采用股票非流动性指标（ILL）作为信息不对称程度的代理变量，经济含义是单一交易量所带来的股价反应。具体计算是：首先用剔除现金红利再投资的股票日回报率的绝对值除以当日股票交易量；然后对该比例进行年度加总，再除以当年的交易天数；最后取自然对数。控制变量包括：企业规模（Size）、财务杠杆（Lev）、总资产净利率（Roa）、企业成长（Growth）、股票年回报率（Return）、是否亏损（Loss）、股权集中度（Top1）、企业年龄（Age）、产权性质（Soe）、董事会规模（Bod）、独董比例（Indep）、事务所规模（Big10）、审计意见（OP），以及年份（Year）和行业（Iudustry）固定效应。

回归结果如表 7－4 第（1）列所示，结果显示，共享审计师（Shau）、开放式基金大股东且审计师联结（Falock）的回归系数均在 1% 的水平上显著为负，说明与开放式基金大股东共享审计师显著降低了上市公司以及开放式基金大股东且审计师联结上市公司的信息不对称程度。结果验证了前文的推论，即与开放式基金大股东共享审计师降低了上市公司的信息不对称，因此可以促使审计师更合理地安排审计资源和提高审计效率，并且这种信息效应在开放式基金大股东且审计师联结上市公司能够得以持续。

2. 信息透明度

审计师为发表恰当的审计意见需了解被审计单位所处的外部经营环境，同时也需谨防被审计单位的债务担保、产品质量保证、未决诉讼、亏损合同等或有事项所蕴含的潜在审计风险（刘佳，2021）。然而，当公司信息透明度较低时，将导致审计过程中的难度进一步增加，为此审计师需要投入更多的人力物力以获取被审计单位的信息，这在一定程度上不利于审计效率的提升。若通过共享审计师这一非正式信息沟通渠道，审计师在与基金股东这一重要知情人的频繁往来中，能够更为充分地了解与被审计单位的经营状况和财务信息（杨清香等，2015），产生知识溢出和信息中介效应，从而提高公司的信息透明度，进而有助于提高共享审计师上市公司的审计效率，共享审计师的信息效应也能够延续到开放式基金大股东且审计师联结的上市公司。因此，检验开放式基金大股东共享审计师网络、开放式基金大股东且审计师联结与信息透明度的关系，构建模型（7-3）：

$$Trans = \beta_0 + \beta_1 \mathrm{Shau} + \beta_2 Falock + \sum \beta_k Controls + \sum Industry + \sum Year + \varepsilon \quad (7-3)$$

目前关于上市公司信息透明度的衡量方法众多，以证券交易所的综合性考评结果作为公司信息透明度的衡量标准，可以在一定程度上避免研究者的主观臆断。因此本书参照张兵等（2009）和赵耀等（2021）的做法，根据证券交易所对上市公司信息披露考评结果的A、B、C、D四个等级对上市公司的信息透明度从高到低依次赋值。控制变量包括企业规模（Size）、财务杠杆（Lev）、总资产净利率（Roa）、企业成长（Growth）、是否亏损（Loss）、股权集中度（Top1）、管理层持股（Mansh）、董事会规模（Bod）、独董比例（Indep）、企业年龄（Age）、产权性质（Soe）、事务所规模（Big10）、审计意见（OP），以及年份（Year）和行业（Iudustry）固定效应。

回归结果如表7-4第（2）列所示，共享审计师（Shau）、开放式基金大股东且审计师联结（Falock）的回归系数分别是0.071和0.066，并且分别在5%和1%的水平上显著，说明与开放式基金大股东共享审计师显著提高了上市公司以及开放式基金大股东且审计师联结上市公司的信息透明度。结果验证了前文的推论，即与开放式基金大股东共享审计师促进了上市公司的信息环境的改善，使审计师能够更有效地获取审计证据，审计效率提高，并且这种信息效应延续到了审计师对开放式基金大股东且审计师联结上市公司的审计服务中。

3. 审计风险感知

根据“深口袋”和保险理论，审计师应当对上市客户的财务报表是否存在重大错报提供合理保证，作为会计信息质量的“看门人”，审计师为此需要承担潜在的诉讼风险（De Fond and Zhang, 2014）。现有研究表明，当对上市公司持股的机构投资者数量增加时，其参与集体诉讼的可能性会增加，审计师所面临的诉讼风险也会随之增加（Zhu et al.，2020）。为了规避潜在的诉讼风险和声誉损失，审计师会通过开展更多的工作以收集充分适当的审计证据（Cassell et al.，2018）。共享审计师具有信息传递效应和知识溢出效应，可以有效降低公司财务重述的可能性和提升审计质量，以及降低分析师预测偏差（Cai et al.，2016；杨清香等，2015）。因此，当上市公司与开放式基金大股东共享审计师时，审计师和开放式基金大股东可以借助共享审计师网络进行信息资源互补，获取关于上市公司经营情况的更多信息，促进二者的监督效用，公司内部人自利的可能性更低，由此降低审计师对潜在诉讼风险的感知，最终实现审计时间节约与效率提升。为证明上述分析，检验开放式基金大股东共享审计师网络、开放式基金大股东且审计师联结与审计风险感知的关系，构建模型（7-4）：

$$Lnfee = \beta_0 + \beta_1 \mathrm{Shau} + \beta_2 Falock + \sum \beta_k Controls + \sum Industry + \sum Year + \varepsilon \qquad (7-4)$$

参照 Badertscher et al.（2014）、Cassell et al.（2018），选用审计费用的自然对数来衡量审计师对诉讼风险的感知。控制变量包括企业规模（Size）、财务杠杆（Lev）、总资产净利率（Roa）、企业成长（Growth）、是否亏损（Loss）、应收账款比例（Rec）、存货比例（Inv）、业务复杂度（子公司数量的自然对数，Segment）、机构持股（Inssh）、市账比（MB）、事务所规模（Big10）、董事会规模（Bod）、独董比例（Indep）、企业年龄（Age）、产权性质（Soe），以及年份（Year）和行业（Iudustry）固定效应。

回归结果如表7－4第（3）列所示，共享审计师（Shau）、开放式基金大股东且审计师联结（Falock）的回归系数均在1%的水平上显著为负，说明与开放式基金大股东共享审计师显著降低了审计师对上市公司以及开放式基金大股东且审计师联结上市公司的潜在诉讼风险感知。结合前述模型（7－2）和模型（7－3）的检验结果，表7－4第（3）列的结果验证了与开放式基金大股东共享审计师促进了上市公司内部人代理问题和信息环境的改善，公司风险降低，相应地，审计师对潜在诉讼风险的感知下降，从而导致审计时间节约和审计效率提高，并且开放式基金大股东与审计师的这种合作效应在二者继续同时出现的审计师开放式基金大股东且审计师联结上市公司中得到了保持。

表7－4　共享审计师与信息不对称程度、公司信息透明度和审计师诉讼风险感知

变量	(1) ILL	(2) Trans	(3) Lnfee
Shau	−0.023*** (−15.01)	0.071** (2.24)	−0.063*** (−2.73)
Falock	−0.019*** (−17.88)	0.066*** (4.35)	−0.059*** (−6.33)
_cons	0.338*** (35.22)	0.959*** (5.02)	5.415*** (38.82)
Controls	控制	控制	控制
Year	控制	控制	控制
Industry	控制	控制	控制
N	12437	7527	10222
Adj. R2	0.392	0.231	0.740

注：***、** 分别表示1%、5%的显著性水平。变量定义参见表7－1。回归标准误经过公司水平群调整。

7.5　稳健性测试

为了进一步检验前文实证结果的稳定性，本书采用以下两种方式进行稳健性检验：首先，借鉴现有文献，替换采用其他两种方式来度量审计效率。第一，借鉴 Krishnan and Yang（2009）、范蕊等（2018）的研究，采用资产负债表日至年报实际披露日的时间间隔作为审计效率的替代变量，根据是否考虑公告期间的节假日，将其分别定义为 Lag1 和 Lag2。第二，借鉴姚静怡（2016）和苏坤（2020）的研究，为克服审计延迟这一指标仅能反映会计师事务所审计生产效率这一局限性，另取上市公司当年审计费用与审计报告延迟天数的比值取自然对数来反映综合审计效率，将其定义为 Dfr，该值越大意味着审计师的审计效率越高。其次，借鉴蔡利等（2018）的研究，采用共享审计师的共享程度（Shau_num）作为 Shau 的替代变量。共享程度是指与基金大股东共享审计师的数量，例如，上市公司与其三个开放式基金大股东聘请相同的审计机构，则 Shau_num 为 3。检验结果列示于表 7-5。由表 7-5 可知，在分别更换被解释变量为 Lag1、Lag2、Dfr 以及更换主要解释变量衡量方式为 Shau_num 并重新执行模型（7-1）回归后，结果依旧支持前述模型（7-1）的研究结论，即开放式基金共享审计师网络提高了与开放式基金大股东共享审计师上市公司以及开放式基金大股东且审计师联结上市公司的审计效率，证明了本章的主要结论是稳健的。

表 7-5　　　　稳健性检验结果

变量	(1) Lag1	(2) Lag2	(3) Dfr	(4) Delay
Shau	-0.060*** (-7.42)	-0.062*** (-7.37)	0.060*** (6.94)	

续表

变量	(1) Lag1	(2) Lag2	(3) Dfr	(4) Delay
Shau_sum				-0.030 *** (-7.96)
Falock	-0.017 *** (-3.69)	-0.018 *** (-3.75)	0.017 *** (3.28)	-0.014 *** (-3.04)
Size	0.011 *** (3.72)	0.011 *** (3.56)	-0.013 *** (-4.16)	0.011 *** (3.56)
Lev	-0.028 ** (-2.08)	-0.030 ** (-2.16)	0.035 ** (2.32)	-0.029 ** (-2.08)
Roa	-0.496 *** (-13.78)	-0.522 *** (-14.02)	0.539 *** (13.11)	-0.515 *** (-14.02)
Growth	0.000 (0.00)	0.000 (0.04)	0.001 (0.22)	-0.000 (-0.07)
Rec	0.040 * (1.92)	0.043 ** (1.98)	-0.052 ** (-2.26)	0.041 * (1.92)
Inv	0.022 (1.27)	0.022 (1.18)	-0.020 (-1.02)	0.023 (1.27)
Top1	0.005 (0.40)	0.006 (0.44)	-0.009 (-0.59)	0.006 (0.44)
Age	-0.002 (-0.50)	-0.001 (-0.27)	0.004 (1.16)	-0.004 (-1.12)
Soe	-0.038 *** (-7.77)	-0.038 *** (-7.50)	0.038 *** (7.05)	-0.038 *** (-7.69)
Bod	0.015 (1.34)	0.016 (1.33)	-0.011 (-0.90)	0.014 (1.17)
Indep	0.012 (0.28)	0.015 (0.34)	0.014 (0.29)	0.010 (0.24)
Lnfee	0.008 * (1.85)	0.009 ** (2.13)	0.991 *** (221.35)	0.009 ** (2.05)
Big10	0.016 *** (3.13)	0.018 *** (3.35)	-0.016 *** (-2.78)	0.016 *** (3.04)

续表

变量	(1) Lag1	(2) Lag2	(3) Dfr	(4) Delay
OP	0.066*** (5.55)	0.070*** (5.77)	-0.092*** (-6.31)	0.071*** (5.77)
_cons	4.223*** (81.36)	3.760*** (70.16)	-4.135*** (-72.82)	4.195*** (80.02)
Year	控制	控制	控制	控制
Industry	控制	控制	控制	控制
N	12437	12437	12436	12437
Adj. R2	0.117	0.128	0.914	0.121

注：***、** 和 * 分别表示 1%、5% 和 10% 的显著性水平。变量定义参见表 7－1。回归标准误经过公司水平群调整。

7.6　进一步研究

7.6.1　共享审计师、审计效率与盈余管理

如果审计师盲目追求高效率而忽视审计质量，那就会失去市场上需求者的信任。但如果一味追求高质量而不顾审计投入，也会造成审计收益与成本失衡，最终阻碍会计师事务所的持续发展。基于此，这里进一步从审计质量的角度，构建模型（7－5）来检验开放式基金大股东共享审计师网络带来的审计时间节约是否同时提高了审计质量。

$$DA\_ABS = \beta_0 + \beta_1 \mathrm{Shau} + \beta_2 Falock + \beta_3 Delay + \sum \beta_k Controls + \sum Industry + \sum Year + \varepsilon \quad (7-5)$$

参考以往研究（Francis and Krishnan，1999；梁上坤等，2021），采用修正 Jones 模型计算可操纵性应计利润的绝对值 DA_

ABS来衡量审计质量。DA_ABS越大，则代表审计质量越低。回归结果如表7-6第（1）列所示。由表7-6第（1）列可知，变量Shau、Falock的系数分别在5%和10%的水平上显著为负，表明开放式基金大股东共享审计师网络减少了与开放式基金大股东共享审计师上市公司以及开放式基金大股东与审计师联结上市公司的盈余管理程度，即共享审计师提高了审计质量。并且审计延迟（Delay）的系数在10%的水平上显著为正，表明上市公司的盈余管理程度随着审计延迟的降低而出现显著下降。结合表7-3的回归结果，说明开放式基金大股东共享审计师网络在提高审计效率的同时也促进了审计质量的提高。

更进一步地，考虑到上市公司会出于不同的动机而采用正向或者负向盈余管理方式，共享审计师对不同方向的盈余管理抑制效果也可能不同（张健、魏春燕，2016）。已有研究表明，如果被审计客户被发现夸大利润，审计师的声誉就会受损，但当被审计客户低估利润时，审计师则不会受到惩罚（Kellogg，1984；Xiao et al.，2020）。通常情况下，正向盈余管理更符合管理者最大化其利益的动机，投资者也往往更关注正向盈余管理。因此预期，相对于负向盈余管理，共享审计师对正向盈余管理的影响更为显著。为此，区分为正向盈余管理（DA_POS）和负向盈余管理（DA_NEG）将全样本划为分两个子样本，进一步探讨共享审计师、审计效率对正负向盈余管理的影响。

表7-6第（2）列、第（3）列的回归结果显示，当被解释变量为DA_POS时，变量Shau、Falock的系数分别在5%和10%的水平上显著为负，而变量Delay的系数并不显著，这表明共享审计师在提高审计效率的情况下，可以显著抑制上市公司的正向盈余管理，并未以牺牲审计质量为代价。然而当被解释变量为DA_NEG时，变量Shau、Falock和Delay的系数均不显著，这与以往的研究结论一致，说明共享审计师借助共享审计师网络在追求审计效率的

同时，更加关注上市公司的正向盈余管理。

表 7 - 6　　共享审计、审计效率与应计盈余管理

变量	(1) DA_ABS	(2) DA_POS	(3) DA_NEG
Shau	-0.029** (-1.98)	-0.013* (-1.75)	0.007 (1.11)
Falock	-0.014* (-1.90)	-0.015*** (-3.37)	0.003 (0.83)
Delay	0.030* (1.81)	-0.005 (-0.70)	0.001 (0.21)
Size	-0.006 (-0.95)	-0.005** (-2.43)	0.007*** (4.70)
Lev	0.011 (0.71)	-0.025** (-2.07)	-0.007 (-0.73)
Roa	-0.085 (-1.50)	0.019 (0.42)	-0.009 (-0.21)
Growth	0.136*** (6.97)	0.129*** (15.08)	-0.032*** (-2.77)
Loss	0.001 (0.11)	0.012 (1.45)	-0.019*** (-3.17)
Top1	0.045** (1.98)	0.037*** (3.12)	-0.025*** (-2.65)
Age	0.006 (1.44)	0.001 (0.46)	0.001 (0.35)
Soe	-0.017 (-1.18)	-0.006 (-1.33)	0.003 (0.97)
Bod	0.040 (0.82)	-0.004 (-0.40)	0.019** (1.99)
Indep	0.020 (0.33)	-0.002 (-0.07)	-0.022 (-0.77)

续表

变量	(1) DA_ABS	(2) DA_POS	(3) DA_NEG
Dual	0.010 (0.72)	-0.001 (-0.20)	0.003 (0.81)
Big10	0.004 (0.53)	0.001 (0.20)	0.005 (1.33)
_cons	-0.084 (-0.29)	0.190*** (3.41)	-0.236*** (-5.28)
Year	控制	控制	控制
Industry	控制	控制	控制
N	9572	4318	5254
Adj. R2	0.080	0.225	0.187

注：***、**和*分别表示1%、5%和10%的显著性水平。变量定义参见表7-1。回归标准误经过公司水平群调整。

7.6.2 共享审计师、审计效率与会计信息质量

对财务报告进行审查和监督和揭弊查错，提高会计信息质量，是审计师的重要作用之一。换言之，会计信息质量的优劣在一定程度上反映了审计师所提供审计产品的质量高低。因此从会计信息质量的两大重要内容即稳健性和可比性出发构建模型（7-6），检验共享审计师带来的审计延迟降低是否促进了会计稳健性和会计信息可比性的改善。

$$Infq = \beta_0 + \beta_1 \text{Shau} + \beta_2 Falock + \beta_3 Delay + \sum \beta_k Controls + \sum Industry + \sum Year + \varepsilon \quad (7-6)$$

如模型（7-6）所示，因变量会计信息质量（Infq）采用两个代理变量衡量，即会计稳健性（Conser）、会计信息可比性（Compr）。参考Givoly and Hayn（2000），以非经营性应计项目衡量会计

稳健性。非经营性应计项目是指总应计项目减去经营性应计项目的差额，为了消除绝对值的影响和便于比较，将 Conser 定义为非经营性应计项目与期末总资产比值的负值。如果 Conser 为正，代表该公司存在会计稳健性，其值越大，表示会计稳健性水平越高。另外，参考 DeFranco et al.（2011），Compr 选取可比性值的均值来衡量，其值越大意味着该公司的会计信息可比性越强。具体步骤如下：

首先，构建模型（7－7a）并利用公司 i 第 t 年前连续 16 个季度的数据估算企业的会计系统。其中，$Earnings_{i,t}$为公司 i 第 t 年各季度净利润与期初权益市场价值的比值，$Return_{i,t}$为公司 i 第 t 年各季度的股票回报率。通过回归计算得到该模型的系数 $\hat{\alpha}_i$ 和 $\hat{\beta}_i$。

$$Earnings_{i,t} = \alpha_i + \beta_i Return_{i,t} + \varepsilon_{i,t} \tag{7-7a}$$

其次，利用模型（7－7a）估计出的系数 $\hat{a}_i$ 和 $\hat{\beta}_i$ 来计算公司 i 和 j 各期的预期盈余：

$$E\ (Earnings)_{iit} = \hat{\alpha}_i + \hat{\beta}_i Return_{i,t} \tag{7-7b}$$

$$E\ (Earnings)_{ijt} = \hat{\alpha}_j + \hat{\beta}_j Return_{i,t} \tag{7-7c}$$

同时，在将公司 i 和 j 各期预期盈余的差取绝对值后，计算过去 16 个季度的加权平均数并相应取相反数，以此来衡量企业 i 和 j 之间的会计信息可比性（$Compr_{ijt}$）。具体如下：

$$Compr_{ijt} = -\frac{1}{16} \times \sum_{t-15}^{t} \mid E(Earnings)_{iit} - E(Earnings)_{ijt} \mid \tag{7-7d}$$

最后，计算公司 i 在第 t 年与同行业内其他公司的会计信息可比性的平均值来衡量公司 i 当年的会计信息可比性，记为 Compr。

回归结果如表 7－7 所示，当被解释变量为会计稳健性（Conser）时，变量 Shau、Falock 的系数分别在 5% 和 1% 的水平上显著为正，而变量 Delay 的系数则在 10% 的水平上显著为负。当被解释变量为会计信息可比性（Compr）时，变量 Shau、Falock 的系数均在 1% 的水平上显著为正，但变量 Delay 的系数则不显著，并且从经济意义上来看，其系数接近于 0。这些结果表明，开放式基金大股东共享审计师网络的存在使审计师能够以较短的时间完成审计工作，并且在审计效率提高的同时也增强了被审计客户的会计稳健性和会计信息可比性，即同时保证了较高的审计质量。

表 7－7　　共享审计、审计效率与会计信息质量

变量	(1) Conser	(2) Compr
Shau	0. 007 ** (2. 21)	0. 002 *** (5. 52)
Falock	0. 005 *** (2. 75)	0. 002 *** (7. 66)
Delay	－0. 006 * (－1. 71)	0. 000 (1. 33)
Size	0. 002 ** (1. 98)	－0. 002 *** (－14. 79)
Lev	0. 031 *** (6. 04)	－0. 004 *** (－6. 27)
Roa	－0. 230 *** (－11. 00)	0. 015 *** (5. 04)
Growth	0. 003 *** (3. 16)	－0. 000 (－0. 26)
MB	0. 000 (0. 36)	－0. 000 (－1. 07)
Inssh	0. 007 ** (2. 11)	0. 000 (0. 35)
Big	－0. 013 ** (－2. 45)	－0. 000 (－0. 76)

续表

变量	(1) Conser	(2) Compr
Age	-0.007*** (-6.31)	-0.001*** (-7.00)
Soe	-0.008*** (-4.22)	-0.000* (-1.88)
Bod	-0.004 (-0.89)	0.001*** (3.18)
Indep	0.012 (0.83)	0.001 (0.63)
Dual	0.006*** (3.57)	0.000 (1.26)
Big10	-0.000 (-0.07)	-0.000 (-0.02)
_cons	0.022 (0.86)	0.023*** (7.93)
Year	控制	控制
Industry	控制	控制
N	7933	5928
Adj. R2	0.090	0.297

注：***、** 和 * 分别表示 1%、5% 和 10% 的显著性水平。变量定义参见表 7-1。回归标准误经过公司水平群调整。

7.7　本章小结

及时有效的会计信息对缓解信息不对称和提高利益相关者的决策效率至关重要。为了保障信息使用者对会计信息质量的需求，我国监管机构要求上市公司的年度报告必须经会计师事务所审计后才能对外披露。这样，审计师对上市公司年报审计的时间长短成为影响会计信息及时性的重要因素。目前，我国上市公司年报披露延迟现象普遍存在，给资本市场的资源配置效率和有效运行带来严重的不利影响。深入探讨如何提高审计师的决策效率以确保会计信息的及时性很有必要。以往文献从审计客户特征或审计主体特征单一层面对影响审计效率的因素进行了考察，但很少关注被审计客户之间（尤其具有业务联系的被审计客户）因审计师执业形成的关系网络这一同时结合了审计客体与审计主体的视角，其会如何影响审计师在执业过程中的投入与效果。

作为上市公司大股东的开放式基金与被投资上市公司聘用共同的审计机构能够形成由共同审计师执业导致的共享审计师网络关系。共享审计师能够在对审计师联结公司的审计执业中获得知识专长，产生知识溢出效应；还可以从更多途径获取关于被审计客户真实经营情况的信息，有助于改善信息不对称和公司信息环境，提高对公司内部人的监督。这些是影响审计师具体执业过程的重要因素，为此，基于开放式基金大股东与被投资上市公司共享审计师会对共享审计师的视角对其如何影响审计师的执业效率进行了考察，并且在本书前面考察共享审计师对与开放式基金大股东共享审计师上市公司的治理效应的基础上，本章进一步考察共享审计师是否会在其他与开放式基金大股东不具有共享审计师网络关系，但是被相同的开放式基金大股东持股并且相同的审计师审计的上市公司中的溢出效应。

通过对2010—2019年沪深两市A股上市公司进行考察，本章发现，开放式基金大股东共享审计师网络提高了与开放式基金大股东共享审计师上市公司以及开放式基金大股东且审计师联结上市公司的审计效率。并且，信息不对称、信息透明度以及审计师对诉讼风险的感知是其重要的作用途径。此外，共享审计师在提高审计效率的同时，还有效抑制了与开放式基金大股东共享审计师上市公司以及开放式基金大股东且审计师联结上市公司的盈余管理，以及促进了其会计信息质量。研究结果说明，共享审计师强大的信息获取能力及所带来的信息流动，改善了上市公司的信息不对称和信息环境，促进了审计师资源投入的降低，并且这些信息效应以及与开放式基金大股东的合作效应在开放式基金大股东且审计师联结上市公司中得以持续。与此同时，共享审计师在对审计效率的提高并非以牺牲其审计质量为代价，审计质量依然保持在较高的水平，证明了共享审计师积极的治理效应以及溢出效应。

本章基于开放式基金大股东与被投资上市公司这两种市场参与主体之间共享审计师和治理溢出效应的视角，深入考察了该持股关系情境下共享审计师对与开放式基金大股东共享审计师上市公司以及开放式基金大股东且审计师联结上市公司审计效率的影响。一方面，提供了有别于以往基于供应链和并购链视角分析共享审计师行为的另一种研究情境和经验证据，对共享审计师研究做了进一步拓展；另一方面，将开放式基金大股东选聘与被投资上市公司共同的审计机构形成的共享审计师网络作为其间接参与公司治理的方式，深入分析其直接的审计效率效应及溢出效应，从机构投资者通过社会关系网络间接参与公司治理视角补充了机构投资者治理作用的研究，同时也为正式制度与非正式制度的联合治理效应呈现了另一种经验视角。此外，从开放式基金大股东与被投资上市公司由审计师执业形成的网络联结视角，结合了审计客体与审计主体因素系统分析其对审计师的资源投入的影响、机制及后果，对审计效率的影响因素研究形成了有益补充。

本章的研究结论对从机构投资者共享审计师网络的视角分析影响审计师资源投入与产出相关问题路，进而对公司管理者从审计效率视角考虑如何在加强经营管理的情况下节约与审计师合作成本、外部投资者准确地识别投资目标、审计师提高资源配置效率以及政策制定者和监管者完善资本市场监督等提供了基于共享审计师网络和审计效率视角的另一种思路。

第8章 研究结论与建议

8.1 研究结论

委托—代理关系和信息不对称的普遍存在容易引发现代公司的两类代理问题：一方面是股东与管理层之间的目标不一致导致管理层偷懒、在职消费、盈余管理、过度投资和操控薪酬等自利行为，即第一类代理冲突；另一方面是大股东通过股权金字塔结构和交叉持股实现控制权与现金流权的分离，使大股东以终极控制人权力进行资金占用、关联交易、股权稀释和操纵股价等侵害中小股东利益的掠夺性“掏空”行为，即第二类代理冲突。如何缓解两类代理问题是影响上市公司健康运行和资本市场高质量发展的关键所在。作为介于内部股东与外部中小股东之间的第三方力量，机构投资者所具备的资金、信息和专业方面的优势使其有能力参与公司治理，在与公司大股东和管理层的制衡博弈中比外部中小股东占据更大的优势，被认为是缓解两类代理问题和强化公司治理的重要机制。

然而在经验证据上，关于机构投资者治理作用的研究结论并不一致。总体上存在有效监督、负面监督与无效监督三种假说。有效监督假说认为，机构投资者的专业优势使其对信息的获取、解读能力更强，成本也更低，从而监督有效性得到提升。负面监督假说认为，机构投资者和公司内部人之间存在的其他利益关系会降低机构投资者的独立性，进而限制监督有效性（利益冲突假说）；或者机构投资者通过与公司内部人合作或共谋取得比监督收益更高的收益，也会削弱其监督有效性。无效监督假说认为，机构投资者并不总是积极的，消极的机构投资者行为对公司没有显著影响。现有文献分别从代理理论和信息不对称理论、管理层权力理论、股权结构理论、信息优势理论等方面围绕着机构投资者直接参与公司治理的行为对此进行了解释，而从社会网络理论视角对机构投资者通过审计师执业网络间接参与治理如何发挥作用，较少有文献对此问题进行深入探讨。

作为机构投资者的重要构成部分，开放式基金频繁活跃于我国上市公司的前十大流通股股东中，其近年来的快速增长在全球的基金业发展中位居新兴经济体的前列，对我国上市公司的持续运行和资本市场的健康发展发挥着愈发重要的作用。根据中国证监会的要求，开放式基金需要接受外部审计机构的审计并定期披露相关信息。受到决策动机以及我国审计市场供需不均衡的影响，作为上市公司大股东的开放式基金容易出现与被投资上市公司聘用共同审计机构的现象，此时二者之间就形成了由共同的审计师执业所产生的共享审计师网络关系。以往文献发现，共享审计师具有信息获取优势，并且能够产生网络内的信息共享，有助于提高审计师的专长知识和缓解信息不对称，使其在执业过程中能够更准确地理解专业审计问题和做出更合理的职业判断，提高审计质量，从而降低财务重述的可能性、操纵性应计利润和分析师预测偏差，提高关系专用性投资以及影响供应商的成本黏性，也有利于降低并购业绩承诺的运用和并购交易费用，提高并购公告收益等。然而也有研究发现，在集团统一审计的情况下，会计师事务所可能出于维护集团公司业务资源而选择配合控股股东操纵会计信息，使审计质量受损和信息不对称加剧。在开放式基金大股东与被投资上市公司共享审计师的情况下，共享审计师能够成为开放式基金大股东和审计师获取更多信息的非正式途径，同时因共享审计师网络关系也会使二者之间业务关系更加紧密，这些能够对开放式基金大股东的监督动机和监督能力产生影响，进而影响公司治理。

一方面，就开放式基金大股东来说，作为介于公司内部管理者与外部小股东之间且持股规模较大的股东，为了保证自身利益，其有监督公司内部人的动机，共享审计师能够帮助其获取更多信息从而为其监督行为提供便利，促使其对公司内部人的积极监督，如直接施压公司管理者或者鼓励共享审计师执行更严格的审计程序。就审计师来说，在开放式基金大股东与被投资上市公司共享审计师的情况下，审计师能够通过开放式基金大股东掌握更多关于上市公司风险的增量信息，有助于更有效地发现财务报告中可能存在的舞弊和错报，提高审计质量。并且，同时审计开放式基金大股东和被投资上市公司的共享审计师，也会面临来自审计师联结双方更大的潜在诉讼风险，以及受到市场利益相关方更广泛的外部监督，这些有助于促进审计师独立性和审计质量的提高。即开放式基金大股东与被投资上市公司共享审计师带来的信息优势和信息流动，可能会促进开放式基金大股东与共享审计师各自的监督效力以及合作监督行为，强化对被投资上市公司的监督效应。

另一方面，机构投资者也可能存在着与公司内部管理者和其他大股东联合侵害外部小股东利益的动机。审计师出具的非标准审计意见一般会给上市公司股价带来非常不利的影响，一旦上市公司被出具非标准审计意见，开放式基金大股东会承受巨大损失。在与被投资上市公司共享审计师的情况下，共享审计师网络能够为开放式基金大股东的私利动机提供一条便捷的途径，为了避免不利的审计意见和保证其私人利益不受影响，开放式基金大股东可能会借助共享审计师网络关系干涉审计师的报告决策。对于审计师来说，由于政策对基金业务的诸多限制，基金业务审计成本相对较低，在当前我国审计市场竞争较为激烈的背景下，共享审计师网络关系使审计师与开放式基金大股东之间的业务关系更加紧密，除非面临的审计风险较高，审计师为了维护业务收益和市场份额一般不会主动的失去审计客户，因此当面临开放式基金大股东的适当施压时，共享审计师可能会选择“顺从”开放式基金大股东而出具支持性审计意见，甚至与开放式基金大股东共同为公司内部人的机会主义行为提供便利，从而导致对公司管理者和大股东的监督无效甚至加剧代理冲突。

鉴于此，本书基于社会网络理论的视角，以 2010—2019 年我国开放式基金大股东与被投资上市公司选聘财务报告审计共同审计师所形成的间接网络关系为研究对象，深入探讨这一网络关系对开放式基金大股东的治理行为，进而对被投资上市公司的治理效应，以及其他不具有共享审计师网络关系、但被相同的开放式基金大股东持股并且相同的审计师审计的上市公司（开放式基金大股东且审计师联结上市公司）的治理溢出效应。具体包括四个内容。

（1）开放式基金大股东与被投资上市公司共享审计师能够使审计师获得更多信息并促进信息在审计师联结单位流动，从而影响信息不对称以及开放式基金大股东和审计师的监督行为选择，因此探讨开放式基金大股东与被投资上市公司共享审计师对公司代理成本的影响及作用机理。研究结果表明，开放式基金大股东与被投资上市公司共享审计师能够显著降低公司管理者代理成本和大股东代理成本。另外，作用机制的检验结果发现，开放式基金大股东与被投资上市公司共享审计师对信息不对称有显著的抑制作用，并且能够提高审计质量，说明机构投资者共享审计师网络可以通过这两方面来缓解被投资上市公司管理者和大股东代理问题。进一步研究发现，在不同产权性质的公司中，开放式基金大股东共享审计师网络对的代理冲突的影响存在显著差异，其中对国有企业的第一类代理成本有更为显著的降低作用，而对非国有企业的第二类代理成本的抑制效果更为明显。此外，股权集中度较低和市场化程度较高的公司中，开放式基金大股东共享审计师网络对公司代理成本也有更强的约束作用。

（2）考察开放式基金大股东与被投资上市公司共享审计师对公司会计信息质量的影响及作用机理。研究结果发现，开放式基金大股东与被投资上市公司共享审计师能够显著提高被投资上市公司的会计信息质量。作用机制的检验结果表明，共享审计师明显降低了信息不对称水平，提高了审计师努力程度，并且对管理者过度自信有显著的抑制作用。研究结论说明了开放式基金大股东共享审计师强大的信息获取能力及所产生的信息流动，降低了开放式基金大股东所面临的信息不对称，同时为开放式基金大股东及审计师的监督行为提供了便利，从而强化了他们对公司内部人会计信息产出行为的监督，进而会计信息质量得以提高。进一步区分盈余管理方向的研究结果显示，开放式基金大股东共享审计师网络与会计信息质量之间的正相关关系在正向盈余管理的样本公司中表现得更为显著。并且开放式基金大股东共享审计师网络对经济后果更为严重的欺诈性财务重述和核心财务重述表现出了更为明显的抑制作用。

（3）研究开放式基金大股东与被投资上市公司共享审计师对公司创新的影响及作用机理。研究结果发现，开放式基金大股东与被投资上市公司共享审计师能够显著促进公司的创新行为。作用机制检验结果显示，共享审计师显著缓解了公司所面临的外部融资约束，并且降低了公司内部盈余管理程度。研究结果说明了开放式基金大股东共享审计师网络强大的信息获取能力以及所带来的信息共享，降低了被投资上市公司的信息不对称，同时促进了开放式基金大股东及审计师的监督效力，使上市公司的融资约束和不确定性下降，进而推动了上市公司的创新行为。进一步研究结果发现，在国有企业、高新技术企业以及市场化进程较高的样本公司中，开放式基金大股东共享审计师对公司创新活动的促进作用更为显著。

（4）开放式基金大股东与被投资上市公司共享审计师对二者之间合作或合谋行为模式的影响，可能会产生溢出效应，因此选取其他与开放式基金大股东不具有共享审计师网络关系，但被相同的开放式基金大股东持股并且相同的审计师审计的上市公司即开放式基金大股东且审计师联结上市公司为实验样本以及相关的控制样本为研究对象，考察开放式基金大股东与被投资上市公司共享审计师的公司治理溢出效应。研究结果发现，开放式基金大股东与被投资上市公司共享审计师不但能提高共享审计师网络联结的上市公司的审计效率，同时还能提高其他不具有共享审计师网络关系、但被相同的开放式基金大股东持股并且相同的审计师审计的上市公司即开放式基金大股东且审计师联结上市公司的审计效率。作用机制的检验结果显示，共享审计师显著降低了上市公司的信息不对称程度和审计师对诉讼风险感知，并且提高了信息透明度。研究结果说明了共享审计师强大的信息获取能力及所产生的信息流动，改善了共享审计师所面临的信息不对称和信息环境，促进了审计资源投入的降低，并且这些影响在开放式基金大股东且审计师联结上市公司中得以持续。进一步的研究发现，共享审计师有效抑制了共享审计师网络联结上市公司以及与开放式基金大股东且审计师联结上市公司的盈余管理行为，并且提高了其会计信息质量，结果说明，开放式基金大股东共享审计师在提高的审计效率的同时依然保证了较高的审计质量，从而验证了共享审计师积极的治理效应和溢出效应。

综上所述，本书的研究结论表明，开放式基金大股东与被投资上市公司共享审计师有助于开放式基金大股东和审计师通过网络获取更多信息，并且信息可以在网络内产生流动，有助于改善信息不对称，同时能够促进开放式基金大股东和审计师各自监督效力的发挥以及二者合作对公司内部管理者和大股东的监督行为，从而对公司内部人的自利行为形成约束，对公司代理成本、会计信息质量以及审计效率和质量发挥出积极的公司治理效应。此外，开放式基金大股东共享审计师网络这种信息效应和促进监督效应，在其他不具有共享审计师网络关系、但被相同的开放式基金大股东持股和相同的审计师审计的上市公司即开放式基金大股东且审计师联结上市公司中得以持续，呈积极的治理溢出效应。

本书的研究在理论方面可能产生以下贡献：

第一，以往文献基于代理理论和信息不对称理论、管理层权力理论、股权结构理论、信息优势理论等方面，主要围绕着机构投资者持股、积极主义、调研等直接参与公司治理的角度对机构投资者的公司治理效应进行了考察，并且研究结论也存在着争议。本书基于社会网络理论，将开放式基金大股东选聘与被投资上市公司财务报告审计共同的审计师作为其间接参与公司治理的一种方式，考察开放式基金大股东这一通过共享审计师网络关系间接参与公司治理的行为对公司代理成本、会计信息治理、公司创新的影响及其治理溢出效应，为全面认识机构投资者的公司治理效应以及机构投资者这一正式制度与社会网络非正式制度结合对公司治理的影响提供了另一种经验证据，从而对机构投资者与公司治理研究以及正式制度与非正式制度联合治理效应研究做了进一步的拓展。

第二，现有关于共享审计师的研究主要基于供应链、并购连以及信贷关系等视角，考察了供应商与客户之间共享审计师对财务重述、操纵性应计利润、分析师预测偏差、关系专用性投资以及供应商的成本黏性等方面的影响，以及并购公司与目标公司之间共享审计师对并购业绩承诺的运用、并购公告收益、并购交易费用以及资产回报率等方面的影响。关于他资本市场参与主体之间（如机构投资者与被投资上市公司）共享审计师行为、经济效应及作用机制等较少有文献关注。本书基于开放式基金大股东与被投资上市公司之间共享审计师的视角，对持股关系情境下开放式基金大股东共享审计师网络的经济效应和作用机制进行深入探究，尤其是对开放式基金大股东共享审计师网络如何对其他不具有共享审计师网络关系、但被相同的开放式基金大股东持股和相同的审计师审计的上市公司即开放式基金大股东且审计师联结上市公司产生治理溢出效应，提供了共享审计师研究的另一种研究情境和经验证据，对以往主要基于供应链和并购链的共享审计师研究进行了有益的补充。

第三，与以往基于机构投资者基于社会属性（如校友、地域）、业务联系（如与投行关系、买卖方关系）和共同投资标的（如股票、债券）所形成的直接网络关系的视角考察对机构投资者在其投资组合中的资产配置、投票反对高管薪酬提案、持有股票收益以及机构投资者之间行为传染的影响不同，本书基于开放式基金大股东与被投资上市公司通过选聘共同的独立第三方即审计师所形成的间接网络关系视角，深入分析这一间接网络关系对被投资上市公司以及开放式基金大股东且审计师联结上市公司所产生的公司治理效应及治理溢出效应，提出了不同于以往机构投资者直接网络关系研究的另一种分析视角，有助于丰富机构投资者网络关系方面的研究文献。

本书的研究在现实方面可能产生以下贡献：

第一，本书的研究对上市公司管理者具有决策参考价值。一方面有助于公司管理者正确认识开放式基金大股东通过共享审计师网络关系这一途径间接参与公司治理会给公司带来的治理影响；另一方面有助于公司管理者清晰把握开放式基金与审计师这两种外部治理主体通过网络关系合作的方式能够给公司产生的治理协同作用，以及对其他开放式基金大股东且审计师联结公司的治理溢出效应反过来又会给公司内外部环境的带来怎样的变化，促进公司管理者更加准确地评估开放式基金大股东的行为以及审计师行为可能对公司治理所产生的影响，进而做出更合理的经营管理决策。

第二，本书的研究对投资者具有决策评估意义。一方面有助于开放式基金大股东正确认识借助与被投资上市公司之间的共享审计师网络关系间接参与公司治理的行为能够给被投资上市公司治理发挥的影响，从而改进其治理参与决策以及采取更有效的资产配置决策；另一方面有助于其他外部投资者从开放式基金大股东与上市公司之间的共同审计师网络关系这一信号更好地识别投资机会以及进行更加准确的投资决策。

第三，本书的研究对审计师具有决策判断价值。有助于独立审计师清晰把握在同时审计开放式基金大股东与被投资上市公司的情况下，可能会面临的来自开放式基金大股东、被投资者上市公司以及市场上其他利益相关主体的更广泛和更严格的监督，从而更有效地调整审计程序和审计方法，最大限度地降低开放式基金大股东共享审计师网络关系中的审计风险，做出更精确的审计判断和决策。

第四，本书的研究对政策制定者和监管者具有决策启示意义。有助于政策制定者和监管者全面认识开放式基金和审计师这两种重要的市场监督主体除了独立监督以外，还可能会通过共享审计师网络联合参与公司治理，并且这种联合治理能够给上市公司的经营管理以及资本市场的有效运行带来的一系列经济后果，从而进一步优化和完善关于开放式基金和审计师的政策与监管措施，更加促进开放式基金和审计师各自以及联合治理作用的发挥，以促进资本市场的健康运行和高质量发展。

8.2 实务建议

鉴于前述讨论的开放式基金大股东与被投资上市公司共享审计师对公司治理的重要影响及其作用机制等问题，本书尝试性地提出以下实务建议。

(1) 建议机构投资者通过多种方式积极参与公司治理。机构投资者在资金、信息和专业等方面具备很大的优势，能够在参与公司治理的过程中与公司大股东和管理层的进行对抗和博弈。本书在以往文献考察了机构投资者直接参与公司治理能够产生积极的治理效应的基础上，进一步通过实证研究发现，开放式基金大股东通过与被投资上市公司的共享审计师网络这种间接参与公司治理的行为，也可以对公司的代理成本、会计信息质量、公司创新、审计服务成本等产生重要的有利影响。可见，无论是直接参与方式还是间接参与方式，机构投资者的积极参与可以在一定程度上约束公司管理者和大股东的机会主义行为，进而能够对其自身利益以及其他投资者利益以及资本市场效率产生积极的作用，因而建议包括开放式基金大股东在内的机构投资者应该积极通过多种方式参与公司治理。

（2）建议审计师正确利用审计执业网络提高审计质量和效率。独立审计在委托—代理关系中可以发挥监督作用，其中对公司财务会计信息的真实公允、错漏和舞弊进行审核、揭示和监督是其基本职能。审计师监督的有效性受制于审计质量的高低，从审计供给方面来看，现代审计实质上也是一种委托代理关系，审计过程中的信息不对称问题依旧存在，因此信息获取对审计执业质量和效率有着重要的影响。本书的研究结果显示，在同时审计开放式基金大股东与其投资的上市公司的情况下，可以借助审计执业网络获取关于被审计客户的更多增量信息，这些增量信息在网络内的信息共享还可以带来与其他治理主体的联合治理效应以及审计效率溢出效应，因而建议审计师可以正确对审计执业网络加以正确利用，以降低审计风险以及提高审计质量和效率。

（3）建议外部投资者重视开放式基金大股东与审计师网络的信号和监督作用。现代公司中委托—代理关系的普遍存在，导致公司内部人与外部投资者之间产生了广泛的信息不对称问题，处于信息优势方的内部管理者和大股东有借助信息不对称侵占外部投资者利益的机会主义动机，为了保障自己利益不受损失，外部投资者往往致力于通过各种途径获取尽量多的关于投资对象的增量信息。本书的研究结果显示，开放式基金大股东与被投资上市公司共享审计师网络有助于能够产生积极的公司治理以及治理溢出效应，其本身具有信息含量。此外，这一共享审计师网络还能够促进开放式基金大股东和审计师各自的监督效力和联合监督行为，可以进一步强化对公司内部人的监督和促进公司信息环境的改善，因而建议外部投资者可以借此信号作用及监督效果更好的识别投资机会和做出更准确的投资决策。

（4）建议公司管理者准确评估共享审计师网络带来的内外部治理环境变化。本书的研究结果表明，上市公司与其开放式基金大股东共享审计师有助于促进开放式基金大股东和审计师借助网络获取更多关于上市公司经营情况的增量信息，并且能够促进二者各自的监督效力以及产生联合监督效应，促进公司外部人更加了解公司的经营活动情况，同时带动资本市场上其他利益相关者的更广泛的关注和外部监督。此外与开放式基金大股东共享审计师还对其他不存在共享审计师网络关系、但相同的开放式基金大股东持股和相同审计师审计即开放式基金大股东且审计师联结上市公司具有溢出效应，相同开放式基金大股东持股以及相同审计师审计的上市公司往往在某些特征方面更具相似性，相应地，这些溢出效应反过来会给公司所面临的内外部环境带来变化，因而建议管理者准确评估共享审计师网络所带来的这些内外部治理环境的变化，从而进一步完善其经营管理决策。

（5）建议相关机构完善促进开放式基金大股东和审计师联合治理的激励机制。开放式基金大股东和审计师是资本市场上两大重要的外部监督主体，二者的监督行为对公司的治理、财务决策以及公司绩效和价值等方面具有重要的影响。本书的研究结果显示，这两大外部市场监督主体可以通过审计师执业网络与上市公司建立更紧密的非正式关系，共享审计师网络所带来的信息获取和信息流动，除了能促进开放式基金大股东和审计师各自的监督行为外，还能够促进二者之间产生联合治理作用，进而发挥出积极的公司治理效应和治理溢出效应，对上市公司经营管理和资本市场有效性起到很好的提升作用，因而建议政策制定机构和监管机构探索能够激励包括开放式基金大股东和审计师在内的多种市场参与主体之间互动和合作的机制，以更加促进不同市场参与主体之间联合治理效应的发挥。

8.3　研究局限及研究机会

（1）开放式基金大股东异质性的影响。不同类型的开放式基金大股东，如持股集中或者持股分散、稳定型或者交易型等可能会导致开放式基金大股东的监督动机产生差异化，这些会影响开放式基金大股东借助共享审计师网络获取信息和对公司内部人的监督行为，进而导致其自身以及联合审计师监督公司管理者和大股东机会主义行为的表现出不同。由于这些不是本书的研究重点，因此没有进行进一步的展开分析，对此进行深入考察能够更加全面的揭示开放式基金大股东共享审计师网络的治理效应。

（2）其他大股东社会关系网络的影响。本书主要关注了上市公司与其前十大流通股股东中开放式基金大股东共享审计师的行为，其他前十大流通股股东是否与上市公司存在共享审计师网络及其经济效应，或者其他前十大流通股股东的其他社会关系网络如委派董事等是否会产生影响，本书未进行具体揭示，但已经通过一系列稳健性排除了相关因素对本书研究结论的干扰。

（3）其他不可观测因素的影响。尽管本书已经通过工具变量法、Heckman 两阶段法、倾向得分匹配法（PSM）、替换关键变量衡量方式等多种稳健性处理方法进行了补充检验，以减轻开放式基金大股东共享审计师网络对公司治理效应主要的结论可能存在的误差，但由于实证研究的固有局限性，并不能做到完全消除不可观测的影响因素的干扰或者统计检验误差。

未来的研究可进一步考察开放式基金大股东的异质性、其他大股东的社会关系网络等会对开放式基金大股东共享审计师网络的公司治理效应以及治理溢出效应产生怎样的影响，此外还可以对开放式基金大股东共享审计师网络的更多经济效应展开系统和深入的探究。

参 考 文 献

AGARWAL V, VASHISHTHA R, VENKATACHALAM M, 2018. Mutual fund transparency and corporate myopia [J]. *The Review of Financial Studies*, 31 (5): 1966 - 2003.

AGGARWAL R, EREL I, FERREIRA M, et al., 2011. Does governance travel around the world? Evidence from institutional investors [J]. *Journal of financial economics*, 100 (1): 154 - 181.

AGRAWAL A, COOPER T, LIAN Q, et al., 2013. Common advisers in mergers and acquisitions: Determinants and consequences [J]. *The Journal of Law and Economics*, 56 (3): 691 - 740.

AHMED A S, DUELLMAN S, 2013. Managerial overconfidence and accounting conservatism [J]. *Journal of accounting research*, 51 (1): 1 - 30.

AIER J K, COMPRIX J, GUNLOCK M T, et al., 2005. The financial expertise of CFOs and accounting restatements [J]. *Accounting horizons*, 19 (3): 123 - 135.

AJINKYA B, BHOJRAJ S, SENGUPTA P, 2005. The association between outside directors, institutional investors and the properties of management earnings forecasts [J]. *Journal of accounting research*, 43 (3): 343 - 376.

ALLAM B S, 2018. The impact of board characteristics and ownership identity on agency costs and firm performance: UK evidence [J]. *Corporate Governance: International Journal of Business in Society*,

18 (6): 1147 - 1176.

ALMAZAN A, HARTZELL J C, STARKS L T, 2015. Active institutional shareholders and costs of monitoring: Evidence from executive compensation [J]. *Financial management*, 34 (4): 5 - 34.

AMIHUD Y, 2002. Illiquidity and stock returns: cross - section and time - series effects [J]. *Journal of financial markets*, 5 (1): 31 - 56.

ANG J S, COLE R A, LIN J W, 2000. Agency costs and ownership structure [J]. *The Journal of Finance*, 55 (1): 81 - 106.

ARMSTRONG C S, BLOUIN J L, JAGOLINZER A D, et al., 2015. Corporate governance, incentives, and tax avoidance [J]. *Journal of Accounting and Economics*, 60 (1): 1 - 17.

ATTIG N, CLEARY S, EL GHOUL S, et al., 2012. Institutional investment horizon and investment - cash flow sensitivity [J]. *Journal of banking & finance*, 36 (4): 1164 - 1180.

BAIK B, KANG J K, KIM J M, 2010. Local institutional investors, information asymmetries, and equity returns [J]. *Journal of financial economics*, 97 (1): 81 - 106.

BALSMEIER B, FLEMING L, MANSO G, 2017. Independent boards and innovation [J]. *Journal of Financial Economics*, 123 (3): 536 - 557.

BARUA A, DAVIDSON L F, RAMA D V, et al., 2010. CFO gender and accruals quality [J]. *Accounting Horizons*, 24 (1): 25 - 39.

BEASLEY M S, 1996. An empirical analysis of the relation between the board of director composition and financial statement fraud [J]. *Accounting review*, 443 - 465.

BEBCHUK L A, FRIED J M, 2003. Executive compensation as an agency problem [J]. *Journal of economic perspectives*, 17 (3): 71 - 92.

BENA J, FERREIRA M A, MATOS P, et al., 2017. Are foreign

investors locusts? The long – term effects of foreign institutional ownership [J]. *Journal of Financial Economics*, 126 (1): 122 – 146.

BERESKIN F L, HSU P H, ROTENBERG W, 2018. The real effects of real earnings management: Evidence from innovation [J]. *Contemporary Accounting Research*, 35 (1): 525 – 557.

BLOCH F, HEGE U, 2003. *Multiple Shareholders and Control Contests* [R]. University Library of Munich, Germany.

BOONE A L, WHITE J T, 2015. The effect of institutional ownership on firm transparency and information production [J]. *Journal of Financial Economics*, 117 (3): 508 – 533.

BOROCHIN P, YANG J, 2017. The effects of institutional investor objectives on firm valuation and governance [J]. *Journal of Financial Economics*, 126 (1): 171 – 199.

BRICKLEY J A, LEASE R C, SMITH JR C W, 1988. Ownership structure and voting on antitakeover amendments [J]. *Journal of Financial Economics*, 20: 267 – 291.

BROCHET F, LOUMIOTI M, SERAFEIM G, 2015. Speaking of the short – term: Disclosure horizon and managerial myopia [J]. *Review of Accounting Studies*, 20 (3): 1122 – 1163.

BROOKS C, CHEN Z, ZENG Y, 2018. Institutional cross – ownership and corporate strategy: The case of mergers and acquisitions [J]. *Journal of Corporate Finance*, 48: 187 – 216.

BROWN L D, PINELLO A S, 2007. To what extent does the financial reporting process curb earnings surprise games? [J]. *Journal of accounting Research*, 45 (5): 947 – 981.

BURNS N, KEDIA S, LIPSON M, 2010. Institutional ownership and monitoring: Evidence from financial misreporting [J]. *Journal of Corporate Finance*, 16 (4): 443 – 455.

BUSHEE B J, 1998. The influence of institutional investors on myopic R&D investment behavior [J]. *Accounting review*, 1998: 305 - 333.

BUSHEE B J, GOODMAN T H, 2007. Which institutional investors trade based on private information about earnings and returns? [J]. *Journal of Accounting Research*, 45 (2): 289 - 321.

BUTLER A W, GURUN U G, 2012. Educational networks, mutual fund voting patterns, and CEO compensation [J]. *The Review of Financial Studies*, 25 (8): 2533 - 2562.

CAI C, ZHENG Q, ZHU L, 2019. The effect of shared auditors in the supply chain on cost stickiness [J]. *China Journal of Accounting Research*, 12 (4): 337 - 355.

CAI Y, KIM Y, PARK J C, et al., 2016. Common auditors in M&A transactions [J]. *Journal of Accounting and Economics*, 61 (1): 77 - 99.

CARAMANIS C, LENNOX C, 2008. Audit effort and earnings management [J]. *Journal of accounting and economics*, 45 (1): 116 - 138.

CHEMMANUR T J, HU G, HUANG J, 2010. The role of institutional investors in initial public offerings [J]. *The Review of Financial Studies*, 23 (12): 4496 - 4540.

CHEN R, EL GHOUL S, GUEDHAMI O, et al., 2017. Do state and foreign ownership affect investment efficiency? Evidence from privatizations [J]. *Journal of Corporate Finance*, 42: 408 - 421.

CHEN T, MARTIN X, SUN A X, 2012. The Effect of Sharing a Common Auditor with Customers on Accounting Restatements by Supplier Firms [J]. *Working Paper.*

CHEN V Z, LI J, SHAPIRO D M, et al., 2014. Ownership

structure and innovation: An emerging market perspective [J]. *Asia Pacific Journal of Management*, 31 (1): 1 -24.

CHEN X, HARFORD J, LI K, 2007. Monitoring: Which institutions matter? [J]. *Journal of financial Economics*, 86 (2): 279 -305.

CHEN Y, HUANG J, LIT, et al., 2020. Captured by Mutual Funds: Do Cross - Audits Undermine Auditor Independence? [J]. *Social Science Electronic Publishing.*

CHENG C S A, HUANG H H, LI Y, et al., 2010. Institutional monitoring through shareholder litigation [J]. *Journal of financial economics*, 95 (3): 356 -383.

CHENG J C, LU C C, KUO N T, 2016. R&D capitalization and audit fees: Evidence from China [J]. *Advances in accounting*, 35: 39 -48.

CHENG, L, CHENG, M, DHALIWAL, D. S, et al., 2016, Bank Auditor Connection and Audit Quality [J]. *Working Paper.*

CHHAOCHHARIA V, KUMAR A, NIESSEN - RUENZI A, 2012. Local investors and corporate governance [J]. *Journal of Accounting and Economics*, 54 (1): 42 -67.

CHIRCOP J, JOHAN S, TARSALEWSKA M, 2018. Common auditors and cross - country M&A transactions [J]. *Journal of International Financial Markets, Institutions and Money*, 54: 43 -58.

CHUNG H S H, HILLEGEIST S A, WYNN J P, 2015. Directors' and officers' legal liability insurance and audit pricing [J]. *Journal of Accounting and Public Policy*, 34 (6): 551 -577.

CHUNG R, FIRTH M, KIM J B, 2002. Institutional monitoring and opportunistic earnings management [J]. *Journal of corporate finance*, 8 (1): 29 -48.

CLAESSENS S, DJANKOV S, FAN J P H, et al., 2002. Disentangling the incentive and entrenchment effects of large shareholdings [J]. *The journal of finance*, 57 (6): 2741 - 2771.

COHEN L, FRAZZINI A, 2008. Economic links and predictable returns [J]. *The Journal of Finance*, 63 (4): 1977 - 2011.

COHEN L, FRAZZINI A, MALLOY C, 2008. The small world of investing: Board connections and mutual fund returns [J]. *Journal of Political Economy*, 116 (5): 951 - 979.

COHEN L, FRAZZINI A, MALLOY C, 2010. Sell - side school ties [J]. *The Journal of Finance*, 65 (4): 1409 - 1437.

COLLA P, MELE A, 2010. Information linkages and correlated trading [J]. *The Review of Financial Studies*, 23 (1): 203 - 246.

CONNELLY B L, HOSKISSON R E, TIHANYI L, et al., 2010. Ownership as a form of corporate governance [J]. *Journal of management studies*, 47 (8): 1561 - 1589.

COONEY JR J W, MADUREIRA L, SINGH A K, et al., 2015. Social ties and IPO outcomes [J]. *Journal of Corporate Finance*, 33: 129 - 146.

DE FRANCO G, KOTHARI S P, VERDI R S, 2011. The benefits of financial statement comparability [J]. *Journal of Accounting research*, 49 (4): 895 - 931.

DECHOW P M, SLOAN R G, SWEENEY A P, 1995. Detecting earnings management [J]. *Accounting review*, 193 - 225.

DEMIRALP I, D'MELLO R, SCHLINGEMANN F P, et al., 2011. Are there monitoring benefits to institutional ownership? Evidence from seasoned equity offerings [J]. *Journal of Corporate Finance*, 17 (5): 1340 - 1359.

DHALIWAL D S, LAMOREAUX P T, LITOV L P, et al.,

2016. Shared auditors in mergers and acquisitions [J]. *Journal of Accounting and Economics*, 61 (1): 49 – 76.

DHALIWAL D S, SHENOY J, WILLIAMS R, 2017. Common auditors and relationship – specific investment in supplier – customer relationships [J]. *Social Science Electronic Publishing*.

DIKOLLI S S, KULP S L, SEDATOLE K L, 2009. Transient institutional ownership and CEO contracting [J]. *The Accounting Review*, 84 (3): 737 – 770.

DONG L, WU B, WANG P, 2020. *Study on the Relation between Gender Characteristics of CFO and Earnings Management* [C]. IOP Conference Series: Materials Science and Engineering, 768 (7): 72005 – 72010.

DUAN Y, HOTCHKISS E S, JIAO Y, 2018. Business ties and information advantage: Evidence from mutual fund trading [J]. *Contemporary Accounting Research*, 35 (2): 866 – 897.

ELLISON G, FUDENBERG D, 1995. Word – of – mouth communication and social learning [J]. *The Quarterly Journal of Economics*, 110 (1): 93 – 125.

ENG L L, SHACKELL M, 2001. The implications of long – term performance plans and institutional ownership for firms' research and development (R&D) investments [J]. *Journal of Accounting, Auditing & Finance*, 16 (2): 117 – 139.

ENGELBERG J, GAO P, PARSONS C A, 2012. Friends with money [J]. *Journal of Financial Economics*, 103 (1): 169 – 188.

ETTREDGE M L, LI C, SUN L, 2006. The impact of SOX Section 404 internal control quality assessment on audit delay in the SOX era [J]. *Auditing: A Journal of Practice & Theory*, 25 (2): 1 – 23.

FALEYE O, KOVACS T, VENKATESWARAN A, 2014. Do

better – connected CEOs innovate more? [J]. *Journal of Financial and Quantitative Analysis*, 49 (5 – 6): 1201 – 1225.

FANG V W, MAFFETT M, ZHANG B, 2015. Foreign institutional ownership and the global convergence of financial reporting practices [J]. *Journal of Accounting Research*, 53 (3): 593 – 631.

FENG M, GE W, LUO S, et al., 2011. Why do CFOs become involved in material accounting manipulations? [J]. *Journal of accounting and economics*, 51 (1 – 2): 21 – 36.

FERREIRA M A, MASSA M, MATOS P, 2010. Shareholders at the gate? Institutional investors and cross – border mergers and acquisitions [J]. *The Review of Financial Studies*, 23 (2): 601 – 644.

FICH E M, HARFORD J, TRAN A L, 2015. Motivated monitors: The importance of institutional investors' portfolio weights [J]. *Journal of Financial Economics*, 118 (1): 21 – 48.

FIRTH M, LIN C, LIU P, et al., 2013. The client is king: Do mutual fund relationships bias analyst recommendations? [J]. *Journal of Accounting Research*, 51 (1): 165 – 200.

FRACASSI C, TATE G, 2012. External networking and internal firm governance [J]. *The Journal of finance*, 67 (1): 153 – 194.

FRANCIS J R, WANG W, 2021. Common auditors and private bank loans [J]. *Contemporary Accounting Research*, 38 (1): 793 – 832.

GAO K, SHEN H, GAO X, et al., 2019. The power of sharing: Evidence from institutional investor cross – ownership and corporate innovation [J]. *International Review of Economics & Finance*, 63: 284 – 296.

GASPAR J M, MASSA M, MATOS P, 2005. Shareholder investment horizons and the market for corporate control [J]. *Journal of financial economics*, 76 (1): 135 -165.

GHANBARI M, RASHIDI A, ABBASI N, 2018. A study of the effects of agency costs and information asymmetry on audit quality [J]. *Journal of Advanced Pharmacy Education & Research* | Oct - Dec, 8 (S2) .

GIVOLY D, HAYN C, 2000. The changing time - series properties of earnings, cash flows and accruals: Has financial reporting become more conservative? [J]. *Journal of accounting and economics*, 29 (3): 287 -320.

GRAHAM J R, LI S, QIU J, 2008. Corporate misreporting and bank loan contracting [J]. *Journal of Financial Economics*, 89 (1): 44 -61.

GRANOVETTER M, 2018. *Economic action and social structure: The problem of embeddedness* [M]. The sociology of economic life. Routledge, 22 -45.

GU Z, LI Z, YANG Y G, 2013. Monitors or predators: The influence of institutional investors on sell - side analysts [J]. *The Accounting Review*, 88 (1): 137 -169.

GU Z, LI Z, YANG Y G, et al., 2019. Friends in need are friends indeed: An analysis of social ties between financial analysts and mutual fund managers [J]. *The Accounting Review*, 94 (1): 153 -181.

GUAN Y, SU L N, WU D, et al., 2016 Do school ties between auditors and client executives influence audit outcomes? [J]. *Journal of accounting and economics*, 61 (2 -3): 506 -525.

GUL FA, LEUNG S, 2004. Board leadership, outside directors' expertise and voluntary corporate disclosures [J]. *Journal of Accounting and public Policy*, 23 (5): 351 -379.

GUNNY K A, 2010. The relation between earnings management

using real activities manipulation and future performance: Evidence from meeting earnings benchmarks [J]. *Contemporary accounting research*, 27 (3): 855 - 888.

HARTZELL J C, STARKS L T, 2003. Institutional investors and executive compensation [J]. *The journal of finance*, 58 (6): 2351 - 2374.

HAUGEN R A, SENBET L W, 1981. Resolving the agency problems of external capital through options [J]. *The Journal of Finance*, 36 (3): 629 - 647.

HE J J, HUANG J, 2017. Product market competition in a world of cross - ownership: Evidence from institutional blockholdings [J]. *The Review of Financial Studies*, 30 (8): 2674 - 2718.

HE J J, TIAN X, 2013. The dark side of analyst coverage: The case of innovation [J]. *Journal of Financial Economics*, 109 (3): 856 - 878.

HEALY P M, PALEPU K G, 2001. Information asymmetry, corporate disclosure, and the capital markets: A review of the empirical disclosure literature [J]. *Journal of accounting and economics*, 31 (1 - 3): 405 - 440.

HEALY P M, WAHLEN J M, 1999. A review of the earnings management literature and its implications for standard setting [J]. *Accounting horizons*, 13 (4): 365 - 383.

HEALY P, 1985. The impact of bonus schemes on the selection of accounting principles [J]. *Journal of Accounting and Economics*, 7 (1 - 3): 85 - 107.

HELMERS C, PATNAM M, RAU P R, 2017. Do board interlocks increase innovation? Evidence from a corporate governance reform in India [J]. *Journal of Banking & Finance*, 80: 51 - 70.

HENNES K M, LEONE A J, MILLER B P, 2008. The importance of distinguishing errors from irregularities in restatement research: The case of restatements and CEO/CFO turnover [J]. *The Accounting Review*, 83 (6): 1487 - 1519.

HILLEGEIST S A, 1999. Financial reporting and auditing under alternative damage apportionment rules [J]. *The Accounting Review*, 74 (3): 347 - 369.

HONG H, KUBIK J D, STEIN J C, 2005. Thy neighbor's portfolio: Word - of - mouth effects in the holdings and trades of money managers [J]. *The Journal of Finance*, 60 (6): 2801 - 2824.

HOPE O K, RAO P, XU Y, et al., 2022. Information sharing between mutual funds and auditors [J]. *Journal of Business Finance & Accounting*.

HOTTENROTT H, PETERS B, 2012. Innovative capability and financing constraints for innovation: more money, more innovation? [J]. *Review of Economics and Statistics*, 94 (4): 1126 - 1142.

HOU Q, HU M, YUAN Y, 2017. Corporate innovation and political connections in Chinese listed firms [J]. *Pacific - Basin Finance Journal*, 46: 158 - 176.

HUANG W, ZHU T, 2015. Foreign institutional investors and corporate governance in emerging markets: Evidence of a split - share structure reform in China [J]. *Journal of Corporate Finance*, 32: 312 - 326.

HUANG X, KANG J K, 2017. Geographic concentration of institutions, corporate governance, and firm value [J]. *Journal of Corporate finance*, 47: 191 - 218.

HUANG Y T, LIU C Z, WANG Y F, 2014. Audit quality of the integrated supply chain - Evidence from Taiwan electronic industry

[J]. *Journal of Accounting and Finance*, 14 (4): 104.

HUSSAINEY K, AL NAJJAR B, 2012. Understanding the determinants of RiskMetrics/ISS Ratings of the quality of UK companies' corporate governance practice [J]. *Canadian Journal of Administrative Sciences/Revue canadienne des sciences de l'administration*, 29 (4): 366 - 377.

JANAKIRAMAN S N, RADHAKRISHNAN S, TSANG A, 2010. Institutional Investors, Managerial Ownership and Executive Compensationease [J]. *Journal of Accounting Auditing and Finance*, 25: 673 - 707.

JENSEN M C, 1993. The modern industrial revolution, exit, and the failure of internal control systems [J]. *The Journal of Finance*, 48 (3): 831 - 880.

JENSEN M C, MECKLING W H, 1976. Theory of the Firm: Managerial Behavior, Agency Costs and Ownership Structure [J]. *Journal of Financial Economics*, 3 (4): 305 - 360.

JIAN M, WONG T J, 2010. Propping through related party transactions [J]. *Review of Accounting Studies*, 15 (1): 70 - 105.

JIANG F, KIM K A, 2015. Corporate governance in China: A modern perspective [J]. *Journal of Corporate Finance*, 32 (3): 190 - 216.

JIANG G, LEE C M, YUE H, 2010. Tunneling through intercorporate loans: The China experience [J]. *Journal of financial economics*, 98 (1): 1 - 20.

JIANG H, 2010. Institutional investors, intangible information, and the book - to - market effect [J]. *Journal of Financial Economics*, 96 (1): 98 - 126.

JIANG X, YUAN Q, 2018. Institutional investors' corporate site visits and corporate innovation [J]. *Journal of Corporate Finance*, 48: 148 - 168.

JOHNSON S, LA PORTA R, LOPEZ - DE - SILANES F, et al., 2000. Tunneling [J]. *American economic review*, 90 (2): 22 - 27.

JOHNSTONE K M, LI C, LUO S, 2014. Client - auditor supply chain relationships, audit quality, and audit pricing [J]. *Auditing: A Journal of Practice & Theory*, 33 (4): 119 - 166.

KACPERCZYK M, SERU A, 2007. Fund manager use of public information: New evidence on managerial skills [J]. *The Journal of Finance*, 62 (2): 485 - 528.

KACPERCZYK M, SIALM C, ZHENG L. 2005. On the Industry Concentration of Actively Managed Equity Mutual Funds [J]. *The Journal of Finance*, 60 (4).

KELLOGG R L. Accounting activities, security prices, and class action lawsuits [J]. *Journal of Accounting and Economics*, 1984, 6 (3): 185 - 204.

KEMPF E, MANCONI A, SPALT O, 2017. Distracted shareholders and corporate actions [J]. *The Review of Financial Studies*, 30 (5): 1660 - 1695.

KHANNA V, KIM E H, LU Y, 2015. CEO connectedness and corporate fraud [J]. *The Journal of Finance*, 70 (3): 1203 - 1252.

KIM I, MILLER S, WAN H, et al., 2016. Drivers behind the monitoring effectiveness of global institutional investors: Evidence from earnings management [J]. *Journal of Corporate Finance*, 40: 24 - 46.

KOCHHAR R, DAVID P, 1996. Institutional investors and firm innovation: A test of competing hypotheses [J]. *Strategic management journal*, 17 (1): 73 - 84.

KOH P S, 2007. Institutional investor type, earnings management and benchmark beaters [J]. *Journal of Accounting and Public Policy*, 26 (3): 267 - 299.

KOSTOVETSKY L, MANCONI A, 2020. Common Institutional Ownership and Diffusion of Innovation [J]. *Social Science Electronic Publishing*.

KUHNEN C M, 2009. Business networks, corporate governance, and contracting in the mutual fund industry [J]. *The Journal of Finance*, 64 (5): 2185 - 2220.

KUKAH M A, AMIDU M, ABOR J Y, 2016. Corporate governance mechanisms and accounting information quality of listed firms in Ghana [J]. *African Journal of Accounting, Auditing and Finance*, 5 (1): 38 - 58.

KWON S Y, YI H S, 2018. Do social ties between CEOs and engagement audit partners affect audit quality and audit fees? [J]. *Auditing: A Journal of Practice & Theory*, 37 (2): 139 - 161.

LAMBERT R A, LEUZ C, VERRECCHIA R E, 2012. Information asymmetry, information precision, and the cost of capital [J]. *Review of finance*, 16 (1): 1 - 29.

LEE D W, PARK K S, 2009. Does institutional activism increase shareholder wealth? Evidence from spillovers on non - target companies [J]. *Journal of Corporate Finance*, 15 (4): 488 - 504.

LI Z, WONG T J, YU G, 2015. *Do Analysts with Close Ties Improve the Firms' Information Environment? Evidence from a Relationship - Based Economy* [C]. Asian Bureau of Finance and Economic Research Annual Conference.

LIAO G, MA M S, YU X, 2022. Transporting transparency: Director foreign experience and corporate information environment [J]. *Journal of International Business Studies*, 1 - 27.

LOBO G J, XIE Y, ZHANG J H, 2018. Innovation, financial reporting quality, and audit quality [J]. *Review of Quantitative Finance and Accounting*, 51 (3): 719 - 749.

LOBO G J, ZHAO Y, 2013. Relation between audit effort and financial report misstatements: Evidence from quarterly and annual restatements [J]. *The Accounting Review*, 88 (4): 1385 - 1412.

MA S, NAUGHTON T, TIAN G, 2010. Ownership and ownership concentration: which is important in determining the performance of China's listed firms? [J]. *Accounting & Finance*, 50 (4): 871 - 897.

MANSO G, 2011. Motivating innovation [J]. *The journal of finance*, 66 (5): 1823 - 1860.

MATSUMOTO D A, 2002. Management's incentives to avoid negative earnings surprises [J]. *The accounting review*, 77 (3): 483 - 514.

MINGSHENG, HUANG, HAOZHI, et al., 2016. Which matters: "Paying to play" or stable business relationship? Evidence on analyst recommendation and mutual fund commission fee payment [J]. *Pacific - Basin Finance Journal*, 40: 403 - 423.

MITRA S, CREADY W M, 2005. Institutional stock ownership, accrual management, and information environment [J]. *Journal of Accounting, Auditing, Finance*, 20 (3): 257 - 286.

OZSOYLEV H N, WALDEN J, YAVUZ M D, et al., 2014. Investor networks in the stock market [J]. *The Review of Financial Studies*, 27 (5): 1323 - 1366.

PAGANO M, RÖELI A, 1998. The choice of stock ownership structure: Agency costs, monitoring, and the decision to go public [J]. *The Quarterly Journal of Economics*, 113 (1): 187 - 225.

PALMROSE Z, RICHARDSON V J, SCHOLZ S, 2004.

Determinants of market reactions to restatement announcements [J]. *Journal of accounting and economics*, 37 (1): 59 - 89.

PAREEK A, 2012. *Information networks: Implications for mutual fund trading behavior and stock returns* [C]. AFA 2010 Atlanta Meetings Paper.

PARRINO R, SIAS R W, STARKS L T, 2003. Voting with their feet: Institutional ownership changes around forced CEO turnover [J]. *Journal of financial economics*, 68 (1): 3 - 46.

PEASNELL K V, POPE P F, YOUNG S, 2005. Board monitoring and earnings management: do outside directors influence abnormal accruals? [J]. *Journal of Business Finance, Accounting*, 32 (7 - 8): 1311 - 1346.

PIOT C, 2001. Agency costs and audit quality: evidence from France [J]. *European Accounting Review*, 10 (3): 461 - 499.

PIOTROSKI J D, WONG T J, ZHANG T, 2015. Political incentives to suppress negative information: Evidence from Chinese listed firms [J]. *Journal of Accounting Research*, 53 (2): 405 - 459.

POOL V K, STOFFMAN N, YONKER S E, 2012. No place like home: Familiarity in mutual fund manager portfolio choice [J]. *The Review of Financial Studies*, 25 (8): 2563 - 2599.

POOL V K, STOFFMAN N, YONKER S E, 2015. The people in your neighborhood: Social interactions and mutual fund portfolios [J]. *The Journal of Finance*, 70 (6): 2679 - 2732.

POTTER G, 1992. Accounting earnings announcements, institutional investor concentration, and common stock returns [J]. *Journal of Accounting Research*, 30 (1): 146 - 155.

POUND J, 1988. Proxy contests and the efficiency of shareholder oversight [J]. *Journal of financial economics*, 20: 237 - 265.

PUKTHUANTHONG K, TURTLE H, WALKER T, et al., 2017. Litigation risk and institutional monitoring [J]. *Journal of Corporate Finance*, 45: 342-359.

RAMALINGEGOWDA S, YU Y, 2012. Institutional ownership and conservatism [J]. *Journal of accounting and economics*, 53 (1-2): 98-114.

REUTER J, 2006. Are IPO allocations for sale? Evidence from mutual funds [J]. *The Journal of Finance*, 61 (5): 2289-2324.

RONG Z, WU X, BOEING P, 2017. The effect of institutional ownership on firm innovation: Evidence from Chinese listed firms [J]. *Research Policy*, 46 (9): 1533-1551.

ROYCHOWDHURY S, 2006. Earnings management through real activities manipulation [J]. *Journal of Accounting and Economics*, 42 (3): 335-370.

RUEY D R, ROBERT K W, CHIEH L C, 2020. The Effects of Audit Firms' Knowledge Sharing on Audit Quality and Efficiency [J]. *Auditing: A Journal of Practice & Theory*, 39 (2): 51-79.

SAJID G, MUHAMMAD S, NASIR R, et al., 2012. Agency Cost, Corporate Governance and Ownership Structure: The Case of Pakistan [J]. *International Journal of Business and Social Science*, 3 (9).

SCHMIDT B, 2015. Costs and benefits of friendly boards during mergers and acquisitions [J]. *Journal of Financial Economics*, 117 (2): 424-447.

SCHMIDT C, FAHLENBRACH R, 2017. Do exogenous changes in passive institutional ownership affect corporate governance and firm value? [J]. *Journal of financial economics*, 124 (2): 285-306.

SHEIKH S, 2018. The impact of market competition on the relation between CEO power and firm innovation [J]. *Journal of Multinational Financial Management*, 44: 36 – 50.

SHLEIFER A, VISHNY R W, 1986. Large shareholders and corporate control [J]. *Journal of political economy*, 94 (3, Part 1): 461 – 488.

SHLEIFER A, VISHNY R W, 1994. Politicians and Firms [J]. *The Quarterly Journal of Economics*, 109 (4): 995 – 1025.

SHLEIFER A, VISHNY R W, 1997. A survey of corporate governance [J]. *The journal of finance*, 52 (2): 737 – 783.

TON K, 2015. *Do Shared Auditors Improve Audit Quality? Evidence from Banking Relationships* [M]. University of Southern California.

TZIOUMIS K, 2008. Why do firms adopt CEO stock options? Evidence from the United States [J]. *Journal of Economic Behavior & Organization*, 68 (1): 100 – 111.

WARD C, YIN C, ZENG Y, 2018. Institutional investor monitoring motivation and the marginal value of cash [J]. *Journal of Corporate finance*, 48: 49 – 75.

XIE B, DAVIDSON III W N, DADALT P J, 2003. Earnings management and corporate governance: the role of the board and the audit committee [J]. *Journal of corporate finance*, 9 (3): 295 – 316.

YAN X, ZHANG Z, 2009. Institutional investors and equity returns: Are short – term institutions better informed? [J]. *The Review of Financial Studies*, 22 (2): 893 – 924.

YERMACK D, 1996. Higher Market Valuation for Firms with a Small Board of Directors [J]. *Journal of Financial Economics*, 185: 186 – 187.

YU M, 2021. *Study on the Influence of CFO Characteristics on Accounting Conservatism of Listed Companies* [C]. E3S Web of

Conferences. EDP Sciences, 275: 03005.

ZANG X, LIU W, 2010. *Research on the Relation between the CFO Characteristic Variables in Chinese Listed Companies and the Quality of Accounting Information* [C]. 2010 3rd International Conference on Information Management, Innovation Management and Industrial Engineering. IEEE, 1: 477 - 482.

ZHANG H, OU A Y, TSUI A S, et al., 2017. CEO humility, narcissism and firm innovation: A paradox perspective on CEO traits [J]. *The Leadership Quarterly*, 28 (5): 585 - 604.

ZHU W, SU S, SHOU Z, 2017. Social ties and firm performance: The mediating effect of adaptive capability and supplier opportunism [J]. *Journal of Business Research*, 78: 226 - 232.

薄仙慧, 吴联生, 2009. 国有控股与机构投资者的治理效应: 盈余管理视角 [J]. 经济研究 (2): 81 - 91, 160.

蔡春, 唐凯桃, 薛小荣, 2017. 会计专业独董的兼职席位、事务所经历与真实盈余管理 [J]. 管理科学 (4): 30 - 47.

蔡吉甫, 谢盛纹, 2007. 控制权性质、代理成本与公司治理机制效率研究 [J]. 当代经济管理 (5): 119 - 125.

蔡利, 郑倩雯, 蔡春, 2018. 共享审计师能降低分析师预测偏差吗? ——来自中国 A 股上市公司的经验证据 [J]. 审计研究 (1): 86 - 93.

蔡宁, 何星, 2015. 社会网络能够促进风险投资的"增值"作用吗? ——基于风险投资网络与上市公司投资效率的研究 [J]. 金融研究 (12): 178 - 193.

陈冬华, 陈信元, 万华林, 2005. 国有企业中的薪酬管制与在职消费 [J]. 经济研究 (2): 92 - 101.

陈汉文, 王金妹, 刘思义, 等, 2022. 审计委员会透明度与会计信息质量——基于履职情况披露的经验证据 [J]. 管理评论

(1): 255-267.

陈建林, 2021. 高管联结对制造业企业创新绩效的影响研究[J]. 科研管理 (1): 200-208.

陈克兢, 2019. 非控股大股东退出威胁能降低企业代理成本吗[J]. 南开管理评论 (4): 161-175.

陈钦源, 马黎珺, 伊志宏, 2017. 分析师跟踪与企业创新绩效——中国的逻辑[J]. 南开管理评论 (3): 15-27.

陈新春, 刘阳, 罗荣华, 2017. 机构投资者信息共享会引来黑天鹅吗?——基金信息网络与极端市场风险[J]. 金融研究 (7): 140-155.

陈玥, 江轩宇, 2017. 会计信息可比性能够降低审计收费吗?——基于信息环境与代理问题的双重分析[J]. 审计研究 (2): 89-97.

陈运森, 2012. 独立董事的网络特征与公司代理成本[J]. 经济管理 (10): 67-76.

陈运森, 谢德仁, 2012. 董事网络、独立董事治理与高管激励[J]. 金融研究 (2): 168-182.

陈运森, 郑登津, 2017. 董事网络关系、信息桥与投资趋同[J]. 南开管理评论 (3): 159-171.

程承坪, 陈志, 2021. 非国有资本能否促进国有企业技术创新研究[J]. 中国软科学 (2): 125-132.

程书强, 2006. 机构投资者持股与上市公司会计盈余信息关系实证研究[J]. 管理世界 (9): 129-136.

戴亦一, 潘越, 刘思超, 2011. 媒体监督、政府干预与公司治理: 来自中国上市公司财务重述视角的证据[J]. 世界经济 (11): 121-144.

戴亦一, 余威, 宁博, 等, 2017. 民营企业董事长的党员身份与公司财务违规[J]. 会计研究 (6): 75-81, 97.

杜瑞，李延喜，2018. 企业研发活动与盈余管理——微观企业对宏观产业政策的适应性行为［J］. 科研管理（3）：122－131.

冯根福，2004. 双重委托代理理论：上市公司治理的另一种分析框架——兼论进一步完善中国上市公司治理的新思路［J］. 经济研究（12）：16－25.

高敬忠，周晓苏，王英允，2011. 机构投资者持股对信息披露的治理作用研究——以管理层盈余预告为例［J］. 南开管理评论（5）：129－140.

高雷，宋顺林，2007. 董事会、监事会与代理成本——基于上市公司2002—2005年面板数据的经验证据［J］. 经济与管理研究（10）：18－24.

高雷，宋顺林，2007. 治理环境、治理结构与代理成本——来自国有上市公司面板数据的经验证据［J］. 经济评论（3）：35－40.

高瑜彬，廖芬，刘志洋，2017. 异常审计费用与证券分析师盈余预测有效性——基于我国A股上市公司的证据［J］. 审计研究（4）：81－88.

古志辉，2015. 全球化情境中的儒家伦理与代理成本［J］. 管理世界（3）：113－123.

顾海峰，卞雨晨，2020. 内部控制、董事联结与企业创新——基于中国创业板上市公司的证据［J］. 管理学刊（6）：48－60.

郭檬楠，吴秋生，郭金花，2021. 国家审计、社会监督与国有企业创新［J］. 审计研究（2）：25－34.

何威风，刘启亮，2010. 我国上市公司高管背景特征与财务重述行为研究［J］. 管理世界（7）：44－155.

姜付秀，马云飙，王运通，2015. 退出威胁能抑制控股股东私利行为吗？［J］. 管理世界（5）：147－159.

姜付秀，张敏，陆正飞，等，2009. 管理者过度自信、企业扩张与财务困境［J］. 经济研究（1）：131－143.

蒋德权，姚振晔，陈冬华，2018. 财务总监地位与企业股价崩盘风险［J］. 管理世界（3）：153－166.

贾莹丹，2016. 审计师聘用议案、中小股东异议与审计师反应［M］. 北京：经济科学出版社.

孔东民，刘莎莎，应千伟，2013. 公司行为中的媒体角色：激浊扬清还是推波助澜？［J］. 管理世界（7）：145－162.

雷根强，郭玥，2018. 高新技术企业被认定后企业创新能力提升了吗？——来自中国上市公司的经验证据［J］. 财政研究（9）：32－47.

黎文靖，郑曼妮，2016. 实质性创新还是策略性创新？——宏观产业政策对微观企业创新的影响［J］. 经济研究（4）：60－73.

李莉，闫斌，顾春霞，2014. 知识产权保护、信息不对称与高科技企业资本结构［J］. 管理世界（11）：1－9.

李明，叶勇，2016. 媒体负面报道对控股股东掏空行为影响的实证研究［J］. 管理评论（1）：73－82.

李明辉，2009. 股权结构、公司治理对股权代理成本的影响——基于中国上市公司2001—2006年数据的研究［J］. 金融研究（2）：149－168.

李青原，时梦雪，2018. 监督型基金与盈余质量——来自我国A股上市公司的经验证据［J］. 南开管理评论（1）：172－181.

李胜楠，刘一璇，陈靖涵，2015. 基金在中国上市公司中发挥治理作用了吗——基于影响高管非自愿变更与业绩之间敏感性的分析［J］. 南开管理评论（2）：4－14.

李世刚，蒋煦涵，蒋尧明，2022. 连锁股东与企业创新投入［J］. 南开管理评论.

李姝，杜亚光，张晓哲，2021. 审计师行业专长与企业创新——基于管理层信息环境视角的分析［J］. 审计研究（1）：106－115.

李维安，李滨，2008. 机构投资者介入公司治理效果的实证研究——基于CCGI~（NK）的经验研究［J］. 南开管理评论（1）：4-14.

李延喜，包世泽，高锐，等，2007. 薪酬激励、董事会监管与上市公司盈余管理［J］. 南开管理评论（6）：55-61.

李延喜，杜瑞，高锐，2011. 机构投资者持股比例与上市公司盈余管理的实证研究［J］. 管理评论（3）：39-45，70.

李增泉，孙铮，王志伟，2004. "掏空"与所有权安排——来自我国上市公司大股东资金占用的经验证据［J］. 会计研究（12）：3-13，97.

李哲，黄静，孙健，2020. 企业创新新颖度与审计收费——基于上市公司专利分类数据的证据［J］. 会计研究（8）：178-192.

李争光，赵西卜，曹丰，等，2015. 机构投资者异质性与会计稳健性——来自中国上市公司的经验证据［J］. 南开管理评论（3）：111-121.

梁上坤，2015. 管理者过度自信、债务约束与成本黏性［J］. 南开管理评论（3）：122-131.

梁上坤，徐灿宇，王瑞华，2020. 董事会断裂带与公司股价崩盘风险［J］. 中国工业经济（3）：155-173.

林雁，谢抒桑，刘宝华，2019. 异地独董与公司创新投入——基于董事会文化多样性视角的考察［J］. 管理科学（4）：76-89.

凌鸿程，阳镇，陈劲，等，2022. 监管距离与企业创新："鞭长莫及"抑或"如臂使指"［J］. 科学学研究：1-16.

刘宝华，王雷，2018. 业绩型股权激励、行权限制与企业创新［J］. 南开管理评论（1）：17-27，38.

刘京军，苏楚林，2016. 传染的资金：基于网络结构的基金资金流量及业绩影响研究［J］. 管理世界（1）：54-65.

刘启亮，罗乐，张雅曼，等，2013. 高管集权、内部控制与会计信息质量［J］．南开管理评论（1）：15－23．

刘笑霞，李明辉，2018．女性CFO真的更少进行盈余管理吗？［J］．管理工程学报（4）：219－231．

刘新争，高闯，2021．机构投资者抱团能抑制控股股东私利行为吗——基于社会网络视角的分析［J］．南开管理评论（4）：141－154．

柳光强，王迪，2021．政府会计监督如何影响盈余管理——基于财政部会计信息质量随机检查的准自然实验［J］．管理世界（5）：157－169，12．

陆建桥，1999．中国亏损上市公司盈余管理实证研究［J］．会计研究（9）：25－35．

陆瑶，朱玉杰，胡晓元，2012．机构投资者持股与上市公司违规行为的实证研究［J］．南开管理评论（1）：13－23．

罗进辉，2012．媒体报道的公司治理作用——双重代理成本视角［J］．金融研究（10）：153－166．

罗进辉，黄泽悦，朱军，2017．独立董事地理距离对公司代理成本的影响［J］．中国工业经济（8）：100－119．

罗明琦，2014．企业产权、代理成本与企业投资效率——基于中国上市公司的经验证据［J］．中国软科学（7）：172－184．

罗炜，朱春艳，2010．代理成本与公司自愿性披露［J］．经济研究（10）：143－155．

吕景胜，邓汉，2010．全流通条件下上市公司股权治理结构对代理成本的影响研究——基于2009年中小板制造类上市公司的经验数据分析［J］．中国软科学（11）：136－143．

吕伟，林昭呈，2007．关联方交易、审计意见与外部监管［J］．审计研究（4）：59－66．

梅丹，高强，2016．独立性与行业专长对客户会计稳健性的影响［J］．审计研究（6）：80－88．

牛建波，吴超，李胜楠，2013. 机构投资者类型、股权特征和自愿性信息披露［J］. 管理评论（3）：48－59.

潘越，戴亦一，魏诗琪，2011. 机构投资者与上市公司“合谋”了吗：基于高管非自愿变更与继任选择事件的分析［J］. 南开管理评论（2）：69－81.

彭秋萍，钟熙，周怀康，2022. 祸福相依：机构投资者调研对企业创新的双刃剑效应［J］. 管理工程学报（4）：108－117.

邱昱芳，贾宁，吴少凡，2011. 财务负责人的专业能力影响公司的会计信息质量吗？——基于中国上市公司财务负责人专项调查的实证研究［J］. 会计研究（4）：61－67.

申慧慧，2010. 环境不确定性对盈余管理的影响［J］. 审计研究（1）：89－96.

申宇，赵静梅，何欣，2013. 基金未公开的信息：隐形交易与投资业绩［J］. 管理世界（8）：53－66.

申宇，赵静梅，何欣，2016. 校友关系网络、基金投资业绩与“小圈子”效应［J］. 经济学（季刊）（1）：403－428.

石美娟，童卫华，2009. 机构投资者提升公司价值吗？——来自后股改时期的经验证据［J］. 金融研究（10）：150－161.

宋云玲，宋衍蘅，2020. 机构投资者持股与注册会计师视角下的会计信息质量——来自审计调整的经验证据［J］. 会计研究（11）：136－151.

孙光国，赵健宇，2014. 产权性质差异、管理层过度自信与会计稳健性［J］. 会计研究（5）：52－58，95.

孙龙渊，李晓慧，李莹，2019. 投资持股关系中的“共享审计师”效应研究［J］. 审计与经济研究（1）：44－54.

孙龙渊，李晓慧，王彩，敖小波，2021. 共享审计师与“执业网络”的“传染效应”：基于关键审计事项的证据［J］. 会计研究（5）：162－174.

孙世敏，柳绿，陈怡秀，2016. 在职消费经济效应形成机理及公司治理对其影响 [J]. 中国工业经济 (1): 37-51.

谭劲松，林雨晨，2016. 机构投资者对信息披露的治理效应——基于机构调研行为的证据 [J]. 南开管理评论 (5): 115-126, 138.

唐跃军，宋渊洋，2010. 价值选择VS. 价值创造——来自中国市场机构投资者的证据 [J]. 经济学 (季刊) (2): 609-632.

唐跃军，左晶晶，2014. 所有权性质、大股东治理与公司创新 [J]. 金融研究 (6): 177-192.

佟岩，王化成，2007. 关联交易、控制权收益与盈余质量 [J]. 会计研究 (4): 75-82, 96.

王春飞，陆正飞，伍利娜，2013. 企业集团统一审计与权益资本成本 [J]. 会计研究 (6): 75-82, 96.

王春飞，伍利娜，陆正飞，2010. 企业集团统一审计与审计质量 [J]. 会计研究 (11): 65-71, 97.

王化成，张修平，侯粲然，等，2017. 企业战略差异与权益资本成本——基于经营风险和信息不对称的中介效应研究 [J]. 中国软科学 (9): 99-113.

王会娟，李嘉琪，王鹏，2021. 连锁PE对企业创新的影响研究 [J]. 金融论坛 (11): 57-66.

王会娟，余梦霞，张路，等，2020. 校友关系与企业创新——基于PE管理人和高管的关系视角 [J]. 会计研究 (3): 78-94.

王建新，2007. 公司治理结构、盈余管理动机与长期资产减值转回——来自我国上市公司的经验证据 [J]. 会计研究 (5): 60-66, 96.

王琨，肖星，2005. 机构投资者持股与关联方占用的实证研究 [J]. 南开管理评论 (2): 27-33.

王雯岚，许荣，2020. 高校校友联结促进公司创新的效应研究

[J]. 中国工业经济 (8): 156 - 174.

王晓艳，温东子，2020. 机构投资者异质性、创新投入与企业绩效——基于创业板的经验数据 [J]. 审计与经济研究 (2): 98 - 106.

王营，曹廷求，2014. 董事网络增进企业债务融资的作用机理研究 [J]. 金融研究 (7), 189 - 206.

王营，张光利，2018. 董事网络和企业创新：引资与引智 [J]. 金融研究 (6): 189 - 206.

魏志华，李常青，王毅辉，2009. 中国上市公司年报重述公告效应研究 [J]. 会计研究 (8): 31 - 39, 95.

温军，冯根福，2012. 异质机构、企业性质与自主创新 [J]. 经济研究 (3): 53 - 64.

吴秋生，黄贤环，2017. 财务公司的职能配置与集团成员上市公司融资约束缓解 [J]. 中国工业经济 (9): 156 - 173.

吴先聪，罗鸿秀，张健，2020. 控股股东股权质押、审计质量与债务融资成本 [J]. 审计研究 (6): 86 - 96.

吴先聪，张健，胡志颖，2016. 机构投资者特征、终极控制人性质与大股东掏空——基于关联交易视角的研究 [J]. 外国经济与管理 (6): 3 - 20.

吴晓晖，郭晓冬，乔政，2019. 机构投资者抱团与股价崩盘风险 [J]. 中国工业经济 (2): 117 - 135.

伍利娜，王春飞，陆正飞，2012. 企业集团统一审计能降低审计收费吗 [J]. 审计研究 (1): 69 - 77.

肖欣荣，刘健，赵海健，2012. 机构投资者行为的传染——基于投资者网络视角 [J]. 管理世界 (12): 35 - 45.

肖作平，陈德胜，2006. 公司治理结构对代理成本的影响——来自中国上市公司的经验证据 [J]. 财贸经济 (12): 29 - 35.

谢德仁，陈运森，2012. 董事网络：定义、特征和计量 [J].

会计研究（3）：44－51，95.

徐浩萍，2004. 会计盈余管理与独立审计质量［J］. 会计研究（1）：44－49，96.

徐经长，汪猛，2017. 企业创新能够提高审计质量吗？［J］. 会计研究（12）：80－86，97.

徐业坤，梁亮，2021. 高管政治晋升激励影响会计信息质量吗？——来自国有上市公司的经验证据［J］. 中央财经大学学报（6）：64－76.

闫伟宸，高思悦，2022. 高管团队的社会关系与企业创新——基于“本家关系”的视角［J］. 会计研究（2）：70－85.

严若森，叶云龙，2017. 证券分析师跟踪与企业双重代理成本——基于中国A股上市公司的经验证据［J］. 中国软科学（10）：173－183.

杨海燕，韦德洪，孙健，2012. 机构投资者持股能提高上市公司会计信息质量吗？——兼论不同类型机构投资者的差异［J］. 会计研究（9）：16－23，96.

杨海燕，2014. 机构投资者持股行为的经济后果研究［M］. 北京：中国财政经济出版社.

杨清香，姚静怡，张晋，2015. 与客户共享审计师能降低公司的财务重述吗？——来自中国上市公司的经验证据［J］. 会计研究（6）：72－79，97.

杨清香，张翼，张亮，2008. 董事会特征与盈余管理的实证研究——来自中国上市公司的经验证据［J］. 中国软科学（11）：133－140.

姚颐，刘志远，2009. 机构投资者具有监督作用吗？［J］. 金融研究（6）：128－143.

余明桂，钟慧洁，范蕊，2019. 民营化、融资约束与企业创新——来自中国工业企业的证据［J］. 金融研究（4）：75－91.

余玉苗，2001. 论独立审计在上市公司治理结构中的作用［J］. 审计研究（6）：28－31.

虞义华，赵奇锋，鞠晓生，2018. 发明家高管与企业创新［J］. 中国工业经济（3）：136－154.

袁蓉丽，李瑞敬，孙健，2021. 董事的信息技术背景能抑制盈余管理吗［J］. 南开管理评论（3）：139－151.

曾庆生，陈信元，2006. 何种内部治理机制影响了公司权益代理成本——大股东与董事会治理效率的比较［J］. 财经研究（2）：106－117.

曾亚敏，张俊生，2009. 税收征管能够发挥公司治理功用吗?［J］. 管理世界（3）：143－151，158.

翟淑萍，王敏，韩贤，2020. 交易所财务问询监管与会计信息可比性——直接影响与溢出效应［J］. 当代财经（10）：124－137.

张纯，吕伟，2007. 机构投资者、终极产权与融资约束［J］. 管理世界（11）：119－126.

张宏亮，景仕杰，王靖宇，2021. 开放式基金大股东与上市公司共享审计师对审计质量的影响研究［J］. 审计研究（2）：56－67.

张宏亮，王法锦，王靖宇，2018. 审计质量对股票非系统性风险的抑制效应研究［J］. 审计研究（3）：104－111.

张嘉伟，胡丹丹，周磊，2022. 数字经济能否缓解管理层短视行为?——来自真实盈余管理的经验证据［J］. 经济管理（1）：122－139.

张健，魏春燕，2016. 法律风险、执业经验与审计质量［J］. 审计研究（1）：85－93.

张敏，冯虹茜，张雯，2011. 机构持股、审计师选择与审计意见［J］. 审计研究（6）：82－88.

张瑞君，徐鑫，2017. 母子公司统一审计与股价崩盘风险［J］. 会计研究（9）：76－82，97.

张岩，2020. 问询函监管与企业的真实盈余管理对策［J］. 当代财经（3）：90－101.

赵涛，郑祖玄，2002. 信息不对称与机构操纵——中国股市机构与散户的博弈分析［J］. 经济研究（7）：41－48，91.

赵文，赵会会，吉迎东，2022. 双元创新跃迁与企业失败：社会关系网络的调节作用［J］. 科研管理（1）：124－133.

周杰，薛有志，2011. 治理主体干预对公司多元化战略的影响路径——基于管理者过度自信的间接效应检验［J］. 南开管理评论（1）：65－74，106.

周中胜，陈汉文，2006. 大股东资金占用与外部审计监督［J］. 审计研究（3）：73－81.

朱冰，张晓亮，郑晓佳，2018. 多个大股东与企业创新［J］. 管理世界（7）：151－165.

朱红军，王迪，李挺，2016. 真实盈余管理动机下的研发投资决策后果——基于创新和税收的分析视角［J］. 南开管理评论（4）：36－48，86.